MÉMOIRES
DE MONTE-CRISTO

DU MÊME AUTEUR

Personnages de la rue du Couteau, roman, Julliard, 1984.
Tott, roman, Julliard, 1985.
Benoît ou les contemporains obscurs, roman, Julliard, 1986.
Les Clandestins, roman, Éditions de Fallois, 1990.
Les Nuits Racine, roman, Éditions de Fallois, 1992.
Jorge Luis Borges, essai, Éditions F. Bourin, 1993.

FRANÇOIS TAILLANDIER

MÉMOIRES DE MONTE-CRISTO

roman

Éditions de Fallois

PARIS

Pour Antoine et Louis
F.T.

22, rue La Boétie, 75008 Paris

ISBN 2-87706-203-1

PRÉFACE

par Alphonse de Beauchamp

À la demande de la princesse Haydée de Tébélen et d'Albert Mondego-Herrera son époux, je consigne ici mes souvenirs relatifs au comte de Monte-Cristo, dont je fus le secrétaire durant la rédaction de ces Mémoires.

Ce fut au début de 1838 que, voyageant en Italie et m'étant arrêté à Rome dans l'intention d'assister au fameux carnaval, il me fut donné de faire sa connaissance.

J'avais retrouvé là des jeunes gens de mes amis, le vicomte Albert de Morcerf et le baron Franz d'Épinay : deux charmants compagnons, produits les plus accomplis de la *fashion* parisienne, qui, pendant que le père de l'un et le tuteur de l'autre s'occupaient à Paris de leur arranger des mariages, tâchaient de profiter aussi gaiement que possible du reste de leur vie de garçon.

Le carnaval est toujours l'occasion d'un grand concours de foule dans la Ville éternelle ; le plus médiocre logement, la moindre chambre d'auberge sont réservés à prix d'or des semaines à l'avance. Aussi étourdis et imprévoyants l'un que l'autre, Franz et Albert, arrivés la surveille des festivités, n'avaient pu se loger à Rome et s'y procurer une voiture que grâce à la générosité de ce grand seigneur, qu'ils eurent à cœur de me présenter.

Par hasard (pensions-nous), quelques semaines plus tôt,

suivant le conseil d'un pêcheur de Livourne, Franz d'Épinay s'était rendu pour chasser sur l'île de Monte-Cristo, pittoresque rocher proche de l'île d'Elbe, dans l'archipel toscan. Quelle n'avait pas été sa surprise de découvrir que l'île, qu'il croyait déserte, était habitée — et de quelle façon ! Franz évoquait, encore éberlué, les splendeurs du palais souterrain où, vêtu à l'orientale et fumant l'opium, l'avait reçu le même homme qui à présent venait à leur rescousse. Des statues, des tapis, de la soie, de l'or, de l'argent, un dîner de princes ! Et même de l'opium, pour finir, dans des kalians à bouquin d'ambre. L'étrange était que l'amphitryon, à Rome, se comportait en tout point comme si rien de semblable n'avait jamais eu lieu, ce que l'on finissait par croire, et que l'on eût fini par dire si Franz eût été homme à tolérer un démenti.

Albert, de son côté, avec un enthousiasme mêlé de vénération, parlait de la jeune fille, elle aussi vêtue à l'orientale (le comte, lui, avait revêtu le costume européen), et d'une remarquable beauté, en compagnie de laquelle leur nouvel ami se montrait au théâtre Valle ou à l'Argentina, sans que l'on pût savoir quelle position elle occupait dans sa vie.

Si perplexes demeurassent-ils, mes amis étaient néanmoins dans la familiarité du comte de Monte-Cristo, et ce privilège faisait des envieux, car le personnage, nous nous en aperçûmes bientôt, avait sa réputation dans Rome. Nul ne savait d'où il venait, quelles étaient sa naissance, ses activités, l'origine de sa fortune, qui semblait colossale. La comtesse Teresa Guiccioli, dernier grand amour de Byron, qui promenait alors à Rome sa légende romantique et sa taille épaissie, ne pouvait le voir sans pâlir et, pensant s'y connaître en maudits, répétait à qui voulait l'entendre que cet homme avait le mauvais œil. Je demeurais sceptique, mais, présenté à lui, je ne doutai plus d'avoir à faire à un individu hors du commun.

Une courtoisie et une élégance que n'eût pas désavouées le salon le plus pointilleux du faubourg Saint-Germain ; la profondeur pensive qui imprégnait par moments son regard et ses propos ; une remarquable science des hommes et des choses ; une discrétion tout aristocratique dont les inadvertances laissaient quelquefois entrevoir un passé riche de secrets et sans doute de drames ; en d'autres instants au contraire, la légèreté presque frivole avec laquelle il énonçait comme autant d'évidences les abracadabrants paradoxes dont il s'était fait une philosophie, ou témoignait, dans une parfaite indifférence au jugement du monde, d'une incroyable excentricité de mœurs et d'habitudes : tout en lui étonnait, impressionnait, séduisait à chaque minute. Je me souviens d'un soir où il nous convia à assister, depuis ses fenêtres, à une exécution publique. L'usage à Rome est d'assommer le condamné avant de le saigner. Je n'oublierai jamais le calme impassible, mêlé sur la fin de je ne sais quelle jouissance d'*aficionado*, avec lequel il assista à ce spectacle horrible, dont la vision nous priva de sommeil trois nuits durant. N'avait-il pas au cours de ses voyages, disait-il, voulu assister à tous les supplices — pal, bûcher, carcan, mutilations — que la justice ou la barbarie humaines ont inventés pour humilier ou pour punir ?

Tel était l'homme, dont à la vérité il serait impossible d'énumérer les prodigieuses idiosyncrasies. Nous l'avions entendu, s'adressant à son domestique, désigner sous le nom de princesse Haydée la jeune fille dont la seule vue avait ébloui Albert de Morcerf, fascination que nous n'étions pas loin de partager. Âgée de vingt ans environ, elle avait l'étincelante beauté, à la fois précieuse et fauve, qui brille éphémèrement lorsque s'estompent les ultimes souvenirs de l'adolescence, laissant paraître la femme, encore éblouie et timide, sur le seuil de sa jeune gloire. Bien qu'elle comprît également, tout le laissait penser, le français et l'italien, le comte s'adressait à elle en romaïque, et nous traduisait ses propos. Si cette langue nous indiquait au moins son origine, ce rituel la maintenait à distance de nous, un peu comme une reine ou une déité, l'enveloppant d'un mystère inviolé. Et c'était bien en reine qu'il la traitait, avec le respect à la fois protecteur et soumis d'un chevalier envers sa dame. La même harmonie des contraires marquait l'attitude de la princesse Haydée à son égard : on eût cru voir une fille accompagnant son père veuf ; mais à l'attention qu'il prêtait à la moindre de ses remarques, aux lueurs tantôt d'approbation, tantôt de blâme ou de tristesse, qui s'allumaient dans ses yeux selon les propos qu'il tenait (il fallait saisir ces regards au passage ; car ses yeux se baissaient s'ils croisaient les nôtres), on devinait une influence qu'elle avait sur lui, ou qu'elle ne renonçait pas à acquérir. De quelle nature était l'union de ces deux êtres ? De quel passé, de quelles passions, de quels drames leur intimité présente était-elle le fruit ? C'était là leur secret, parfaitement gardé. Tout au plus me fis-je la remarque, intuitive et passagère, qu'ils paraissaient deux exilés, seuls au monde et réunis par cette solitude.

Mais le chef-d'œuvre du comte de Monte-Cristo fut assurément l'enlèvement de notre ami Albert par la troupe du brigand Luigi Vampa, terreur de la campagne romaine. Déterminé à ne pas quitter Rome sans y avoir connu quelque aventure, Albert, envoûté par deux jolis yeux qui lui souriaient sous un masque, était allé à un rendez-vous en pleine nuit dans le Colisée. Les jolis yeux étaient l'appât, le rendez-vous le piège : le lendemain Albert n'avait point reparu, et Franz recevait une demande de rançon à verser dans les six heures, faute de quoi notre compagnon passerait de vie à trépas. L'hôtelier nous supplia de prendre la chose au sérieux, nous incitant à demander conseil au comte, ce que nous courûmes faire sur-le-champ, épouvantés.

Pouvait-il donc y avoir un lien entre ce mystérieux personnage et le terrible Vampa dont tout Rome se contait les sanglants faits d'armes ? Et quel lien au juste ? Il ne nous fut pas donné de le savoir, mais, moins de trois heures après que nous lui eûmes fait part du drame et de nos alarmes, Albert était libéré sans condition ni rançon...

Comment aurions-nous pu deviner que tout cela était une mise en scène savamment préparée, dont nous étions les spectateurs délibérément élus, dans un dessein mûrement réfléchi et poursuivi ?

Pour l'heure, les poétiques échos de son nom, le faste négligent et parfait de sa façon de vivre, la singularité étonnante et sans affectation de ses usages, les multiples mystères d'une existence assurément exceptionnelle, les allusions qui en renforçaient l'énigme, tout nous intéressa, nous intrigua, nous passionna. Nous brûlions de tout savoir de lui.

Mais ce fut bien autre chose lorsqu'il séjourna à Paris quelques mois plus tard, entre mai et juillet de la même année.

*

Quelques personnes douées de mémoire, s'il s'en trouve à Paris, se souviennent peut-être des bizarreries et des somptuosités, rehaussées toujours de je ne sais quelle touche n'appartenant qu'à lui, grâce à quoi, tout le temps qu'il passa dans la capitale, le comte de Monte-Cristo défraya la chronique.

Ce fut sa maison des Champs-Élysées entièrement transformée, en moins d'une semaine, en un palais des Mille et une nuits ; ce furent ses bateaux amarrés sur la Seine, l'un près de Saint-Germain-en-Laye, l'autre à Saint-Maurice, et toujours prêts à partir, l'un vers la Normandie (il ne s'en servit pas), l'autre par les canaux vers la Saône et le Rhône. Ce furent encore les chevaux achetés par lui alors que la baronne Danglars les convoitait, et qu'il lui fit amener, dès qu'il l'apprit, munis chacun d'un diamant au frontal, en la priant de l'excuser. Ce fut la prodigieuse émeraude — quatre-vingt-douze carats — qu'il avait fait creuser, lui ôtant une grande part de sa valeur, afin d'en faire une boîte à pastilles ; ce fut le serviteur nubien, muet, noir comme l'ébène, fort comme un bœuf, qui veillait à sa porte ; ce furent les poissons qu'il fit un soir servir chez lui ensemble, l'un arrivé de Pétersbourg, l'autre du Fusaro ; et bien sûr ce fut la princesse Haydée, pupille ou maîtresse, nul ne le savait, qu'on entrevit à peine, mais cela suffit à rendre tous les hommes songeurs, toutes les femmes jalouses... Et tout cela, de même qu'à Rome, avec un parfait naturel, comme s'il s'étonnait qu'on s'en étonnât.

Il n'est pas exagéré de dire qu'il fut, tout le temps que dura son séjour, la coqueluche des salons. On se l'arrachait ; il se faisait désirer avec une nonchalance presque discourtoise, qu'il réussissait ensuite à se faire pardonner, tellement il avait l'air d'un fou, et tellement il savait séduire.

Trois autres faits, dont on retrouverait sans doute l'écho dans les *premiers-Paris* si l'on s'amusait à compulser les vieux journaux (mais on a trop à faire avec ceux du jour, et Custine remarquait que l'idéal du Parisien serait d'avoir ceux du lendemain), trois autres faits alimentèrent les conversations à ce moment-là : le suicide du général-comte de Morcerf, pair de France, déshonoré par la révélation de ses agissements durant la guerre grecque ; la chute terrible, presque effrayante, du procureur général M. de Villefort, publiquement accusé d'infanticide et de complicité de meurtre ; la faillite frauduleuse enfin du baron Danglars (le mari de la femme aux chevaux) banquier, député, officier de la Légion d'honneur, qui du jour au lendemain prit la fuite pour disparaître en Italie.

Journaliste, j'assistai à ces événements depuis les premières loges ; ami d'Albert et de Franz, j'étais familier du cercle de jeunes gens où le comte semblait particulièrement se plaire ; cela sans doute me permit d'observer des coïncidences pour le moins curieuses, dont le monde ne s'avisa pas.

Le général-comte de Morcerf était le père d'Albert de Morcerf, l'un des mentors du comte dans la société parisienne — service qu'il lui devait bien étant donné sa mésaventure de Rome.

M. de Villefort s'apprêtait à devenir le beau-père de Franz d'Épinay, l'autre ami romain du comte et son invité à l'île de Monte-Cristo.

Enfin, c'était le comte qui avait amené à Paris la princesse Haydée dont les révélations (cela sera amplement expliqué) causèrent la perte du comte de Morcerf.

En somme, tout s'était passé dans les alentours de cet homme, et précisément pendant son séjour. Il n'y avait qu'avec Danglars que M. de Monte-Cristo ne parût pas en quelque façon lié ; encore était-il son client. Et ce fut à Rome que disparut le banquier en fuite, après une ultime démarche, ainsi qu'on le sut plus tard, auprès de la banque Thomson et French, celle-là même avec laquelle le comte de Monte-Cristo était en affaires là-bas.

Je songeais à cette accumulation de hasards, lorsque je m'avisai d'un autre lien, unissant, celui-là, MM. Danglars, de Morcerf et de Villefort : Marseille.

C'est à Marseille que le dernier avait commencé sa brillante carrière. C'est à Marseille qu'étaient nés Danglars, Morcerf et sa ravissante épouse. Tous avaient quitté la cité phocéenne peu après la Restauration de 1815.

Natif moi-même de Monaco, j'ai beaucoup d'amis à Marseille, où j'ai fait mes études. Ayant l'occasion de m'y rendre à la fin de l'année, je parlai de tout cela à mon vieux camarade Victor Gélu, un des lettrés de la ville, qui a depuis publié ses souvenirs. Gélu s'intéressait beaucoup à l'histoire politique de Marseille. Il recueillait des témoignages, constituait des dossiers. Il m'apprit que MM. Danglars et de Morcerf, avant de quitter l'un et l'autre la ville, avaient été mêlés à une ténébreuse affaire : la dénonciation d'un bonapartiste, un certain Dantès, qu'on avait enfermé au château d'If et que nul n'avait jamais revu. À ce moment M. de Villefort débutait comme substitut du procureur du Roi.

Je me rendis au château d'If. On me parla du prisonnier Dantès. On me parla d'un tunnel creusé entre sa cellule et celle d'un autre prisonnier. Cet autre prisonnier, un vieux fou qui se prétendait riche à millions, était italien ; il s'appelait l'abbé Faria. À sa mort, Dantès, dans l'espoir de s'évader, avait pris sa place dans le linceul où on l'avait cousu, et avait été jeté à la mer où il s'était noyé, une pierre de cent livres attachée aux pieds.

Qu'on me pardonne de faire ostentation de mes modestes lumières, mais j'avais, en écrivant mon *Histoire des Bourbons de Naples*, entendu parler de ce Faria. Prêtre napolitain, jacobin enragé, il avait été sous Napoléon arrêté en Italie et jeté dans la forteresse de Fenestrelle. J'ignorais quand et pourquoi on l'avait transféré à Marseille. Mais je savais qu'il avait été arrêté à Piombino alors qu'il se disposait à se rendre sur l'île de Monte-Cristo.

Pensif, je remuais tout cela dans ma tête : l'abbé Faria. Une fabuleuse fortune. L'île de Monte-Cristo. Marseille. Le château d'If. Edmond Dantès. Danglars, Morcerf, Villefort. Le comte de Monte-Cristo... Une mystérieuse histoire, un drame prodigieux et *possible* se dessinait ainsi sous mes yeux, mais inextricable, confus et dont je n'avais, comme dit mon ami Barbey d'Aurevilly, *que les extrémités...* Le fil principal se rompait, à vrai dire, avec la noyade de ce Dantès au pied de l'île d'If. Mais quand ils ont laissé filer un prisonnier, les geôliers, pour couper aux réprimandes, n'ont-ils pas tout intérêt à jurer qu'il est mort ? Un fait demeurait : jamais personne n'avait vu le cadavre d'Edmond Dantès.

Qui pouvait en savoir davantage ?

M. de Morcerf était mort, son fils parti pour l'Algérie, sa femme cloîtrée je ne sais où. On avait perdu toute trace de Danglars. Villefort, tombé en démence, *indigne également de vivre et de mourir*, traînait ses ricanements et ses haussements d'épaules sous quelque préau de Bicêtre. Seul (peut-être), le comte de Monte-Cristo détenait la clef de toutes ces énigmes.

Il avait disparu lui aussi.

*

Dix-sept ans plus tard, c'est-à-dire en 1855, je me trouvais à Venise où je rencontrai mon ami Maxime du Camp, qui revenait de Constantinople. Du Camp, qui avait visité la Grèce depuis le cèdre jusqu'à l'hysope, me parla un soir au café Florian des anciens combattants de la guerre d'indépendance grecque. Il en avait connu plusieurs personnellement.

— Le comte de Monte-Cristo les a pris en amitié, dit-il ; il fait bâtir pour eux, à ses frais, une sorte d'hôpital des Invalides...

— Le comte de Monte-Cristo ?

— Oui, me dit Maxime. Encore une figure, celui-là ! Un Maltais, paraît-il, qui aurait remis la main sur une partie du trésor de l'Ordre, et le consacre à de bonnes œuvres. Il habite la plupart du temps dans l'île de Céphalonie. Tout le monde le connaît là-bas.

Un Maltais, le trésor de l'Ordre... Diable ! Cela ne faisait qu'à moitié mon affaire, mais je me promis de ne pas gagner le Péloponnèse, but de mon voyage, sans m'être arrêté afin de saluer cette vieille connaissance. Quelques jours plus tard je débarquai donc à Céphalonie, où le comte de Monte-Cristo me reçut avec son habituelle amabilité, à la fois prévenante, généreuse et distante.

Il habitait à une demi-lieue d'Argostolion une vaste maison au-dessus d'une crique où était son bateau. Cela tenait du caravansérail, de la lamaserie, du château fort en temps de paix : passé le portail, dans une vaste cour cernée de communs, s'activaient domestiques, gardes, marmitons, femmes et enfants, palefreniers, charrettes, poules, chats et chiens, dans le plus rustique désordre. Mais, sitôt traversé le vaste atrium à la romaine donnant accès à la maison, on se trouvait dans le palais d'un prince qui eût été un sage — quelque chose d'analogue aux plus belles villas de la Renaissance italienne : salons, divans, glaces, fontaines, bibliothèques, œuvres d'art, colonnades, tout cela ouvert sur la mer, et relié à elle par un majestueux chaos de jardins en terrasses, composait le séjour le plus luxueux, le plus voluptueux et le plus paisible à la fois que j'aie jamais vu.

Les invités, quand il y en avait, occupaient dans un

corps de bâtiment latéral des chambres d'une simplicité monacale en même temps que d'un agrément parfait.

Le Maître s'habillait à la turque, fumait le narguileh, s'occupait d'études géographiques et archéologiques, travaillait avec son intendant, soignait les faucons de son élevage. Il y avait de nombreux domestiques. Je crus entrevoir trois ou quatre jeunes filles, dont une Abyssinienne, assimilables à des servantes, mais qui ne servaient pas. Il voyageait la moitié de l'année, sur la mer Noire ou en Autriche, en Italie, en Turquie ou en Afrique du Nord. Le reste du temps, il demeurait là.

Je me promettais de demeurer dans ses aîtres aussi longtemps que me le permettrait la bienséance, et de mettre à profit toute occasion qui s'offrirait d'évoquer le passé. Le comte seconda mes desseins : ses « enfants », qui vivaient en Algérie, devaient venir le voir, et il me proposait de les attendre. J'acceptai, curieux de voir ces enfants d'un homme sur qui j'avais fait bien des suppositions, mais que je n'avais jamais, je ne sais pourquoi, imaginé père.

Ce sentiment ne me trompait pas : ceux qu'il avait ainsi désignés n'étaient autres qu'Albert de Morcerf (qui ne voulait plus être appelé que Mondego-Herrera, du nom de naissance de ses parents), et la princesse Haydée. Une surprise m'attendait : ils étaient mariés depuis 1843.

*

Comment, pourquoi accepta-t-il finalement l'idée d'écrire des Mémoires ?

J'avais cru apercevoir une lueur particulière dans son regard lorsque je risquais quelque allusion à Marseille, à Danglars ou au prétendu trésor de l'Ordre de Malte. Je parvins même à placer le nom de l'abbé Faria, ce qui le fit tressaillir. Mais ce fut la princesse Haydée qui la première aborda le sujet.

Celle-ci tenait désormais franchement auprès de lui le rôle que j'avais soupçonné dix-sept ans plus tôt à Rome : mariée et mère, elle se comportait avec lui comme avec un vieux père un peu fantasque et qu'il faut surveiller, incapable qu'il est de se gouverner convenablement. L'affection, la reconnaissance, le respect qu'elle lui vouait se lisaient à tout instant sur son visage ; en même temps elle semblait continuellement redouter l'opinion exagérée qu'il allait assener, le paradoxe aventuré qui allait glacer la conversation, le projet dangereux ou chimérique qu'il allait se mettre en tête. Je devais apprendre par la suite les bons motifs que le comte lui avait donnés de trembler ; je devais comprendre aussi les bons motifs du comte.

Albert et elle, en fait, espéraient depuis longtemps le convaincre d'écrire le récit de ses aventures, et, me jugeant un homme de l'art, sollicitèrent mon avis en sa présence. Je répondis qu'il m'était difficile de me prononcer, ignorant tout desdites aventures. Le comte fit comme s'il n'entendait pas, mais quelques jours plus tard, comme nous étions partis à cheval afin d'admirer, près d'Argostolion, l'entrée béante des *katavothrès*, ces courants souterrains qui traversent l'île de part en part, et en constituent la curiosité la plus remarquable, il en reparla, sans que je pusse deviner quelles pesées et contrepesées avaient précédé ce propos :

— Une chose est exclue, dit-il sans préambule : c'est que je laisse rien publier de mon vivant.

J'eus garde de ne pas m'attarder à ces considérations accessoires :

— L'important me paraît être, répondis-je, que ce livre existe.

— Vous le croyez vraiment ?

— Vous me le donnez à croire, puisque vous l'envisagez. Je ne vous juge pas homme à encombrer la librairie d'un vain ouvrage à sa propre gloire...

— L'ennui est que si j'ai parfois écrit, en voyage, pour m'occuper, je n'ai guère le goût à pâlir longtemps sur des phrases...

Je le laissai venir à l'idée qu'il caressait. Il y vint enfin :

— Si l'on pouvait vous demander de vous attarder ici, me dit-il, ce serait peut-être différent... Mais je n'ose guère vous traiter en homme à qui l'on offre un salaire.

Je tâchai de dissimuler ma joie devant une victoire si imprévisiblement remportée.

— Quand voulez-vous commencer ? demandai-je.

— Cet après-midi ?

— C'est entendu.

Devant nous, dans l'entrée des gouffres, tournaient les moulins à aubes, au gré du courant marin qui poussait dans l'ombre sa rumeur amplifiée par les voûtes. L'œil se perdait au fond dans une obscurité de cathédrale ; l'esprit conjecturait des parcours secrets, ignorés du monde, et ne s'étonnait plus que les héros antiques eussent visité les enfers. Le regard du comte s'y plongeait, rêveur et teinté — à peine — d'amusement, comme s'il eût été, lui, le nocher familier de ces eaux profondes, gardien de leurs grottes inconnues.

*

Nous travaillâmes pendant deux mois. Je rédigeais le matin de bonne heure ce qu'il me racontait l'après-midi, à l'heure chaude, en buvant du café et de l'eau fraîche, sur une loggia qu'ombrageaient de grands panneaux mobiles à croisillons de bois ouvragés.

Ce fut prodigieux.

J'entrai dans d'insoupçonnables secrets, dans d'extraordinaires circonstances.

Je connus les liens déjà pressentis qui unissaient l'arrestation de l'abbé Faria sous l'Empire, celle du marin Dantès à Marseille en 1815, la fortune du comte de Monte-Cristo, sa venue à Paris, la ruine de Danglars, la chute de Morcerf et de Villefort.

Je parcourus la guerre de l'indépendance grecque et les coulisses financières de l'expédition en Espagne ; je fus à Toulouse sous la seconde Restauration, en Méditerranée au temps de la prise d'Alger ; je revécus, nous revécûmes toute l'histoire de la France de Napoléon à Louis-Philippe. Que M. de Balzac n'a-t-il connu cette histoire ! Il en eût fait le sommet le plus étincelant de sa *Comédie humaine,* l'acropole de cette énorme et populeuse cité.

À l'issue de ces deux mois de travail, le comte projetait un voyage ; le livre n'étant pas achevé, nous prîmes date pour l'année suivante.

L'année suivante vint, d'autres contretemps s'en mêlèrent.

En 1857, enfin, il entreprit vers le Caucase et le Thibet le long voyage dont il ne devait rentrer que pour mourir.

*

Le livre demeurait donc inachevé. À côté des chapitres dictés, revus et mis au point par lui, restaient les notes de nos entretiens ; des pages qu'il écrivit lui-même et me remit ; un journal, enfin, rédigé à certaines époques, quand la lenteur des voyages lui en donnait le loisir, et dont il se proposait de reproduire certains passages. C'est cet ensemble, quelque peu disparate, qui est ici proposé au lecteur ; je dois à la princesse Haydée la plupart des renseignements contenus dans la dernière partie du livre.

Puis-je livrer mon sentiment, sans qu'on me suspecte de déguiser en avantage ce qui partout ailleurs serait un inconvénient ? C'est en fin de compte dans cet inachèvement même, sous cet aspect de rhapsodie, que ces Mémoires me paraissent ressemblants. Le comte de Monte-Cristo n'était pas homme à s'attarder longtemps et à se contempler dans la rédaction d'un livre. Pressé par Haydée et par Albert, amusé sans doute quelque temps par l'exercice, il s'y prêta de bonne grâce. Mais lorsque son programme de voyage l'interrompit, outre qu'il estimait avoir dit l'essentiel, la tâche ne l'intéressait plus. D'autres projets, d'autres inquiétudes le sollicitaient.

Ma misi me per l'alto mare aperto, dit l'Ulysse de Dante quittant à nouveau Ithaque — la Théaki moderne, toute proche de Céphalonie. *Mais je repris la haute mer ouverte...* Le comte aimait à citer ce vers, qu'il murmurait lentement comme on savoure la fraîcheur d'une eau, peut-être parce qu'il résumait le secret unique de son destin. *Ma misi me per l'alto mare aperto...* Il est assurément bien rare, surtout dans le genre autobiographique, de voir le personnage principal à ce point soucieux de quitter la scène du livre : mais justement, M. de Monte-Cristo était quelqu'un de rare. Il cherchait quelque chose, autre chose. Il était né, il le sentait d'ailleurs et le disait, non pour être celui que l'on immobilise, que l'on fixe, que l'on cerne, mais, mystérieusement, celui qui passe dans la vie des hommes, et qui s'éloigne. Son destin n'était pas de trouver le port, de s'asseoir et de récapituler ; son destin était de repartir sans cesse, de s'éloigner, jusqu'à ces terres lointaines et inhospitalières où le voyage s'arrêta.

On reparlera de cela en son lieu. Qu'il suffise ici de dire que c'est en cela, au bout du compte, que ce livre, dans lequel on le voit peu à peu s'éloigner et se perdre, lui ressemble mieux que tout autre.

LIVRE PREMIER

L'INNOCENCE

Destiné par ses vertus mêmes à être dupe.

BYRON

I

Ce que j'écrivais en 1830. – Qui je suis. – Mes origines. – Louis Dantès. – Marseille sous la Révolution et l'Empire. – Mon enfance. – Les « bonnes gens ». – Bonapartistes et légitimistes. – Les Catalans. – Mercedes. – Fernand.

Je commence mes Mémoires en cette fin d'été 1855. Or, voilà vingt-cinq ans, un homme — et j'ai été cet homme — esquissait au présent, noyé dans le présent, le récit de cette même vie qui me paraît maintenant si lointaine. Voici ce qu'il écrivait, ce que j'écrivais en 1830 :

Aujourd'hui 20 janvier, dans l'île d'Ischia où j'ai jeté l'ancre en raison du mauvais temps, j'entreprends de mettre par écrit ce que fut et ce qu'est mon existence.

Depuis la fenêtre de ma chambre d'auberge, j'aperçois mon bateau, Le Sindbad, *près du quai ; vers la droite, les falaises à l'extrême bord desquelles s'arrête le maquis dont la plus grande partie de l'île est recouverte ; en face, un îlot abrupt, couronné de fortifications.*

J'ai trente-cinq ans. Depuis quelques mois je navigue dans la partie de la Méditerranée comprise entre les Baléares, la Sicile et les côtes italiennes. Je possède deux passeports anglais achetés à Livourne, où tout se vend à qui sait demander. L'un est au nom d'un certain Lord Wilmore ; l'autre au nom de Moses, capitaine de son bateau. En arrivant avant-hier à Ischia, j'ai choisi d'être Moses.

Qui suis-je en réalité ? Quel est mon nom, mon passé ? Les quelques personnes qui pourraient le dire sont loin d'ici et me croient mort. C'est un masque parfait. Je suis, en somme, seul à savoir que j'existe...

Mes relations sont des pêcheurs et des contrebandiers du littoral italien. Eux non plus ne savent pas qui je suis. Ils pensent que je suis né à Malte, que j'ai mené une vie aventureuse et connu la prison, que je me suis évadé. Rien de plus. Et c'est bien ainsi.

Qui je suis, où je vais ne regarde personne. Pour avoir été sincère, candide, tout entier exposé, pour avoir cru qu'il fallait l'être, pour l'avoir payé cher, j'entends désormais demeurer le maître de mes secrets. Celui qui ne montre rien de lui-même est plus fort.

Quand je pense à celui que j'ai été, quand je pense à ce pauvre être confiant et doux... Mais à présent j'ai tous les moyens d'agir comme je le veux sans en rendre compte à personne. Je ne reconnais plus d'autre loi que la mienne. Je suis libre. La page est blanche devant moi.

J'y ai inscrit les noms de trois hommes. Trois hommes qui me tiennent pour mort, s'ils ne m'ont pas oublié. Moi, je ne les ai pas oubliés, et je ne suis pas mort.

Je vais supplicier ces trois hommes comme ils m'ont supplicié.

Peut-être devrais-je pleurer. Je ne pleure pas.

Au contraire.

*

Qui je suis... Ainsi répondais-je à cette question en 1830, dans l'île d'Ischia, au temps où je ne connaissais pas le doute. Je me souviens de ce temps-là, je me rappelle la brise hivernale le soir sur l'île, le sommeil, la jouissance de la liberté et de la puissance. Je revois bien tout cela, et pourtant l'homme que révèlent ces lignes me paraît aussi éloigné de moi qu'il jugeait l'être, lui, d'un autre, plus ancien encore.

Qui suis-je ? Quel est mon nom ? Je me le demande parfois. « Comte de Monte-Cristo » est un masque, un nom fabriqué à l'usage des gens, un nom de riche et d'étranger, de grand seigneur supposé à la nationalité indécise, au passé inconnaissable. Nom de nabab ou d'aventurier, d'excentrique ou de parvenu, de Levantin ou de Maltais, de chevalier de Rhodes ou de charlatan égyptien. C'est un équipage de chevaux noirs, une portière armoriée que l'on ferme, une voiture qui s'ébranle tous rideaux baissés.

Comment s'appelle l'homme qui voyage à l'abri de ce titre ? Je sais bien que j'existe ; je sais bien ce que je sens, j'ai des souvenirs, des goûts et des dégoûts, des occupations, des fréquentations ; certains lieux me sont chers, certaines choses me font rêver ou m'indisposent, me réconfortent ou me lassent. Mais je me demande quel est mon nom. Un nom est affaire de famille, et je n'ai plus de famille ; d'état civil, aussi, mais pour l'état civil français, je suis mort en 1829.

Pourtant je me souviens que je fus jadis, en toute certitude, en toute innocence, un jeune marin marseillais du nom d'Edmond Dantès. Cela est loin, bien loin, et d'un éloignement que n'ont pas produit seuls les années enfuies et les changements du monde. De cet Edmond Dantès du temps de Napoléon Ier à l'homme qu'on appelle aujourd'hui comte de Monte-Cristo, rien qui ait subsisté, pas un ami, pas un asile, pas une habitude, pas même le plus modeste de ces objets dont la présence muette nous accompagne parfois toute une vie : il m'arrive de songer à ce pot de faïence où mon père mettait son café, et dont les anses représentaient deux masques grimaçants que je regardais avec l'attention fascinée des enfants. Ma vie ressemble à ces sources des montagnes qui disparaissent sous des rochers : nul ne sait quelle direction elles prennent, quelles grottes ou quelles épaisseurs elles traversent, à quelles infiltrations elles sont assujetties ni de quel impalpable minerai les enrichit cette distillation souterraine ; et quand elles resurgissent et bondissent vers les plaines, nul ne saurait les reconnaître dans ce torrent, dans ce fleuve.

Je suis né en 1795. Toutefois l'événement initial sinon de mon existence, du moins de ma destinée, eut lieu le 28 février 1815. Ce jour-là, quatre jours après l'arrivée à Marseille du brick *Le Pharaon*, à bord duquel j'étais second, et qui, venant de Smyrne, avait fait escale à Trieste, Naples et Porto-Ferrajo, je fus arrêté au Pharo, où je fêtais mes fiançailles, et déféré devant M. de Villefort, substitut du procureur du Roi. La nuit suivante on me conduisit au château d'If, forteresse située au large de Marseille, dans laquelle je fus mis au secret en qualité d'agent bonapartiste.

Quand je dis que ce fut là l'événement initial, je veux dire que ce jour-là seulement le Sort statua sur mon cas. J'avais pu croire qu'il me vouait à être marseillais et marin, à épouser une jeune fille du nom de Mercedes. Non, ce n'était pas cela. Ma vraie vie commençait seulement. Mais pour expliquer comment se fit cette rectification, il me faut remonter plus avant.

Mon père naquit en 1749, dans un bourg des montagnes qui environnent Marseille. Il m'a toujours dit que nous avions du sang grec ou italien, ce que notre nom ne rend pas improbable. Les Dantès étaient pauvres. La sœur de mon père fut mariée dans le pays. Son frère aîné devint berger comme l'était leur père. Son frère cadet mourut jeune. Lui, le second, fut envoyé vers l'âge de quinze ans à Marseille, où il travailla dans les savonneries.

On ne peut pas dire qu'il ait eu beaucoup de chance avec ses deux femmes. La première, qu'il épousa vers 1775, mourut peu avant la Révolution sans lui avoir donné d'enfant. Après quelques années il se remaria, et c'est de cette union que je naquis, mais je n'ai pas connu ma mère, qui mourut des fièvres quelques jours après ma naissance ; et voilà tout ce que j'ai à dire de ma généalogie.

Au maigre salaire des ouvriers des savonneries, mon père avait ajouté une petite rente constituée avec sa part d'héritage. Les années de la Révolution grevèrent durement ces modestes ressources. La rente fondit, la savonnerie chôma. Subtilisée jadis aux Italiens par les Marseillais, cette industrie avait connu des décennies de prospérité ; les guerres de la Révolution compromirent l'arrivage des matières premières et anéantirent la partie la plus luxueuse de ce commerce. En 1793, M. Tarteiron, patron de mon père depuis plus de vingt ans, fut guillotiné. Après un an de quasi-misère, Louis Dantès retrouva de l'embauche dans la maison Audibert, où il devait rester jusqu'à 1810, date à laquelle sa santé précocement usée le força de renoncer au travail.

Je ne sais si l'on a étudié, dans la formation d'une jeune âme, l'influence de ce qu'elle a acquis non par l'étude et les leçons, mais par le simple regard qu'elle porte, avec ce mélange d'indifférence apparente et d'attention réelle qui est propre à l'enfance, sur les façons d'être et d'agir des grandes personnes qui l'entourent. Nos pères, nos maîtres nous inculquent une religion, une instruction, un métier ; mais autour de ces notions en quelque sorte objectives se déploient les infinies nuances de la position sociale, du caractère, du comportement de ceux qui, des années durant, sont pour le petit enfant non pas des gens parmi d'autres, mais les grandes personnes tout court. La même religion catholique enseignée au fils du berger et au fils du ministre n'a pas les mêmes résonances ni les mêmes effets. Un père est courageux et l'autre indolent, l'un indulgent et l'autre sévère : cela oriente une âme et lui donne certains plis.

Ce que mon père, sans le vouloir ni le savoir, déposa en moi, ce fut l'innocence.

Plus tard, au cours de ce lent et tortueux travail au prix duquel un homme tente de rejeter, puis d'accepter, ce que le Sort lui a imposé et qu'il n'aime pas, je lui en ai voulu pour ce don. J'ai maudit cet homme que j'aimais, qui m'aimait plus que tout au monde.

C'est peu dire que mon père était un brave homme, ou un homme bon, honnête, bienveillant : Louis Dantès était la Vertu. À ses débuts dans la savonnerie Tarteiron, il avait un jour gâté une cuisson d'huile en se trompant sur la proportion de lessive de soude qu'il était chargé d'y introduire. Cette maladresse vénielle était le souvenir le plus épouvantable de sa vie. Lui-même avait supplié son patron, qui ne voulait pas en entendre parler, de déduire de sa paie le coût de ce gâchis ; à la fin il s'était résigné à n'être pas puni, mais de ce jour, M. Tarteiron était entré pour n'en plus sortir dans la galerie des saints domestiques de mon père, ceux qu'il appelait « les bonnes gens ».

J'allais écrire qu'il était royaliste ; mais le mot a acquis à cette époque une résonance qui n'évoque pas ce dont je veux parler. Mon père aimait le Roi comme il adorait

Dieu, comme il vénérait la Sainte Vierge, rongée par les vapeurs de soude, qui trônait au bout de l'atelier Tarteiron. Il avait une fois, dans sa jeunesse, vu Monsieur, frère du Roi et comte de Provence, venu visiter la fabrique, sur le quai de Rive-Neuve. Il narrait ce souvenir comme il eût fait d'une apparition miraculeuse ; j'imaginais, dans l'atelier obscur empli de l'odeur entêtante émanée des chaudières, le passage de ces grands personnages empanachés, tout luisants d'or, inaccessibles, presque irréels ; j'ai repensé à cela en admirant plus tard le tableau des *Fileuses* de Vélasquez. Dieu, le Roi, M. Tarteiron : dans le cœur de Louis Dantès, dans sa vision du monde, c'étaient là trois degrés d'une même hiérarchie, trois figures d'un même vitrail.

Aussi les années qui suivirent 1789 le firent-elles passer par toutes les nuances de l'atterrement, de la désolation et de l'épouvante. Marseille avait d'abord été à l'avant-garde de la Révolution. La ville s'était emparée des forts qui la surveillaient, avant de fournir aux armées de la République le contingent qui rendit fameuse la *Marseillaise*. Mais bientôt les démons de la guerre civile avaient surgi au coin des rues et des places. Massacre des royalistes au moment de l'équipée du comte de Saillans, qui tentait de faire de la Provence une seconde Vendée ; terreur de 1793, lorsque la ville suspectée de fédéralisme se vit retirer jusqu'à son nom ; massacre des Jacobins dans le fort Saint-Jean, un peu plus tard : l'oscillation incessante des événements précipitait les factions les unes contre les autres avec une violence de plus en plus aveugle. Mon père ne voyait à ces emballements divers et meurtriers qu'une seule cause : la Révolution. L'exécution du Roi et celle, à laquelle il put assister, de son employeur, traîné sur une charrette vers le fatal couperet, firent plus que l'horrifier : elles le brisèrent. Il devint cet homme tendre et craintif, redoutant toujours quelque péril, que j'ai connu, qui m'a élevé. Toute ma jeunesse j'ai entendu parler de ces terribles événements, la destruction de l'église des Accoules, la Vierge de La Garde envoyée à la fonte par le terrible Fréron, les prêtres réfractaires pendus par la populace. J'ai prié tout enfant pour le « petit roi », l'orphelin du Temple, en même temps que pour ma maman. Tout enfant j'ai cru que les vieilles familles seigneuriales de la région, les Saint-Méran, les Vitrolles chez qui un de nos cousins avait été métayer, dépositaires d'une parcelle de la puissance divine par l'entremise du Roi dont ils étaient les soutiens, n'avaient pu être ainsi persécutés que par d'authentiques envoyés du Démon.

Et ce furent ces gens-là, les Saint-Méran, les Vitrolles, les Servieux et leur docile serviteur Villefort, ces « bonnes gens » que vénérait mon père, cette Restauration qu'il avait tant de fois appelée de ses vœux et de ses prières, ce monde contre lequel, même à l'agonie, je suis sûr qu'il n'eut pas un seul mot de haine ou de reproche, ce furent ces gens et ce monde qui sans un regard, sans y songer, le privèrent à jamais de l'enfant qui était tout le bonheur de sa vie.

Audibert avait pris mon père en amitié. Ce libéral, grand lecteur de Voltaire et des idéologues (mais compté tout de même au nombre des « bonnes gens »), le convainquit de me faire sérieusement apprendre à lire et écrire ; et comme l'école excédait les moyens de mon père, c'est lui qui paya mon inscription. C'est lui encore qui en 1807 — j'avais douze ans — me recommanda à Morrel, un de ses associés dans le transport maritime, en sorte que je devins mousse.

Ce n'est pas sans trembler que le bon Louis Dantès me laissa embrasser la carrière de marin, qui m'emplissait d'enthousiasme. Mais Audibert comme Morrel surent lui représenter que, dans notre situation, c'était la meilleure chose à faire. Si j'étais courageux et si je prenais goût à la mer, mon avenir était assuré.

À condition — mais cela finirait bien par venir — que la paix s'installât. Jusqu'à la Révolution le commerce marseillais s'était étendu de l'Extrême-Orient aux Antilles en passant par l'océan Indien et le Levant. Le blocus continental, et les représailles qu'il occasionna de la part des Anglais, avaient plus que compromis cette situation florissante. Les projets grandioses du conquérant avaient jeté sur le pavé des centaines d'ouvriers des docks, des arsenaux, de l'artisanat. Des vaisseaux démâtés, en proie aux vers, pourrissaient dans le port. Marseille, disaient les opposants, n'avait servi depuis l'avènement de Bonaparte qu'à deux choses : fournir des soldats aux armées et payer des tributs au Trésor. Sur mer, aux pirates barbaresques qui obligeaient traditionnellement les vaisseaux marchands à être équipés de deux rangées de bouches à feu, s'ajoutait désormais l'Anglais furibond, cramponné sur Malte et sur Gibraltar. Les Grecs, qui avaient à Marseille une importante colonie, nous aidaient à desserrer l'étau. Les Morrel comptaient parmi eux des amis qui acceptèrent leurs capitaux, ce qui leur valut d'éviter la faillite. Ce fut sur un bateau grec qu'en 1810 j'effectuai mon premier voyage en Orient. Nous passâmes aux îles du Cap-Vert, à Bonne-Espérance (je vis Sainte-Hélène), à Madagascar, et abordâmes à Guzarat et Golconde.

Mais j'anticipe. Pour le moment je suis un enfant, un enfant des vieux quartiers et du port de Marseille. Marseille est plus qu'une ville : c'est une patrie. Au fond je ne me suis jamais senti Français, mais dans un temps lointain, j'ai été Marseillais, enfant puis marin de Marseille comme d'autres au cours des siècles avaient été

Athéniens, Génois ou Gaditans. Avec ses maisons roses aux volets multicolores, ses marchés, ses fontaines, ses ateliers, Marseille enveloppait sa rade, flanquée de deux forts symétriques, où la tour du roi René semblait quelque sentinelle débonnaire et couperosée, et que dominaient d'un côté le clocher des Accoules, de l'autre les deux tours colossales de l'abbaye Saint-Victor. Au-dessus, transparente et légère dans la brume azurée, La Garde élevait son rocher altier sans escarpement, aérien sans vertige, dominateur et pourtant familier, avec son fortin bas et son petit sanctuaire roman, pareille à une grande personne dont les maisons de Marseille eussent été la progéniture.

J'allai donc à l'école, au chemin de Saint-Charles, dans une jolie maison entièrement entourée d'une verte tonnelle et d'un riche verger. Dès que le maître déclarait la leçon terminée, Marseille était à nous. Nous hantions la ville du Grand Cours à la Consigne, de la porte de la Joliette au fort d'Entrecasteaux, faisant hurler sur notre passage les laitiers descendus de Mazargues ou d'Allauch avec leurs mulets, les poissonnières avec leurs paniers plats, le couteau à la hanche, la balance romaine en sautoir, les marchandes d'escargots ou de brousses, victimes de nos farces et de nos chapardages. Nous admirions les grands de dix-sept ou vingt ans qui faisaient les beaux à la Canebière avec leurs vestes courtes, coupées à la taille, leurs bottines luisantes et le chapeau verni des marins. Nous jalousions ceux d'entre nous qui de temps en temps, grâce à un parent ou à un ami, obtenaient le privilège d'embarquer sur la bette légère ou le saudelet courtaud, surmonté d'un dais comme une gondole, le temps d'une journée de pêche du côté d'Arenc, du Château Vert ou de la rade d'Endoume. L'ancien arsenal des galères, les entrepôts de Rive-Neuve avec leurs galeries de bois, les échoppes que fermaient le soir des volets grands comme des portails, les ruelles de marché couvertes d'auvents de toile, n'avaient pas de secrets pour nous. Presque aussi hauts que les maisons, les grands bateaux à quai tendaient au-dessus de nous leurs beauprés ornés de mythologies, d'où les marins hélaient les filles paraissant aux fenêtres. Les Mamelouks, cantonnés là depuis le retour d'Égypte, et qu'on voyait déambuler par les rues, nous donnaient rendez-vous avec l'Orient de Bonaparte ; j'en ai revu un bien plus tard, large tête enturbannée, moustachu d'une oreille à l'autre, sculpté au fronton d'une porte, dans la rue du Panier dominée par ses moulins à vent.

Noël ramenait la foire aux santons. En proscrivant le culte, la Révolution avait répandu la coutume des crèches dans toutes les classes du peuple. Mon père m'emmenait admirer, sous les arbres du Grand Cours, les saint Joseph barbus, les étincelants Melchior, les ânes et les bœufs de bois peint ou de céramique. L'enfant que j'étais s'émerveillait, mon père souriait de mon émerveillement.

Le monde apparaissait là dans sa vérité. En bas les humbles, les innocents, les enfants se donnaient à leurs pauvres joies, cependant qu'au-dessus d'eux, derrière les belles façades ornées de cariatides dans le goût de Puget, d'autres s'occupaient des affaires sérieuses. Nous ne le savions pas.

La politique en effet pesait lourd à Marseille. J'entendis à cette époque, entre Audibert et Morrel, des controverses amicales mais vives. Tout ce que je comprenais était que Morrel, se refusant à ne voir que son intérêt personnel d'armateur, aimait l'Empereur envers et contre tout. Son oncle Polycar, vénérable figure des cafés de la Canebière, avait pris part aux campagnes d'Italie et d'Égypte. L'un et l'autre s'affichaient, aux côtés du maire

M. Anthoine, dans les cérémonies à la gloire de Napoléon, celle qui suivit le couronnement en 1804, celle qui deux ans plus tard célébra la victoire d'Austerlitz. À la Loge des Négociants, mon patron était connu comme un ami personnel de Clary le jeune, lié au clan Bonaparte depuis le mariage de ses sœurs Julie et Désirée, l'une à Joseph Bonaparte — elle allait devenir reine de Naples, puis d'Espagne —, l'autre au général Bernadotte, futur prince de Pontecorvo et roi de Suède. Nicolas Clary, lui, devint membre du Corps législatif, pair de France puis comte d'Empire. On l'accusait d'avoir prostitué ses sœurs aux satellites du tyran, accusation absurde d'ailleurs, puisqu'en 1795 le clan Bonaparte, bien loin du pouvoir, végétait dans l'obscurité et la gêne. On accusait Morrel de le fréquenter par opportunisme. Il le savait et disait « Bah ! » en souriant. Sa conscience était pure. En d'autres temps cela aurait suffi. En ce temps-là, cela ne suffisait pas. Les périls montaient et Morrel, comme d'autres, figurait déjà sur des listes noires.

Épargnés sinon courtisés par l'Empereur en quête de soutiens politiques, la vieille aristocratie et le parti légitimiste n'avaient en effet pas tardé à relever la tête. On daubait sur les rebuffades essuyées par le préfet Thibaudeau, censé être le bras marseillais de cette réconciliation. Son prédécesseur Delacroix, ancien conventionnel et père du peintre des *Massacres de Scio*, avait dû sa disgrâce aux intrigues de l'archevêque Mgr Champion de Cicé. Par cet ecclésiastique habile et influent, les royalistes rouvraient les églises et les confiaient à d'anciens prêtres réfractaires. Par le marquis de Barthélemy, sénateur d'Empire, ils s'activaient dans les sphères parisiennes. Ils approchaient le roi Charles IV d'Espagne, assigné à résidence à Marseille, qu'ils envisageaient de faire évader avec le concours des Anglais dont les frégates croisaient dans le Frioul. Ils n'hésitaient pas à se rapprocher des Jacobins qui gravitaient aux Aygalades dans l'entourage de Paul Barras. Tout s'ébruita d'ailleurs, Barras et Charles IV furent expédiés en Italie, mais Marseille obstinée obtenait en 1813 la nomination d'un maire ouvertement légitimiste, le marquis de Montgrand. Ainsi, escomptant la chute du Corse, mettait-on en place les pièces du nouveau pouvoir ; la revanche serait implacable.

J'ignorais à peu près ces choses-là. Bien sûr les opinions, les faits et gestes de tel ou tel circulaient dans les conversations du peuple. Mais la politique nous paraissait lointaine, à mon père et à moi. Nous la regardions comme un enfant, le nez au ras de la table, écoute les propos des grands et sent bien que cela est au-delà de lui. Nous n'imaginions pas que ces grandes affaires puissent descendre jusqu'à d'humbles personnes comme nous. Nous avions des protecteurs, Audibert et Morrel ; de « bonnes gens » ; ils nous paraissaient aussi infaillibles que puissants. Cela aussi, plus tard, m'a fait pleurer de rage dans mon cachot.

Et puis j'avais d'autres préoccupations, plus propres à mon âge.

Lorsque suivant le quai de Rive-Neuve on contourne le fort Saint-Nicolas en direction de la mer, on longe bientôt l'anse de la Réserve, puis la colline du Pharo ; si l'on poursuit encore sa route le long du rivage, on découvre bientôt, passé un rocher dénudé, l'anse des Catalans.

Quoique les relations avec eux fussent paisibles et de bon voisinage, les Catalans qui depuis fort longtemps s'étaient installés là passaient pour ombrageux et peu soucieux de s'assimiler à la population marseillaise. Pauvres, durs au travail, ils conservaient jalousement leur langue, leurs coutumes et leurs femmes. Sur le rivage, entre les flots scintillants et les Vieilles Infirmeries, se trouvait ce groupe de maisonnettes claires, devant quoi séchaient des filets ; quelques barques échouées, une église basse, complétaient ce décor pour aquarelliste ; et c'est là que je connus Mercedes.

J'avais dix-sept ans, elle quinze. Elle vivait en vendant des coquillages sur le port et en remaillant des filets. Vers la fin 1813, nous nous jurâmes une éternelle fidélité.

Il m'était bien venu à l'idée que cette idylle, au fur et à mesure qu'elle s'installait et prospérait, pouvait m'attirer quelques démêlés avec la petite communauté. Mon père, quoiqu'il adorât Mercedes et bénît nos amours, s'en inquiétait parfois. Je m'en ouvris à elle : « N'est-ce pas une loi sacrée parmi les vôtres, lui disais-je, que de se marier entre eux ? » Elle haussait les épaules : « Ce n'est pas une loi, c'est une habitude. » Mercedes rêvait de quitter les Catalans, les filets à ravauder, la misère. Elle y parvint...

Mes inquiétudes toutefois ne furent jamais extrêmes. La fière volonté de mon amie, l'autorité tranquille et altière d'une fille qui se sait belle courbaient devant elle ses autres prétendants. Moi je m'efforçais parmi eux d'être serviable, loyal, gai, discret aussi. Je sus me montrer ferme en deux ou trois occasions où l'on me chercha querelle ; on s'habitua à moi ; je me fis même quelques amis.

Fernand Mondego, cousin germain de Mercedes et qui s'était déclaré son protecteur (elle n'avait plus ses parents), demeurait à mon égard impénétrable. Je n'ai jamais su s'il avait ourdi quelques-unes des provocations dont je viens de parler. Il comptait davantage, je pense, pour lasser Mercedes de moi, sur l'état de marin qui m'éloignerait d'elle.

Puissant, musclé, les jambes courtes et le torse long,

viril sinon beau, la barbe drue, les mastoïdes renflés par une perpétuelle crispation des mâchoires, Fernand était un étrange garçon. J'ai toujours senti en lui (comme l'on sent : c'est-à-dire sans y faire attention, tant qu'un fait éclatant n'a pas corroboré l'intuition) je ne sais quoi de sourd, de malheureux, de tragique peut-être. Il était de ces gens qu'on dirait nés les poings serrés, et dont les passions sont violentes et exclusives jusqu'à la folie. Qu'une idée quelconque s'emparât de lui et il se ruait à l'acte, comme égaré, oubliant tout le reste. Un seul mot me vient, entendu je ne sais où, pour résumer : Fernand était *braque*. J'imagine que l'instruction militaire, plus tard, dut avoir fort à faire pour régler et contrôler ce paquet de nerfs à moitié sauvage.

Je savais qu'il avait rêvé d'épouser Mercedes. Ce sanguin, d'une force presque effrayante, la désirait bestialement, douloureusement. Avec calme, avec pudeur, avec une douceur implacable, la belle fille le tenait à distance. Il était devant elle comme un dogue, capable d'égorger le premier venu et qui respecte un petit enfant. Que dire de plus ? Aujourd'hui je pense à lui, tel qu'il était alors, avec pitié. Il souffrait. Il souffrait comme un damné.

Je me souviens d'une scène qui m'étonna. Chaque année, la tradition des Catalans était d'organiser des jeux taurins. Les jeunes gens se faisaient une gloire d'accrocher une fleur de papier aux cornes d'un bouvillon qu'on lâchait sur la plage, en sautant prestement sur son dos. Ce jour-là Fernand, qui avait paru plus taciturne encore qu'à l'ordinaire, et ne nous avait pas un moment délivrés, Mercedes et moi, de sa pesante présence, proclama subitement qu'il accrocherait deux fleurs, une à chaque corne. Chacun se récria, l'avertit des risques qu'il prenait, mais en vain. Deux fleurs à la bouche il courut vers le taureau en grondant, lui saisit les cornes, tenta de l'enfourcher. Deux fois la bête le rejeta ; deux fois il s'obstina parmi les cris d'épouvante des spectateurs. On le vit traîné sur vingt pas par l'animal qu'il n'avait pas lâché et qui secouait son encolure. Enfin il parvint à se hisser sur lui, accrocha une fleur, laissa échapper la seconde, tomba à son tour et dut fuir pendant que nous courions à l'opposé en gesticulant pour détourner la bête. Fernand revint livide, en sang, la peau des côtes labourée, écarta rudement Mercedes qui se précipitait et but coup sur coup trois verres d'eau-de-vie.

Nous aurions dû peut-être nous inquiéter davantage de cette souffrance, de cette violence qui ne pouvant se décharger sur moi se tournait contre lui-même. Mais qu'aurions-nous pu faire ? Nous n'étions que trop prompts à l'oublier.

Les amoureux vivent dans le soleil, et le soleil éblouit.

II

Propos sur le bonheur. – La première Restauration. – M. Morrel se comporte en homme d'honneur. – Le capitaine Leclère. – Je vois l'Empereur à l'île d'Elbe. – Mon père et ses fleurs. – La Réserve. – Tout est prêt. – Mon arrestation. – M. de Villefort. – Le château d'If.

Journal (1830). *Non, je ne le pleure pas, ce jeune marin de Marseille, innocent comme l'oiseau des mers et borné comme lui. Il fallait son désespoir et sa mort pour mener à celui que je suis. Je ne pleure pas. Quel nom donner à ce que je sens ? Le bonheur ? Voilà un mot qui n'est plus pour moi, et je m'en passe. Le bonheur, je sais ce qu'il eût été. Bien noté par mon patron, ce pauvre Morrel que je voyais puissant et sage comme Moïse, amoureux d'une jolie brune dont j'ignorais que tôt ou tard la possession devenue habituelle ne m'inspirerait plus qu'un contentement fade et mêlé d'ennui, assujetti comme une bête aux mœurs de l'espèce, j'allais vivre inconscient une existence infime, indifférente. De chaque naissance à chaque Noël, de chaque départ à chaque retour, de chaque fête à chaque deuil je ferais les gestes et j'aurais les pensées de tous ; je prononcerais à chaque étape les mêmes paroles vaines devant la destinée. Ne dois-je pas bénir le Sort qui m'a arraché à cela malgré mes supplications et mes larmes ?*

Que regretterais-je ? L'amour ? Un homme, mon père, m'a aimé. Je garde au fond du cœur cette tendresse, cette douleur qui entretiennent ma haine et la justifient.

Heureux du mal que l'on m'a fait puisqu'il m'acquitte par avance de toute dette envers l'humanité, je vis sans lien, souverain, solitaire. Le bonheur ? Ah, non, ce n'est pas à moi qu'il faut parler du bonheur !

Je ne connais, je ne veux connaître, que l'heure où je suis.

*

En 1814, Marseille accueillit avec enthousiasme le premier retour des Bourbons. Dès l'abdication de l'Empereur connue, l'émeute souleva la ville, mit en fuite le préfet Thibaudeau * et renversa les monuments dédiés naguère à celui qu'on n'appelait plus que l'Usurpateur. On dansa, on chanta, on but à tous les carrefours. En octobre, juste avant le départ du *Pharaon*, j'assistai à l'entrée dans la ville du comte d'Artois, frère de Louis XVIII, visite qui occasionna une somptueuse fête sur le Pharo. Mgr le comte d'Artois venait de combler l'un des vœux les plus obstinés des Marseillais en obtenant qu'on rétablît la franchise du port ; il était acclamé. On se montrait dans le cortège officiel son chambellan M. de Servieux, représentant illustre d'une famille de la ville, M. de Montgrand, maire de Marseille — celui qui

* *Note d'Alphonse de Beauchamp.* Il devait devenir un des agents les plus dévoués de Napoléon dans la préparation du retour de l'île d'Elbe.

aurait dû me marier —, le nouveau préfet M. le marquis de Rivière, M. le procureur du Roi et son jeune substitut.

Dans tout le Midi les passions étaient enflammées. À Avignon, à Orgon, l'Empereur en partance pour l'île d'Elbe avait été hué par la foule. Il craignait d'être empoisonné dans les auberges. Il fut réduit à se déguiser. Les femmes en particulier ne se tenaient plus de haine et exigeaient qu'on le leur livrât.

Morrel, inquiet, affichait une bonne humeur factice dans ses bureaux du quai d'Orléans. Deux ou trois fois il fut pris à partie en pleine rue. Sans doute n'avait-il occupé, ni sous la Révolution ni sous l'Empire, aucune charge publique, comme certains de ses confrères. Et puis ses bonnes relations avec la plupart d'entre eux, les services qu'il avait rendus sans regarder à la couleur politique le protégeaient ; les milieux d'affaires voulaient avant tout la paix civile et n'encourageaient pas les passions. Mais il était tout de même l'un des rares, parmi la classe négociante, à n'avoir pas depuis au moins deux ou trois ans pris ostensiblement ses distances avec le régime impérial. Les affaires qu'il avait su mieux que d'autres maintenir pendant les mauvaises années attiraient les regards sur lui et suscitaient l'envie.

Ce soutien opiniâtre, de la part d'un homme pourtant avisé, à un régime dont la politique était si contraire à ses intérêts, demeure d'ailleurs pour moi un sujet de perplexité — et je dis perplexité pour ne pas offenser sa mémoire. Que Morrel fût libéral, c'était dans la logique des choses, mais le pouvoir impérial ne l'était plus depuis longtemps. Que l'oncle Polycar, celui qui avait fait l'Italie, méritât tout son respect, c'était naturel, mais pour autant que je m'en souvienne, le soleil d'Austerlitz lui avait si bien tapé sur le crâne que le bon sens eût dû repousser ce que suggérait l'affection, et Morrel, accessible à l'une, n'était pas dépourvu de l'autre. Or le bon sens clamait que les guerres napoléoniennes ruinaient le commerce marseillais, un point c'est tout. Alors ? Alors Morrel, qui avait cru en Bonaparte et l'avait plébiscité des deux mains, trouva sans doute indigne d'un homme d'honneur d'abandonner le navire avec les rats. Il y a des gens qui sont des anges. J'ai reniflé de trop près les Villefort et les Danglars pour y être insensible ; mais je n'ai jamais pu réprimer un mouvement d'humeur en pensant que je dois aussi à ces beaux sentiments, à l'imbécile culte familial de l'oncle Polycar, d'avoir passé quatorze ans de ma vie enseveli sous la tour nord du château d'If.

Lorsque *Le Pharaon* prit la mer, l'ambiance à Marseille était empoisonnée. Les Bourbons ne tenaient ni leurs opposants ni leurs partisans, et l'on ne savait ce qui était pire. Demi-soldes et royalistes se prenaient au collet dans les rues ; s'ensuivaient des duels, d'obscurs assassinats. Dénonciations et règlements de comptes travaillaient sourdement la ville. Les vainqueurs du jour se pavanaient, oubliant leurs bassesses de la veille. Non, décidément, la politique, legs de la Révolution, ne grandissait pas les hommes.

Le Pharaon était commandé par un ancien militaire, le capitaine Leclère, réformé après Trafalgar, et cadeau de l'oncle Polycar qui l'avait connu à son cercle. Leclère était un bon capitaine et un brave type. On le soupçonnait — à raison, comme on va le voir — de bonapartisme actif. Une partie de l'équipage murmurait. Morrel n'avait pas voulu l'écarter pour un tel motif, et ceux qui l'accusaient d'avoir courtisé le régime impérial ne s'avisaient pas que s'il eût été aussi opportuniste qu'ils le disaient, il s'en fût précisément débarrassé.

J'avais déjà été de plusieurs voyages. L'année précédente, Morrel, avec l'accord de Leclère, m'avait nommé second. Mes qualités de marin leur paraissaient indéniables ; le manque d'hommes valides expliquait également cette décision.

À Naples, au retour, le capitaine Leclère s'arrêta davantage que ne le justifiait le service de la maison Morrel. Il disparut durant deux jours d'escale. La route qu'il avait prise à cheval menait à Portici, résidence du roi de Naples, lequel pour l'heure était Joachim Murat, beau-frère de l'empereur déchu. Une partie de l'équipage désapprouvait ; j'avais le devoir de faire taire les grondements qui pourraient s'élever ; je n'aimais pas ce rôle. Il me déplaisait que notre voyage servît à autre chose qu'aux affaires commerciales qui le justifiaient.

Murat avait sauvé son trône en faisant volte-face au profit des Alliés. Le héros de l'Adige, du mont Thabor et d'Iéna, épaissi, rapace, ternissait ainsi sa gloire dans des intrigues de légation. Voulait-il à présent miser sur le retour de Napoléon ? Il fallait le croire, puisque Leclère, à son retour, nous annonça que la prochaine escale serait Porto-Ferrajo. Après quoi il mourut d'insolation, sans crier gare, en me confiant une enveloppe destinée au grand-maréchal Bertrand.

La nécessité de mouiller à l'île d'Elbe augmenta mon malaise. Nos marins obéiraient, certes. Mais notre correspondant de Naples nous avait donné des nouvelles récentes de Marseille. Le revanchisme royaliste ne désarmait pas. La police traquait les opposants. Délibérément ou par maladresse, le pouvoir multipliait les provocations. Il suffirait de la malveillance ou de l'imprudence d'un seul des nôtres, au retour, pour que tout l'équipage devînt suspect. L'excellent capitaine Leclère s'était-il interrogé sur son bon droit à nous compromettre tous ? Ce n'était pas le dernier exemple que j'aurais à noter du fanatisme des bonapartistes.

Je fus loyal tout de même. Je vis Bertrand. Je vis même l'Empereur. Après avoir tracé deux routes et songé à coloniser l'île voisine de La Pianosa, il avait soupiré : « Mon île est bien petite », et s'était remis à s'intéresser aux affaires continentales. De discrets émissaires sillonnaient le Piémont et les Deux-Siciles, des clubs se réunissaient à Paris dans des caves. Sans me préciser ce dont il s'agissait, on me demanda, puisque je faisais les courses du capitaine Leclère, si je pouvais me charger d'une lettre à porter dans la capitale. L'Empereur, qui à l'époque de la prise de Toulon et de son départ pour l'Égypte avait fréquenté Marseille, me demanda des nouvelles de Clary, des Lejean, du baron de Saint-Joseph. Il rappela sur un ton ambigu, amabilité ou avertissement, qu'il connaissait fort bien la famille Morrel. Intimidé, je n'osai refuser la mission qui m'était confiée, mais j'arrivai à Marseille agacé de cette histoire, me promettant de gagner Paris au plus vite afin de me débarrasser de cette lettre qui me brûlait les poches, et que plusieurs de mes hommes avaient pu voir dans mes mains lorsque j'étais remonté à bord.

Morrel apprit avec peine le décès du capitaine Leclère, eut la larme à l'œil quand je lui dis que l'Empereur se souvenait de l'oncle Polycar, et pour finir me prit à part : il ne voyait que moi, désormais, pour commander *Le Pharaon*.

Cette promotion inespérée, jointe à la perspective de mon mariage, me fit oublier mes soucis. Capitaine à vingt ans, et l'époux de la belle Mercedes !

Le cœur battant de joie je le remerciai et courus voir mon père, dans notre petit logis des allées de Meilhan où le brave homme cultivait chèvrefeuille et clématites sur l'étroite terrasse. Mon père aimait les fleurs. Sa vieillesse leur parlait à mi-voix, ses mains tremblantes aimaient à les disposer doucement sur les tuteurs et les espaliers qu'il leur fabriquait. Il leur dispensait cette même tendresse patiente et lumineuse qui avait environné mes jeunes années. Il m'embrassa, radieux, et s'étonna que je n'eusse pas réservé ma première visite à Mercedes, laquelle était venue le voir deux fois par semaine.

Je le regardais avec émotion. Ainsi, j'allais gagner davantage d'argent, je serais désormais en état de subvenir aux besoins et aux plaisirs — bien modestes — de sa vie. J'allais lui rendre les soins, la protection, l'affection dont il avait entouré mon enfance. L'âge ramène l'homme à la fragilité et à la dépendance des premières années ; à présent ce serait moi l'homme, le protecteur actif et fort. J'allais être le père de mon père, et lui l'enfant.

Je fus choqué d'apprendre le comportement de notre voisin Caderousse, qui un instant plus tôt, en bas de l'escalier, m'avait serré la main, me noyant sous un déluge de paroles d'amitié. Le tailleur Caderousse était depuis plusieurs années installé au rez-de-chaussée. Jovial, la plaisanterie souvent douteuse et le rire gras, il nous avait autrefois secourus quand nous manquions de tout. Il avait en général une façon de le rappeler qui n'était guère plaisante ; cette fois-ci il n'avait rien trouvé de mieux que de réclamer à mon père, en mon absence, un peu d'argent que je lui devais, moyennant quoi l'excellent homme avait dû se priver de tabac et de café, ses deux grands plaisirs hormis les fleurs, pendant le dernier mois de mon voyage. Je fronçai les sourcils. Mon père, trop bon pour le mal juger, prit sa défense.

J'oubliai vite tout cela : Mercedes m'attendait aux Catalans et nous allions nous marier, ainsi que nous l'avions décidé avant mon départ. Mon père et elle avaient tout préparé. Le repas des noces aurait lieu dans trois jours. J'étais heureux. Peut-être la joie naïve dont je témoignais parut-elle arrogante. Caderousse, plutôt fainéant, marié à une femme laide, toujours prêt à reprocher au monde entier la médiocrité de son état, en fut sans doute blessé. Quant à Fernand, c'était autre chose : je le plaignais et le lui fis savoir avec la plus grande gentillesse. Bien entendu je ne pouvais pas me comporter plus maladroitement.

Mais je l'ai dit, je vivais dans le soleil de la jeunesse et de l'amour. Ceux qui voient bien sont dans l'ombre, et regardent sans être vus.

Un épisode me frappa tout de même, que j'enregistrai sans en tirer de conclusions. La veille de mon mariage, je passai par hasard, en compagnie de Mercedes, devant la guinguette de La Réserve, qui, sous le rocher dit « Tête du More », domine l'entrée du port, la tour du roi René, les bateaux, offrant ainsi le panorama le plus heureux, le plus riant, le plus coloré qui se puisse voir. C'était l'endroit que nous avions choisi pour le repas des noces. Or, comme nous marchions gaiement, des voix nous hélèrent, et là, sous la treille, nous aperçûmes attablés Caderousse, Fernand et un troisième buveur, Danglars, le comptable qui accompagnait nos voyages à bord du *Pharaon*.

Je revois encore ces trois figures à peindre. Caderousse paraissait ivre ; Fernand s'éloigna vers le comptoir. Danglars, qui semblait occupé à écrire, leva son verre à notre santé avec je ne sais quoi de rigolard et de faux. Nous causâmes quelques instants. Mais je sentais dans la jovialité des deux hommes quelque chose qui ne tournait pas rond, qui nous blessait ou voulait nous blesser, Mercedes ou moi.

On se croit volontiers supérieur quand on est amoureux. On regarde avec une certaine condescendance la pauvre humanité ordinaire qui ne sent pas ce que l'on sent. Poliment mais sans m'attarder, je pris congé, entraînant ma fiancée avec moi.

Ainsi, tout était en place, et je ne m'en apercevais pas. Je n'avais rien vu. Je ne savais pas déchiffrer, au-delà des paroles, les signes fugaces et muets, évanescents, par quoi s'expriment les hommes, ni en déduire le jeu tacite des sentiments, des intérêts, des conflits. En ce sens, mon histoire est celle de bien des hommes, plus frappante seulement : elle dit que le destin est un piège. On est le joueur et la carte ; on ne joue qu'une fois et sans connaître la règle...

Une scène, quoi qu'il en soit, fut limpide. Le lendemain, comme la fête battait son plein sous les ombrages de cette même Réserve, nous vîmes venir sur le chemin et s'arrêter une voiture qu'accompagnaient deux gendarmes à cheval. Deux autres en descendirent, dont l'un abaissa le marchepied devant un homme vêtu de noir, un portefeuille sous le bras, qui n'était autre que le commissaire de police. Rires et conversations cessèrent d'un coup à l'approche de ce groupe inopiné.

— Qui d'entre vous se nomme Edmond Dantès ?

— C'est moi.

— Veuillez nous suivre.

Une consternation effrayée s'épandit sur les visages. Personne ne comprenait de quoi il s'agissait ; pourtant chacun parut sentir la gravité de l'événement. Moi, je pensai sur-le-champ à Porto-Ferrajo, au grand maréchal, à la lettre qui se trouvait dans ma poche.

Je discutai et questionnai en vain. Ni l'intervention de Morrel, qui jouait au notable, ni les prières plus humbles de mon père et de Mercedes, ni les grondements d'une partie de l'équipage du *Pharaon*, que je dus moi-même calmer pour ne pas aggraver mon cas, n'y firent rien : il me fallut prendre place dans la voiture, qui partit au grand trot, les deux gendarmes à cheval flanquant chacune des portières.

Je revois Morrel, échangeant avec moi un regard épouvanté, éloquent, parce que — j'en parlerai — il avait eu vent de cette histoire de lettre. Je revois mon pauvre père, pris d'un malaise et que la femme et la fille de l'armateur, inquiètes, faisaient asseoir, cependant que ses yeux demeuraient fixés sur moi, ses lèvres murmurant d'inintelligibles paroles. Je sens encore le corps de Mercedes serré contre le mien, le parfum de sa chevelure et de sa peau brune, ses bras m'étreignant avant qu'elle ne se résigne à me laisser aller — et plus jamais... Plus jamais.

La voiture redescendit au quai de Rive-Neuve, contourna le port — je voyais par la portière les visages interloqués des passants — puis s'engouffra sans ralentir l'allure dans la petite rue du Palais de Justice.

Et à la fin de l'après-midi, après avoir attendu assis sur un banc de bois et flanqué de mes deux gendarmes, je comparus devant M. de Villefort, substitut du procureur, sous l'accusation de complot bonapartiste.

J'étais incapable d'analyser ce qui me tombait dessus. C'était à la fois terrible et bénin : terrible par la gravité d'une telle accusation dans une telle époque, bénin étant donné la limpidité absolue de ma bonne foi. Ces deux aspects de la situation se présentaient tour à tour à mon esprit, y soulevant une tempête d'émotions mêlées, où mon intelligence flottait et tournoyait comme un bouchon.

Je me souviens que j'aurais tout donné pour pouvoir me confier à ce commissaire qui m'avait arrêté, à ces gendarmes qui attendaient avec moi dans l'austère antichambre du cabinet du substitut. Mais je n'étais pour eux qu'un étranger. Je pouvais donc être un étranger ! Moi qui avais vécu entouré de protecteurs affectueux, compréhensifs, un père, un patron, un capitaine, moi qui heureux comme un enfant les voyais sourire devant mes bonnes notes d'employé modèle et ma jolie fiancée, voilà que brutalement séparé d'eux j'étais traité comme un homme, responsable de ses actes et que la société pouvait juger et condamner ! Je pouvais donc n'être plus un enfant !

Morrel (Villefort y fit allusion ensuite, durant mon interrogatoire) s'était précipité sur mes traces au Palais, où il avait tenté de plaider ma cause auprès du magistrat, à l'arrivée de ce dernier. En vain, bien sûr. Monsieur Morrel ne pouvait donc pas tout ! Les « bonnes gens » ne l'emportaient pas nécessairement !

Je raconterai brièvement ma comparution. Elle ne fut faite pour moi que d'apparences auxquelles je ne comprenais rien, et dont je ne parvins à percer les secrets que des années plus tard.

Villefort n'avait guère que cinq ou six ans de plus que moi. Je savais de lui ce que savait tout le monde en ville : qu'il était protégé par le parti noble, avec lequel ses liens étaient des plus étroits. On parlait d'un grand mariage. C'était un élégant jeune homme, au visage fin, au nez légèrement aquilin, aux cheveux clairs élégamment ondulés au-dessus d'un haut front pâle, aux mains blanches, longues et déliées. Je notai son habit noir, son jabot de dentelles, ses escarpins au vernis impeccable, le diamant qui brillait à son auriculaire. Nul doute que mon arrestation l'avait soustrait à quelque solennité mondaine ; il fallait que mon cas fût bien pressant.

Il me considéra un moment d'un regard sévère, qui filtrait entre les paupières mi-closes, en tapotant devant lui les extrémités de ses doigts. Je tremblais, mon cœur cognait dans ma poitrine. La maudite lettre, trouvée sur moi lors de la fouille, se trouvait à présent, décachetée et dépliée, sur son bureau.

Lorsque je me remémore cette scène, une impression me reste, qui la domina toute, et qui tenait à mon vêtement. M. de Villefort, je l'ai dit, était en habit. Moi, j'étais dans le costume de mes fiançailles, composé d'un pantalon blanc, de ma veste d'apparat bleue à brandebourgs dorés, de mes bottines, de mon chapeau verni que je tenais dans mes mains, et de la belle chemise brodée pour moi par Mercedes. Et subitement, face à cet homme blond, frêle et racé dans son simple et luxueux habit noir, moi qui le matin encore me regardais dans la glace et trouvais ma chemise la plus belle du monde, je me sentis misérable et tout nu. Ces beaux habits de fête étaient de pauvres hardes, et je n'étais qu'un modeste marin, face à un homme des classes supérieures, qui représentait l'Institution, la Loi, le Pouvoir. Aux mains blanches et soignées, aux cheveux clairs, au diamant, aux dentelles de la chemise, je mesurais toute la distance que la Société peut mettre entre deux hommes égaux devant la Nature.

Or, à ma grande surprise, l'interrogatoire tourna en ma faveur.

Ce que l'entretien me révéla d'abord était pourtant terrifiant.

J'avais fait l'objet d'une dénonciation écrite, anonyme, que Villefort me fit voir. Il y était fait mention de l'escale du *Pharaon* à Porto-Ferrajo, de ma visite à la résidence de l'Empereur, de la lettre. M. de Villefort ne me cacha pas que Leclère réputé bonapartiste, Morrel suspect du même crime, l'oncle Polycar connu dans tous les cafés, complétaient le tableau de façon désastreuse.

Et néanmoins, contre toute attente, je ressortis de là persuadé que mon innocence était établie et admise. J'étais entré accablé de ce coup imprévu, épouvanté par la terrible imprudence qui m'amenait là, démoralisé par une interminable attente entre deux gendarmes muets ; je repartis rasséréné, confiant et même joyeux comme on l'est en s'éveillant d'un cauchemar.

J'avais redouté un Villefort distrait, agacé de se voir privé d'une soirée, d'un bal, d'un plaisir quelconque ; première surprise, il fut au contraire calme, attentif, patient et manifestement soucieux d'équité.

La candeur est tenace. Cet espoir ultime qui ramène l'enfant en larmes à son père ou à sa mère, les bras levés pour être pris, dorloté, consolé, me jeta vers M. de Villefort. Il était la Loi. Eh bien, cette Loi au visage certes sévère, ne fallait-il pas avoir confiance en elle ? J'étais innocent après tout, et il n'était pas possible que la Loi et ceux qui l'appliquaient, l'une garantie, les autres nommés par notre roi, le bon vieillard revenu de Hartwell, l'aïeul clément et tendre de la France, pussent ne pas protéger ses enfants, ses chers enfants, qui avaient tant prié pour lui, pour le petit roi du Temple son neveu, pour son malheureux frère détrôné, insulté, traîné sur la charrette et tué comme un brigand. Il apportait avec lui la Paix et le Pardon, il ramenait la bénédiction de Dieu sur la France un moment égarée. Le bon pasteur pouvait-il sacrifier ses agneaux ?

Ces pauvres raisonnements me rendirent courage. Ah, quelle horreur que de tromper les petits, les faibles, les innocents ! J'ignorais les Chevaliers de la Foi et le pavillon de Marsan, j'ignorais le Faubourg Saint-Germain assoiffé de revanche, j'ignorais M. de La Bourdonnais méditant déjà « des fers, des bourreaux, des supplices » !

J'ignorais également — et c'était le point capital — la situation personnelle de M. de Villefort.

Ce dernier sembla touché par la circonstance de l'arrestation interrompant mes noces, et par la tendresse ingénue avec laquelle j'évoquais et Mercedes, et mon bateau, et mon père. Il parut sensible à ma jeunesse, à ma peur, à la spontanéité de mes aveux. Enfin et surtout il put noter la cohérence parfaite de mes réponses à ses questions volontairement pressées, multiples, répétitives, et convint que je n'avais fait, en m'arrêtant à l'île d'Elbe, qu'accomplir les ultimes volontés d'un mourant, lesquelles étaient aussi les ordres de mon capitaine.

À la fin il me regarda comme il l'avait fait au début, mais ses yeux gris, dans les fentes allongées que formaient ses paupières, étincelaient à présent d'un éclat perçant, impitoyable. J'en soutins candidement l'examen, sentant que mon sort se décidait derrière ce front blanc et ces mains jointes devant les lèvres. Je me retrouvais, non sans d'étranges délices, dans la position de l'enfant devant une grande personne.

Enfin il se leva, croisa les mains derrière son dos.

— Bon. J'incline à croire, Dantès, que vous n'avez été qu'imprudent.

— Oh oui, Monsieur ! Je l'ai été, vraiment !

— Faites attention. Dans l'époque que nous traversons, cela peut pardonner une fois ; cela ne pardonnera pas deux fois.

— Dois-je comprendre...

— Oui, Dantès. Je vais vous rendre à votre fiancée, à vos amis et à votre bateau.

Je faillis me mettre à pleurer.

— Oh, Monsieur, Monsieur...

— C'est bon, c'est bon. Écoutez-moi bien : vous avez été mêlé à une affaire grave. Très grave. À présent ce n'est plus votre affaire, c'est la mienne. Il faut me jurer de l'oublier.

— Je vous le jure, Monsieur, sur la tête de Mercedes et de mon père !

— Bien ! De mon côté, pour vous prouver ma bonne volonté, voyez ce que je vais faire de cette lettre...

Il retourna à son bureau, saisit la feuille de papier où le cachet mettait une tache rouge, et, tendant le bras vers le chandelier, l'enflamma. Puis, maintenant la flamme vers le bas afin qu'elle envahît plus sûrement l'ensemble du document, il se baissa et laissa tomber le tout sur les cendres de l'âtre.

— Et voilà ! dit-il en se redressant, l'air content de lui. Ainsi, cette affaire n'aura pas eu d'autre témoin que vous et moi.

Ma stupeur était à son comble. Un magistrat détruisant la principale pièce à conviction d'un complot dont lui-même venait de souligner l'importance... Je me crus perspicace de supposer qu'il devait ainsi, par un plan dont je ne pouvais deviner la teneur, réserver à sa jeune carrière la primeur d'une découverte retentissante.

— Allez, Dantès, reprit-il, nous en avons terminé. Je vais toutefois être obligé de vous garder cette nuit pour régler certaines formalités... Mais dès demain vous pourrez commander une nouvelle fête à La Réserve, et je vous l'assure, je ne vous enverrai plus chercher !

Il sonna. Un des gendarmes qui m'avaient surveillé dans l'antichambre apparut.

— Conduisez ce prévenu en cellule, jusqu'à nouvel ordre. Dantès, plus jamais d'imprudence, n'est-ce pas ? Croyez-moi, la politique ne vaut pas un beau bateau et une belle fiancée.

J'approuvai chaudement. Je continuais bien à trouver son comportement étrange, mais j'étais résolu à n'y plus songer. Il fallait laisser ces choses-là aux personnes que Dieu et le Roi avaient commises aux destinées de la société. Le bon, l'excellent M. de Villefort ! Grâce à lui, à sa clairvoyance, à sa mansuétude, je serais dès le lendemain rendu à Marseille, à ses rues animées, à ses odeurs marines, à ceux que j'aimais, à Mercedes ! Je pris des résolutions d'enfant sage. Ah, ce n'était pas demain qu'on me reprendrait à toucher à la politique ! La politique était une invention diabolique de la Révolution, conçue pour le malheur des petites gens.

Oui : moi, Edmond Dantès, durant quelques heures, en février 1815, j'ai béni cet homme et j'ai prié pour lui. Et durant des mois encore, enterré vivant par ses soins au fond du château d'If, j'ai espéré en lui – je n'ai espéré qu'en lui.

C'est alors que Villefort, qui tout en parlant considérait l'âtre où venait de se consumer la cause de mon aventure, parut frappé d'une pensée. Il fronça les sourcils.

— Un instant, dit-il au gendarme qui m'emmenait. Dantès... Le destinataire de cette lettre...

— Eh bien ?

— Vous avez lu son nom ?

— Oui, Monsieur.

— Vous vous souvenez de ce nom ?

— Bien sûr, Monsieur : un M. Noirtier, rue Coq-Héron.

— Vous m'aviez promis d'oublier, Dantès !

Je sursautai. Le ton avait subitement changé, sans que je pusse m'en expliquer la raison. Ses yeux étaient braqués sur moi, de nouveau impératifs et menaçants.

— Oublier, Dantès. Ou-bli-er...

Il adressa un nouveau signe au gendarme.

— Emmenez-le, puis revenez prendre mes ordres.

Je vécus la suite comme un rêve. On me fit longer des couloirs ; nous passâmes dans la prison accolée au Palais de Justice, du côté du quai. Je fus conduit dans une cellule à la fenêtre défendue par deux rangées de grilles.

Je m'attendais à y passer la nuit. Mais comme onze

heures sonnaient à Saint-Ferréol, j'entendis des pas dans le couloir et une clef tourna dans la porte. Je bondis sur pieds. M. de Villefort avait dû diligenter ma libération. Je m'époussetai, joyeux, et accueillis avec un grand sourire le gendarme qui me venait quérir.

Son visage sévère, presque menaçant, glaça d'un coup ma bonne humeur.

— Venez !

Cinq hommes gardaient le couloir. Je me revois entraîné à grands pas, sans réponse à mes questions. Je m'inquiétais : à quoi bon ces hommes en armes s'il ne s'agissait que de me raccompagner à la porte ? Voulait-on me garder ? Quelque élément nouveau avait-il fait changer d'avis M. de Villefort ?

Nous traversâmes le vestibule désert et sortîmes sur la place. Les cinq hommes m'encadraient. Une voiture attendait en face, près de laquelle veillait le commissaire qui m'avait arrêté. Pour le coup mon inquiétude s'accrut. Où voulait-on m'emmener ?

Nous nous étions arrêtés au pied des marches ; le caporal traversa la place et échangea quelques mots avec le commissaire. J'avais recommencé à trembler. Ces hommes, ces flambeaux, ce fourgon cellulaire composaient une scène lugubre. La petite place familière, dans le silence de la nuit, prenait un aspect menaçant. Depuis le balcon qui orne la façade du Palais, la Terreur avait proclamé ses arrêts impitoyables ; l'octogonal clocher des Accoules, au pied duquel mes rires d'enfant avaient tant de fois retenti, évoquait la cagoule de quelque monstrueux pénitent de l'Inquisition.

Enfin le caporal nous fit signe. Nous traversâmes la place. Sans répondre à une nouvelle demande d'éclaircissements de ma part, on me fit monter dans le fourgon ; la porte claqua ; les chevaux s'ébranlèrent. Avec un bruit sourd et funèbre la voiture s'engagea sur le pavé de la rue Caisserie, qui descendait vers le fort Saint-Jean. Je questionnai encore mes accompagnateurs, mais en vain.

Arrivé au port, l'équipage s'arrêta devant la Consigne sanitaire. On me fit descendre. Une barque attendait à quai, occupée par deux rameurs.

— Allez ! Par ici ! Pressons...

Il fallut embarquer.

J'ai cent fois, mille fois revécu en pensée ce trajet. Avec la précision des hallucinations j'ai retrouvé l'odeur des vagues, la présence des gendarmes, les masses obscures du fort Saint-Nicolas et du Pharo au pied desquelles glissait la barque. J'imaginais des hypothèses étranges. J'avais découvert sans le vouloir des secrets terribles ; le destin de la France y était suspendu ; on allait m'embarquer de force dans un navire qui m'emmènerait loin à l'étranger ou aux îles.

J'ai revécu aussi le choc que j'éprouvai lorsque soudain mes yeux se portèrent sur le château d'If, qui venait d'apparaître au loin, face à la barque, pâle sous les rayons de la lune.

Le château d'If ! Je n'y avais pas pensé. Pourtant c'était bien vers la sombre silhouette, dressée sur son socle rocheux au milieu des flots, que se dirigeait maintenant la barque. Je me souviens de la stupeur hébétée, puis de l'angoisse paralysante qui m'envahirent à mesure que nous approchions de l'aveugle colosse de maçonnerie. Allait-on m'enfermer là ? If était une prison d'État, réservée d'ordinaire aux coupables de grands crimes politiques. Qu'avais-je fait, qu'avais-je donc fait pour mériter cela ? Je voyais pourtant se préciser les tours, les marches taillées dans les rochers depuis le débarcadère. Je n'y croyais pas et pourtant on accostait, on débarquait...

Parmi les histoires qu'on racontait à Marseille sur les

secrets de la prison d'If, il y avait celle d'un marin nommé Jean-Paul, jeté là pour avoir rossé son capitaine, et mort fou après trente ans de captivité. Je ne sais pourquoi, à l'instant précis où je posai le pied sur les rochers, l'image du marin Jean-Paul fondit sur moi en une seconde, comme venue du fond des siècles, et je fus cet homme, je fus ce misérable ravagé de douleur et de désespoir. Je hurlai et fis demi-tour.

On se jeta sur moi, on me frappa, on saisit mes bras en les serrant l'un contre l'autre dans mon dos et je dus avancer. Je me mis à crier qu'il y avait erreur, qu'il fallait prévenir M. de Villefort, que je voulais être jugé. Je revois les deux massives tours rondes et la petite porte basse ; une cour avec un puits et des torches. Je continue de vociférer en vain. Des marches. Un étroit couloir tordu par delà une massive porte de madriers à claire-voie. Puis une seconde porte. On me pousse en avant, on me lâche. Je trébuche et tombe dans le noir. La porte se ferme derrière moi.

Je suis au secret, au château d'If, en tant qu'agent bonapartiste.

Le lendemain 1er mars, l'empereur Napoléon débarquait à Golfe Juan.

NOTE D'ALPHONSE DE BEAUCHAMP

Il ne sera peut-être pas indifférent au lecteur de savoir que le comte éluda plusieurs fois le récit de ses quatorze années d'emprisonnement. Nous évoquions la suite, préparions les chapitres ultérieurs. Non qu'il ne reconnût que c'était là le moment fondamental de son existence, ou, suivant son expression, la cave de l'édifice. « Mais raconter, disait-il, n'est-ce pas se condamner à revivre ? »

Il l'avait déjà tant de fois revécue, cette vie ! Tant de fois il en avait évoqué les protagonistes, soupesé les erreurs, les chances, les désastres ; si longtemps il avait erré dans sa mémoire comme dans les labyrinthes souterrains de Piranèse. Et j'allais découvrir peu à peu l'homme renouvelé qu'il tentait d'être, malgré l'âge et le temps perdu, et qui lui disait de déserter le livre : Ma misi me per l'alto mare aperto...

Et puis ce qu'il attendait, c'était le récit de ces jours de la décennie 1830 où, libre, seul, inconnu de tous, habitant de la mer et des îles, il mûrirait lentement son retour et sa revanche. C'était son horizon, celui du livre, celui de sa vie. Il était pour toujours l'homme aux lointaines retraites, sans passé ni port d'attache connus ; celui qui n'admet de côtoyer ses semblables qu'à la condition de pouvoir, à sa volonté et à l'heure choisie, leur échapper ; celui dont il parle plus loin dans ces pages, qui ne fait qu'effleurer le rivage des hommes et leur commune existence.

Enfin, un matin, il me demanda, subitement pressé :

— Voulez-vous que nous fassions aujourd'hui le récit de la prison ?

Et comme j'acquiesçai il me dicta, tourné vers la mer, presque sans hésitation ni repentir, les pages qui suivent.

III

Les Cent-Jours. – Révolte et désespoir. – Monsieur l'Inspecteur général des prisons. – Passage des années. – Une seule histoire. – Danglars. – L'éternelle minute. – L'ombre au-dedans, l'ombre au-dehors. – Hypothèse d'un livre. – Quelque chose.

L'Empire renaquit le temps d'un épilogue imprévu, épique, sombre comme l'orage, sans profit pour personne, par le seul orgueil furieux, démesuré, du César abattu qui n'ayant pas moissonné assez d'acclamations, pas assez ébloui les peuples du terrible éclat de sa gloire, s'obstinait à revenir en scène, pareil à un ténor sifflé qui du fond de la déchéance espère encore rallier le public et revivre ses anciens triomphes. Durant cent jours, Napoléon mobilisa de nouveau l'Europe ; durant cent jours le rêve impérial demanda à la France un nouveau tribut de chair humaine, jeta les bataillons sur les routes, fit tonner le canon sur les plaines du Nord et de l'Est, avant de s'effondrer en juin à Waterloo. J'expliquerai en son lieu pourquoi, en dépit des démarches entreprises par Morrel, ma qualité présumée de bonapartiste ne me valut pas d'être libéré à ce moment-là. Pour l'heure, enfermé dans mon cachot, je ne sus rien de ces événements.

Mon premier matin au château d'If — une mince lueur, se glissant par un soupirail, combattait faiblement l'obscurité — me trouva légèrement calmé. J'étais de toute évidence victime d'une erreur. Erreur de qui, comment, pourquoi ? Je l'ignorais, mais M. de Villefort, qui avait été si compréhensif et si bon, allait évidemment s'en apercevoir et la rectifier. Toute la question était d'être sûr qu'il s'en apercevrait. Pour cela il me fallait lui transmettre une requête.

Lorsque mon gardien vint m'apporter ma nourriture, je demandai à voir le gouverneur. Il me répondit en haussant les épaules que le gouverneur exécutait les ordres et n'avait pas à entrer en négociations avec ses prisonniers. Je suppliai, je tentai de faire valoir le caractère bien particulier de mon cas. En vain. « On connaît la chanson : vous êtes tous innocents ! »

Durant des jours je revins à la charge sans plus de succès. Je me révoltai. Des supplications je passai à la colère. Je criais, je cognais à la porte. On me menaça de m'emmener dans un autre cachot où je serais enchaîné. Cette perspective me brida sans m'apaiser.

La fureur le céda à l'épouvante. Je me trouvais dans un cercle vicieux : j'étais victime d'une monstrueuse erreur — et victime précisément en cela que tout moyen m'était refusé de faire valoir que j'en étais victime. Allais-je donc rester là pour toujours, oublié, clamant désespérément entre quatre murs une innocence dont une simple vérification auprès du substitut eût donné (croyais-je) la preuve immédiate ? C'était effroyable, trop injuste, trop absurde. Je suppliai encore mon geôlier. Je pleurai. Par moments une sorte de panique s'emparait de moi et je suffoquais, je tournais en rond, je frappais le sol et les murs de mes poings.

Vers le mois d'août, je sombrai dans une espèce de

découragement apathique, comme si mon esprit eût épuisé ses capacités de terreur, de révolte et de souffrance. Cet état, pour un prisonnier, n'est pas loin de la stupidité pure et simple. Je me revois, affalé sur ma paillasse, me berçant d'une machinale mélopée entrecoupée de ricanements et de gémissements rageurs.

Je m'apaise enfin. Je me dis que ce n'est pas là le moyen d'amadouer mes gardes, de leur inspirer au moins cette pitié machinale qui finit, à la longue, par valoir quelque faveur au prisonnier qui en fait l'objet. Je trouve un nouveau courage et décide d'influencer le sort par ma bonne conduite. Alors je me règle. Je songe à Dieu. Je prie. Je dis bonjour. *Je mange bien ma soupe*. Je fais le bon garçon, je deviens servile.

Un jour, j'entends des pas, on ouvre ma porte à une heure inaccoutumée : c'est M. l'Inspecteur général des prisons qui, réglementairement, visite le château d'If, s'enquiert de chaque prisonnier et lui demande s'il a des doléances ou des requêtes à formuler.

En un éclair je vois arriver la chance, la chance inespérée, celle qui peut-être ne se représentera jamais. Je me fais aussi humble et respectueux que je le puis ; j'expose mon malheur à cet homme, je le supplie d'user de son influence pour que je sois jugé, ou qu'au moins on réexamine mon cas. Je parviens à le toucher. Comme je parle de Villefort, il m'apprend que celui-ci se trouve maintenant à Toulouse. Cette nouvelle me paraît apporter une grande lumière : mon protecteur n'étant plus là, il n'est pas étonnant que l'on m'ait oublié. Je conjure M. l'Inspecteur de prendre connaissance de ce que Villefort a écrit dans mon dossier : étant donné son attitude durant mon interrogatoire, sa note ne peut qu'être favorable. M. l'Inspecteur, fonctionnaire pointilleux, consent à cette petite démarche.

Au passage, j'ai appris que je suis là depuis dix-sept mois.

Nouvel espoir. Nouvelle attente. Je tiens désormais le compte des jours qui passent. J'essaie de calculer le temps nécessaire à l'Inspecteur pour tenir sa promesse. Il lui faudra peut-être écrire ou faire écrire à M. de Villefort. À chaque échéance, je refais mon calcul, j'imagine de nouvelles raisons ayant pu prolonger les délais.

Mais plus jamais, durant ma détention, je n'entendrai parler de M. l'Inspecteur des prisons.

Pauvre Dantès ! Pauvre innocent ! Comment aurais-tu pu deviner que Villefort, ce même Villefort qui sermonnait paternellement ton imprudence et ta légèreté, avait écrit ensuite, dans la note adressée au gouverneur d'If et à l'administration des prisons : *Bonapartiste enragé ; a pris une part active au retour de l'île d'Elbe. À tenir au plus grand secret et sous la plus stricte surveillance.* Comment aurais-tu pu soupçonner les motifs de ce revirement, les ruses au prix desquelles il parvint à faire oublier ton dossier durant les Cent-Jours, et même à l'aggraver ensuite !

Je ne voyais rien. Je ne savais rien. C'est une infirmité que l'innocence.

Le temps passa, loin de moi, au-delà de mes murs et de ma voûte sombre, là-bas sur le rivage, à Paris, en Europe. Louis XVIII revenu une seconde fois régnait enfin pour de bon entre manœuvres ultras et conjurations bonapartistes. À Vienne MM. Castlereagh, Talleyrand et Metternich avaient redessiné l'Europe. La tribu Bonaparte, au hasard des proscriptions et des protections, s'égaya de Rome à Arenenberg et de Trieste au New Jersey. Mme Krudener à Saint-Pétersbourg eut la révélation de la Sainte Alliance dans les tables tournantes.

Decazes succéda à Richelieu, Richelieu succéda à

Decazes. On fusilla le maréchal Ney, on maria le duc de Berry. Les députés Foy, Manuel et Constant défendaient la Charte. Chateaubriand déplora qu'on n'écoutât point Chateaubriand, Fouché qu'on n'eût point laissé faire Fouché. Les quatre sergents de La Rochelle furent décapités. *La Méduse* fit naufrage, bouleversant l'opinion. Lamartine vogua avec Mme Charles sur le lac du Bourget. Byron quitta l'ingrate Angleterre, la France lui refusa le passeport. La mode goûta les brumes, les ruines et le genre troubadour. Les idées s'appelaient Bonald, Lamennais, Saint-Simon, les arts Rossini, Gérard, Casimir Delavigne. Napoléon mourut. Les Grecs cependant s'agitaient, peu soucieux des calculs de l'Autriche ; de Bucarest à Marseille, de Londres à Odessa, ils rêvaient de la nation grecque qui n'avait jamais existé et préparaient leur insurrection.

Rien de tout cela n'eut lieu pour moi.

Moi, je résidais dans un monde inverse, souterrain, muré pourtant au cœur du jour et du monde visible. Quoi de plus clair, de plus lumineux, de plus aérien que la forteresse d'If au milieu de la mer ? À cinquante pas de moi la mouette fatiguée se reposait sur les vagues ; la tartane, la goélette ou le brick dansaient doucement, l'onde clapotant sur leur coque. Un touriste perché sur les rochers de Malmousque dessinait sur son album ma *pittoresque* forteresse émergeant au milieu des flots sous l'immense ciel marin. Ceux qui m'aimaient, ceux qui se préoccupaient de moi, ne surent peut-être même pas, durant des années, que je me trouvais là, enseveli sous ces pierres blanches, à une heure de rames des quais joyeux et bigarrés d'un Marseille où la prospérité ramenait les grands vaisseaux de toutes nations, gorgés de blé, d'étoffes, de coton et d'épices.

Le sentiment du temps nous fait une souffrance de la

permanence des choses en regard de notre fugacité. Ces mêmes marronniers que nous voyons fleurir ont fleuri pour nos pères et nos grands-pères ; cette fontaine dont le murmure a bercé notre enfance continue de couler au loin durant notre vie d'homme, et nos neveux, ou bien des étrangers, l'écouteront encore quand nous n'y serons plus. J'ai connu l'épouvante inverse : les années coulaient pour les autres, la vie leur prodiguait les événements, leurs jours se marquaient à des joies, à des attentes, à des surprises, à des déceptions, à des aboutissements. Moi j'étais immobile, oublié en arrière, pendant que tout s'éloignait et fuyait, que le monde vaquait à son incessante transformation.

J'avais compté les jours après la visite de l'Inspecteur des prisons ; aux pires moments d'abrutissement et de désespoir je perdis ce fil impossible à renouer. Tout se brouilla, se mélangea dans un instant perpétuel, identique, insupportable et qui pourtant continuait.

1820. 1821. J'habite dans l'ombre noire et froide une éternelle minute, agitée au-dedans de gémissements et de soubresauts.

Nous ne prêtons d'ordinaire aucune attention au fait que notre vie est un chaos continuel de sensations, de couleurs, de bruits, de contacts ; cela nous environne comme l'air que nous respirons. Être prisonnier, c'est être arraché à cette richesse et jeté dans un monde rétréci et affreusement pauvre. Le ciel bleu ou gris, le vent, l'horizon, le rouge des tomates et le parfum du poivre, les choses multiples, la pipe, *le pot de grès avec ses deux masques*, les pierres chaudes d'un quai au soleil, la rude toile des voiles, la peau des femmes, l'imprécision brumeuse de ce qui est éloigné, le prisonnier ne les a plus. Sa morne rêverie examine indéfiniment le contour d'une pierre ou d'une tache d'humidité. Et ce contour, cette tache sont là tout le temps, indéfiniment là, inlassablement présents et muets, sans être un signe, sans rien suggérer d'autre que de misérables analogies — un profil, un trône. Nos poètes romantiques se sont plu à voir une horreur cauchemardesque dans les prisons imaginaires de Piranèse ; quel manque de jugement ! Ces escaliers, ces passerelles, ces voûtes, ces galeries mystérieuses, cette prison des pas perdus, mais ce serait une bénédiction ! Peut-être un jour un artiste aura l'audace de figurer l'ambiance d'une vraie prison. Sur un fond d'empâtements bruns ou gris il jettera quelques formes, quelques griffures hasardeuses, des taches. Rien d'autre ; et le public le traitera de fou.

Encore l'univers intérieur peut-il quelquefois, sinon soulever les dalles de la tombe, du moins les faire oublier par instants à l'enterré vivant. Un autre que moi, plus mûr et plus savant, aurait pu trouver dans son esprit mille ressources lui permettant d'agrandir, d'éclairer, de peupler cette immuable minute d'ombre. Il se fût récité des vers ou en eût composé. Il eût songé longuement à l'histoire, eût revécu en imagination l'antiquité biblique ou l'empire romain. Il eût refait les campagnes de César et de Trajan, rebâti le Capitole. Il eût médité les livres sapientiaux, réfuté Platon ou saint Augustin. Il eût prolongé d'infinis calculs mathématiques, vertigineusement accompagné l'orbe des astres. Ou encore, ayant vécu d'abord une vie assez longue et complexe, il l'eût récapitulée, revécue, examinée à loisir ; il eût convoqué l'image des nombreux protagonistes qui l'avaient traversée, fait le dénombrement de ses fautes, de ses erreurs et de ses réussites. Mais moi je n'avais rien lu, rien appris ; j'ignorais l'histoire et le monde ; Platon et les mathématiques m'étaient étrangers ; je n'avais, enfin, vécu que vingt ans. La portion d'univers que pouvait refléter ma conscience était infime. L'ignorance et la jeunesse conjuguaient leur double carcan, complétant la prison corporelle formée par les murs d'If. Tout ce que je pouvais me figurer pour oublier un instant ma solitude tenait dans ces vingt ans : une enfance banale, un père, les rues de Marseille, quelques voyages, et Mercedes, et l'incompréhensible aventure qui m'avait mené là.

Je la revivais inlassablement, cette aventure, jusqu'à l'insupportable, sans mieux la comprendre. J'y tournais en rond comme dans mon cachot. Je revivais tout, l'arrivée à Marseille, l'arrestation, l'interrogatoire ; à la longue tout se déréglait. Villefort avait-il bien employé tel mot ? Avais-je bien entendu telle phrase ? Qu'avait-il pu se passer ? Qui pouvait avoir écrit cette dénonciation ? Rien ne s'éclairait. Je revenais pourtant malgré moi à ces quelques jours qui résumaient ma destinée. Je les rongeais comme Ugolin aux enfers, prisonnier lui-même de la damnation qu'il inflige, ronge le crâne de son ennemi Roger.

Je repassais les circonstances de mon involontaire conjuration, essayant de les ressaisir et de les ordonner. Mon dénonciateur était au courant de l'escale à Porto-Ferrajo, du paquet destiné à Bertrand, de la lettre que je portais au retour. Autrement dit, n'importe quel membre de l'équipage du *Pharaon* pouvait être cet homme. Je passai en revue ceux qui avaient manifesté leur réprobation relativement à ce détour. J'éliminai ensuite ceux qui ne savaient pas écrire. Mais toutes ces belles déductions s'effondrèrent aussi vite que je les avais édifiées : comment soupçonner un homme, sans preuves, d'une pareille infamie ? Le coupable était peut-être un de ceux qui n'avaient rien dit. Et s'il ne savait pas écrire, sa femme, son fils, un voisin savaient. Un des marins pouvait aussi avoir raconté cela, de retour à Marseille, sans penser à mal, et quelqu'un avoir surpris cette confidence.

Mais pourquoi s'en être servi ? Des mois durant, je me bornai à supposer l'acte d'un citoyen désireux de servir le gouvernement et la cause légitimiste. L'idée qu'on ait pu vouloir me nuire, à moi, en particulier, et que l'on ait saisi cette occasion-là simplement parce qu'elle s'offrait, ne m'effleurait pas. Me nuire, et pourquoi donc ? De la même façon que mon père et moi avions toujours considéré les passions politiques de loin, sans autre réaction que d'en déplorer les excès, nous n'imaginions pas que notre condition pût être enviée, que nos petits bonheurs pussent faire des jaloux, que nos pauvres intérêts pussent en contrecarrer d'autres. Je ne voyais guère, parmi les gens que je connaissais, que Fernand Mondego qui eût quelques motifs d'animosité à mon égard. Mais chez les Catalans on se provoquait, on se battait, on se poignardait — encore était-ce fort rare ; on n'allait pas à la police.

Et par-dessus tout Fernand n'était pas sur *Le Pharaon* et ignorait tout de l'escale à l'île d'Elbe.

Un jour, cependant, comme je revivais une fois de plus mon arrestation, un détail que j'avais oublié me traversa l'esprit. J'en étais à me rappeler l'irruption du commissaire et des gendarmes, les grondements de mes marins autour de nous, l'inquiétude qui bouleversait Mercedes ; et je revis l'ultime regard de Morrel — regard effrayé, regard qui me disait sans un mot qu'il savait bien, lui, pourquoi les gendarmes venaient me chercher.

Morrel était au courant de l'existence de cette lettre.

Il m'en avait parlé au moment où nous quittions ensemble le navire, à mon arrivée à Marseille.

Il m'en avait parlé *le premier.*

C'était donc (je n'avais encore jamais songé à cette déduction évidente) que quelqu'un lui en avait déjà parlé.

Or j'étais la seconde personne, à bord du bateau, à s'être entretenue avec lui. Auparavant, cependant que je donnais mes derniers ordres à l'équipage, je l'avais vu avec Danglars, le comptable de bord du *Pharaon.*

Danglars, qui par conséquent, ayant vu la lettre, avait jugé la chose assez importante pour en informer Morrel toutes affaires cessantes.

Je n'ai pas encore parlé de Danglars. De deux ans mon aîné, Danglars était le fils d'un employé des douanes. C'était un garçon court et trapu, les yeux vifs et malins, le visage gras, les cheveux épais et luisants tombant sur le col. Sa bonne humeur était affichée ; le zèle qu'il prodiguait au service de Morrel ne l'était pas moins, ce qui ne l'empêchait pas de mener de petites affaires très personnelles de courtage, qui ne se faisaient pas toujours au profit de son patron. Il entretenait à bon compte auprès des hommes d'équipage une popularité d'autant plus facile qu'il n'avait pas à les commander. Il plaisantait avec eux, brocardait l'insuffisance des salaires et la ladrerie de notre employeur. L'ambition de Danglars avait été que Morrel lui confiât la gérance de notre commandite à Smyrne, ce qu'il n'avait pas obtenu ; il avait ensuite sollicité la place de premier commis dans les bureaux marseillais, mais celle-ci avait été prise par un cousin de Mme Morrel, et Danglars, en l'absence du patron, disait bien haut tout le mal qu'il pensait de ce cas de *népotisme* — tel était le mot qu'il employait pour faire le savant.

Danglars n'avait pas intérêt à me voir prendre le commandement du *Pharaon*, comme il en fut question dès que Morrel apprit la mort du capitaine Leclère. J'étais moins inattentif que ce dernier à ses petites malversations. En tant que second je n'avais pas à m'en mêler, et d'ailleurs Morrel ne me demandait pas mon avis ; mais

Danglars pouvait fort bien supposer qu'il en irait différemment du jour où je serais capitaine.

Danglars, Mondego : cela me faisait donc, à bien y regarder, deux ennemis en puissance. Mais il fallait alors supposer qu'ils s'étaient parlé, avaient échangé des confidences, et Danglars, s'il pouvait à l'occasion boire un verre à la même table à La Réserve, s'estimait assurément trop important pour partager ses secrets avec un pêcheur des Catalans.

Et puis je ne parvenais pas à les imaginer préméditant et exécutant froidement une aussi abominable combinaison. C'était au-delà de ce que je croyais possible.

D'ailleurs étais-je sûr de ma mémoire ? N'avais-je pas moi-même informé Morrel du message dont j'étais porteur ? Je lui avais demandé un congé de deux semaines pour faire le voyage de Paris. J'avais bien dû me justifier. Et puis, les hommes du *Pharaon* avaient-ils vraiment vu la lettre ? Ne l'avais-je pas, en redescendant au port, serrée immédiatement dans mon portefeuille ? Mais en ce cas personne n'aurait pu savoir quoi que ce fût, à moins de fouiller dans mes affaires... Une nouvelle fois le doute, à force de chercher la certitude, se glissait partout.

J'en vins, durant quelque temps, à me juger coupable. Après tout j'avais obéi à Leclère en sachant pertinemment que les ordres qu'il me donnait étaient, du point de vue de la loi, répréhensibles. Je trouvais bien un peu rude, même dans cette hypothèse, que la Justice du bon roi Louis XVIII m'infligeât sans procès un tel châtiment. Mais on n'échappe pas aussi vite à vingt ans de dévotion envers le trône, surtout quand s'y ajoutent l'éducation chrétienne et l'horreur du péché. Certes mon sort était affreux ; mais davantage que le pouvoir politique, n'était-ce pas Leclère qu'il fallait en rendre responsable, l'impie, le jacobin Leclère ?

Mais en ce cas, le bon M. Morrel, bonapartiste lui aussi, appartenait-il au camp de l'impiété, du jacobinisme, de la politique, du Diable ?

Ainsi ces pauvres idées hasardeuses, confuses, entremêlées comme des broussailles, obscurcissaient-elles la tête d'un garçon de vingt ans qui n'avait guère appris à réfléchir.

De nouveau je sombrai dans le désespoir, les crises de fureur auxquelles succédait une fatigue insupportable, à se frapper la tête contre les murs. À quoi bon supputer, ressasser ? Coupable ou non, cela ne voulait rien dire. Je m'étais librement, sottement jeté dans ce guêpier. J'étais depuis toujours un niais, un imbécile, un pauvre diable, mon malheur participait d'une logique des choses à laquelle j'applaudissais en me couvrant d'opprobre. J'entraînai Morrel et même mon père avec moi dans cette fosse de détestation et de rancœur. Morrel ! J'aurais voulu le frapper de mes mains jusqu'à ce qu'il saigne, ce jocrisse, avec sa fidélité, son honneur et son oncle Polycar. Et quant à mon père, mon pauvre père, je le tenais au bout d'un pistolet et j'en finissais avec lui d'abord, avec moi-même ensuite, pour abréger nos misères d'innocents et d'imbéciles !

L'écœurement, le désespoir, l'hébétude. Quatre murs infranchissables, une histoire incompréhensible : l'ombre autour de moi, l'ombre au-dedans de moi. Et cela dura sept ans.

J'ai revécu cent fois, depuis lors, ce temps de ma vie ; j'ai cherché même à le revivre, avec obstination, avec passion ; j'y trouvais un sombre bonheur dont je me suis longtemps étonné. C'était certes le bonheur ordinaire qu'on éprouve, une fois rendu à la conscience et au jour, d'être sorti du cauchemar. Mais n'était-ce pas aussi et surtout le bonheur grave qui émane, après coup, des épreuves qui nous ont trempé ? C'est bien souvent lorsque la vie nous écrase, nous dépouille de tout, que nous découvrons notre ultime force, ce lancinement de désir, de volonté, d'énergie qui est peut-être ce qu'on appelle l'âme. Ce ressort fondamental a ployé, a gémi : mais il n'a pas été brisé. On avait une âme et on l'ignorait : à présent on la connaît, elle est là pour toujours.

Mais cela n'explique pas pourquoi j'ai d'instinct, par la suite, cherché à reconstituer ma prison. Car c'est bien ce qui se passa : rendu à la liberté, disposant de tous les moyens de vivre la vie que je voulais, j'ai recherché la quiétude et le songe loin des rivages humains, dans la solitude et dans l'ombre ; j'ai recherché l'abri, la coque, la cellule protectrice, l'habitacle étroit, la clôture. Clôture choisie, certes, et qu'il ne tenait qu'à moi de déserter ; mais clôture tout de même, et que je ne quittais pas sans effort. Ce qui m'avait d'abord été imposé, je le désirais à présent. Exclu, repoussé par mes semblables, j'ai accepté ce sort, je l'ai endossé, je m'y suis complu. Je l'ai magnifié, j'en ai fait mon énigme, ma statue. Que signifie ce paradoxe ? Je ne sais. Je considère ces ombres et me redis combien peu nous savons de nous-même...

Mais j'en reviens à ma vraie prison, au cachot humide et froid où je végétais alors sans savoir qu'un jour j'en éprouverais cette étrange et secrète nostalgie. Je n'en étais certes pas là.

Sept ans. On ne s'imagine pas ce que c'est, sept ans. L'ombre au-dedans, l'ombre autour. La présence de soi et la présence des murs, qui ne varie pas. Les yeux apprennent à voir dans l'obscurité. Nouvelle disgrâce : le rai de jour qui filtre au soupirail cesse d'être un événement en même temps qu'il cesse d'être nécessaire. Tout s'égalise en un crépuscule à peine variable, qui n'est pas la lumière et n'est pas les ténèbres.

Le même gris devant les yeux, les mêmes hardes sur le dos. Un corps qui s'énerve et s'exaspère. On ne sait pas combien de temps on a dormi. Je revois encore des instants, des heures ou des jours, je ne sais, hors du temps, dans une existence incertaine, léthargique, végétative ; je somnole, m'éveille un peu, m'endors à nouveau : la présence s'efface, renaît, s'engloutit encore, dans une lente pulsation de conscience accablée, inutilisable et obligatoire, qui me renvoie au sommeil, qui me ramène à elle.

L'accablement. Une impatience qui s'éteint et renaît, qui parfois s'enfle jusqu'à la fureur, et puis se retire comme la marée, laissant le prisonnier sur le sable du désespoir et de la plus morne nonchalance.

Durant les dix ou quinze années qui suivirent mon évasion, il y a deux issues dont j'ai voulu disposer à chaque seconde, quel qu'en fût le prix, comme des recours les plus indispensables : perdre conscience, et m'en aller. La seconde réclamait l'intendance la plus lourde. Il fallait qu'à tout instant, nuit et jour, une voiture ou un bateau m'attendissent, prêts au départ. L'excellent Bertuccio, mon intendant, aura passé une bonne partie du temps qu'il consacra à mon service à mettre mes moyens de transport, yacht, vapeur ou briska, en harmonie avec ce qui lui paraissait une incompréhensible et dispendieuse fantaisie de millionnaire. Quant à l'autre évasion, le sommeil, elle me fut procurée par l'opium, où je ne cherchais certes pas les rêves ni les délires, mais la seule inconscience, la divine, la bienfaisante inconscience. J'ai passionnément dormi durant les années 1830. J'ai cherché, désiré, cultivé, aimé le sommeil sur la terre nue ou dans les plus moelleuses alcôves, dans les divans de mon île ou la cabine de mon bateau. Et puis, parfois, j'étais de nouveau dans ma prison : l'horrible purgatoire m'était de nouveau infligé ; mon évasion et mon trésor n'étaient qu'un rêve dont je m'étais éveillé. Alors j'ouvrais les yeux ; je bondissais sur mes pieds, j'allais ouvrir la porte, glisser la main dans un tiroir où il y avait de l'argent. Je sonnais mon domestique, donnais des ordres ; on partait. Le fouet claquait dans l'air aux oreilles des chevaux, ou les marins pressés par Jacopo détachaient les amarres. L'espace immense s'ouvrait. Je m'exposais au vent. Je souriais seul, les yeux mi-clos, haletant encore d'un reste d'épouvante.

Étrange destinée qui m'a infligé la plus noire infortune dont l'idée puisse faire frémir les hommes, et gratifié des chances les plus immenses qui puissent les faire rêver...

Absurde destinée !

Je relis cette partie de mon récit et la trouve faible. Elle donne de ma situation morale de prisonnier une idée assez juste, mais par trop abstraite. Tout cela est trop vite lu. Je n'ai rien dit du métier de marin, de l'habitude du vent et de l'immensité qui me rendait encore plus pénible la claustration. Je n'ai rien dit des folles inquiétudes où j'étais en pensant à mon père, de la torture que c'était de songer à Mercedes, aux yeux de Mercedes, à sa voix, à son odeur. L'énergie me manque. À quoi bon. Il n'y aurait de toute façon qu'un seul procédé susceptible de faire éprouver à un lecteur éventuel ce que cela fut : le ressassement.

Les plus terribles événements, les malheurs les plus insignes, donnent lieu à d'excellents morceaux de littérature. Œdipe et Iphigénie brûlent les planches ; la passion du Christ frappe les enfants d'une terreur sacrée ; les déchirements de l'enfer tendent comme un arc le vers agile, souple et nerveux de Dante. La prison, elle, est un sujet inutilisable. Le pauvre Pellico, dans son récit de neuf ou dix ans au Spielberg, émeut quelquefois, certes, mais ennuie plus souvent. De mes premières années au château d'If, seul rendrait compte sans tricher un récit délibérément interminable et d'un ennui à couper au couteau. Supposez ce chapitre, lecteur, occupant mille pages au lieu d'une quinzaine ; mille pages profuses comme une épopée, mais sans épées, sans batailles et sans alinéas. Mille pages noirâtres comme les murs du cachot, en lesquelles l'auteur ressasserait indéfiniment tout ce qui se rencontre ci-dessus, l'interstice d'une pierre, la terre et la poussière du sol, l'air humide et glacial, la pénombre, le soupirail, la cruche, l'assiette, le seau, et la mouette se reposant sur les flots bleus à cinquante brasses de la citadelle blanche. Supposez cet auteur assez fou, ayant vécu ce cauchemar, pour se condamner à le revivre en le racontant, revenant inlassablement sur l'impatience, l'hébétude, les larmes, le sommeil et les démangeaisons ; s'obstinant à décrire la couverture déguenillée, le bois pourri du bat-flanc, les gonds rouillés de la porte ; ne vous faisant grâce ni de la vermine entre ses orteils, ni de son pantalon raidi de crasse, ni de ses pelotonnements, ni de ses plus humiliantes frénésies. Supposez-le éloquent, passionné, obtus, coriace comme les poux, vigoureux comme la gale ; supposez-le, pareil à ces raseurs de salon qui, vous tenant par un bouton de gilet, vous racontent longuement comment *ils n'ont pas,* après trente ans d'intrigues, été reçus à l'Académie des sciences morales et politiques ; supposez-le vous relatant vingt fois son arrestation, son imprudence, sa confiance en M. de Villefort, et son chagrin sans mesure d'avoir perdu la belle Catalane pour qui Charles Quint eût donné l'Espagne et le Pérou. Supposez-le récapitulant sa minute noire, vide, froide, immuable ; étalant, triturant sa minute, devenu le monomane de sa minute, le Chateaubriand ou le Balzac de sa minute, l'éternel prisonnier de sa minute, la transformant en des *Mille et une nuits* qui ne seraient qu'une nuit mille et une fois reproduite, avec un seul personnage misérable et nu, et quatre murs noirâtres autour. Supposez-le brouillonnant à perte de vue, se perdant en redites, recopiant des paragraphes entiers, les refaisant plutôt sans même s'en rendre compte, car toute chose ne peut être dite qu'avec des mots et suivant des procédés certes nombreux, mais nécessairement limités : vous auriez une peinture véridique de ma prison. Lorsque l'humanité se sera fatiguée des procédés du Tasse et des procédés d'Eugène Sue, mais point des bagnes et des souffrances, de tels livres existeront peut-être ; le marquis de Sade ne nous en a-t-il pas donné l'ébauche ?

Dans le premier chapitre de ce livre-là, que seul pourrait produire le cerveau d'un pensionnaire de Bicêtre, il y aurait la visite de M. l'Inspecteur des prisons.

Puis, pendant neuf cent quatre-vingt-dix-neuf pages, il n'y aurait aucun événement.

Et à la dernière page, réservée à l'inimaginable lecteur assez patient pour y être parvenu, ou au plus probable lecteur assez sage pour s'y être reporté, il se produirait quelque chose.

Enfin quelque chose.

Ce qu'on n'espérait plus : quelque chose.

Quelque chose qui, après tant d'ennui, de vide, de détails oiseux, de répétitions, ferait l'effet d'un événement formidable, prodigieux, inoubliable, inouï.

Quelque chose comme un grattement dans le mur.

IV

L'abbé Faria. – Bienséance et vérité. – La vie conspire. – César Spada. – Cupidité papale. – Naples, Florence, Rome : aventures d'un Jacobin d'Italie. – Piombino, 1808. – Le tunnel. Tout ça pour un matelot abruti. – « Père, que votre volonté soit faite. »

Il me faut maintenant évoquer l'abbé Faria. Faria, l'homme qui m'a tout donné, sans lequel j'aurais sombré dans le désespoir et la folie... J'étais un enfant, un enfant sans mère, et qui s'aperçoit, au moment où il en aurait tant besoin, qu'un père aussi lui fait défaut. Depuis longtemps, hélas, il ne fallait plus rien attendre de Louis Dantès qu'un amour sans bornes, certes, mais sans ressources. Morrel, qui, je le découvris plus tard, avait fait l'impossible pour me tirer de là, n'était pas de taille à lutter contre le rusé Villefort, ce même Villefort en lequel mon besoin éperdu de protection m'avait fait mettre une confiance aveugle. L'abbé Faria fut enfin le père qu'il me fallait. Lorsque grâce à lui je m'évadai du château d'If en 1829, j'étais déjà, j'étais surtout, et grâce à lui encore, délivré d'Edmond Dantès. Car celui que nous habitons, avec son nom, sa naissance, sa condition, constitue notre seule vraie prison, et bien peu lui échappent... Je dois tout à Faria.

Comment se fait-il alors que je répugne autant à la perspective d'en parler ? Je le sais : c'est qu'il me faut choisir entre vérité convenue, bienséante, et vérité tout court ; un problème qui doit se poser, j'imagine, à tous les auteurs de Mémoires. Oui, Faria m'a tout donné, la lucidité, l'instruction, la force de l'esprit et de l'âme, les beaux secrets de la maîtrise de soi, l'exercice spirituel, et ma fortune, et jusqu'à sa vie ; oui, il fut le père, le sauveur, le bienfaiteur unique, absolu. Sans lui je serais devenu fou ; sans lui je serais mort. Comment dès lors avouer que je ne crois pas à Faria ? Que je me suis éloigné de lui à mesure que j'apprenais, qu'il m'apprenait à réfléchir ? Faria, au fond, avait rêvé toute sa vie de devenir celui que je suis devenu, mais il n'a jamais su se l'avouer à lui-même. J'ai eu, moi, plus tard, la sincérité d'admettre que seule m'intéressait la puissance égoïste. Voilà, tout tourne autour de cela.

Et puis, peut-on aimer un vaincu ? Peut-on à vingt-cinq ans désirer sincèrement autre chose que la joie, que ce qui resplendit, ce qui est heureux et triomphant, ce qui chante ? Alceste a raison par l'intelligence, le jugement, la probité, la sagesse, la colère. Mais ne nous voilons pas la face : Célimène a raison par la vie, et cela emporte tout.

Je prévois que ces lignes paraîtront déplacées en regard de ce qu'on pourrait attendre : l'exclusive, l'éclatante expression de la reconnaissance. Je dis et je répète que j'ai aimé cet homme plus que tout, que j'ai vingt fois pleuré en pensant à sa mort misérable, cette mort qu'il s'est donnée pour que je vive. Je ne reconnais à personne le droit d'en douter ; mais ayant sacrifié à la vanité d'écrire, ce serait vraiment trop que de céder en plus aux facilités du mensonge : j'assume le risque de préférer ici la vérité aux bienséances, et l'humain à la convention.

La vie est un vaste mouvement caché, imprévisible

comme une conspiration. Je ne crois pas en Dieu ni en la Providence, je ne crois pas qu'il y ait dessein ni raison dans ce qui arrive. Mais le fait est que la vie conspire, tisse des liens, des causes et des effets, à côté desquels les combinaisons les plus ténébreuses du policier, du diplomate ou du romancier paraissent simples comme le jeu de billes d'un enfant. Voici une suite de faits et de dates qui me semble instructive à cet égard.

1498 : en butte aux persécutions du pape Alexandre VI Borgia, un gentilhomme romain, César Spada, enfouit la totalité de sa fortune, qui est immense, dans l'île de Monte-Cristo, au large de la Toscane. Sur un parchemin destiné à ses descendants, il indique le moyen de découvrir cette cachette. Après quoi il meurt assassiné, sans avoir eu le temps de révéler ce dispositif à quiconque. Trésor et parchemin vont dormir durant un peu plus de trois siècles, ignorés de tous.

1758 : un joaillier portugais, revenu de Goa où il exerçait le commerce des diamants, est remarqué à Lisbonne par le duc de Rocca Romana, riche seigneur ministre du roi de Naples, qui le ramène avec lui et le fait nommer diamantaire royal. C'est ainsi que le jeune Giuseppe Faria, fils de notre artisan et âgé de trois ans, va grandir italien entre Mergellina, la Chiaïa et le Castel dell'Uovo.

Giuseppe Faria fait d'excellentes études dans la vieille université napolitaine. On le destine à la prêtrise et il reçoit la tonsure en 1780. Mais Faria n'a pas la vocation ecclésiastique ; il s'adonne, avec un petit groupe d'étudiants, aux Lettres et à la philosophie. Très vite il devient suspect à Naples : la philosophie et la poésie procèdent en effet de la conscience, et celle-ci est toujours suspecte aux tyrannies, qui lui préfèrent les paroles apprises. Faria s'intéresse aux encyclopédistes et à Voltaire davantage qu'à la théologie de la Faculté. Aussi lorsqu'en 1781 son père, comprenant qu'il ne le changera pas, décide de l'expédier vers le plus libéral grand-duché de Toscane, le jeune abbé exulte de joie. Il n'aime pas Naples, cité de plèbe stupide et de vain orgueil nobiliaire, de miracles absurdes et de moines bornés, gouvernée par un roi que l'on fait *vieillir dans une longue enfance,* et qui conserve la faveur du lazzarone en se montrant le plus vorace engloutisseur de pâtes qu'on ait jamais vu de Pouzzoles à Sorrente ; tandis que la Florence de Pierre-Léopold et de ses grands ministres éclairés, Pompeo Neri ou Gianni, fait alors l'admiration de l'Europe philosophique.

Il y occupe divers emplois de bibliothécaire ou de précepteur avant de devenir, en 1785, le secrétaire du légat pontifical, le cardinal Spada, qui l'année suivante le ramène avec lui à Rome. Spada est le descendant direct du gentilhomme assassiné. C'est un prélat comme il en abonda au XVIIIe siècle : moins religieux que politique, gai, cultivé, aimant les arts, les jardins et la conversation. Quoiqu'elles le laissent sceptique, il ne s'effarouche nullement des idées de son secrétaire sur les Lumières, le progrès et l'éducation.

1789 enflamme Faria. Dès le début de l'année suivante, il quitte Rome pour la France, emportant la fataliste bénédiction de son maître, qui a poussé l'amitié jusqu'à l'inviter à revenir quand il le voudrait. Faria débarque à Marseille, gagne Paris, vit de leçons de philosophie et d'italien, commet une tragédie, *Les Gracques*, fréquente les clubs politiques, célèbre l'Être suprême et la déesse Raison.

En cette même année 1790 naît à Aix-en-Provence Gérard Noirtier de Villefort, fils d'un avocat délégué aux États Généraux.

Les excès de la Terreur dégoûtent bientôt notre abbé philosophe. Il regagne Rome, puis se fait un devoir de retourner à Naples afin d'y précipiter la révolution politique. Il est alors l'ami des Jacobins les plus en vue : le duc Della Torre, bibliophile célèbre, et son jeune frère le poète Filomarino, qui en 1799 seront abominablement massacrés par la populace ; la belle Luisa San Felice, révolutionnaire par amour et qui finira décapitée à la hache, en place publique. Faria complote, manque d'être enfermé au château Saint-Elme et regagne finalement Rome où Spada l'admoneste et le reprend près de lui.

1795 : naissance à Marseille d'Edmond Dantès.

Durant l'occupation de la Ville éternelle par les troupes françaises, Faria sert d'émissaire secret entre les dignitaires de l'Église et le général Championnet, gouverneur militaire. Plus tard il assiste aux sanglantes représailles anti-républicaines qui marquent le passage à Rome de Ferdinand de Naples, conquérant d'un jour qui a cru pouvoir terrasser le dragon avec l'aide de Nelson et du général autrichien Mack. Après la bataille de Civita Castellana, qui voit dix mille Français mettre en déroute les soixante mille hommes de l'armée napolitaine, il file de nouveau à Naples, préparant l'insurrection qui doit accueillir et faciliter l'arrivée des Français.

La « république parthénopéenne » va durer deux ans. Faria en est un des ministres en vue. Tellement en vue qu'au retour de Ferdinand et de Caroline il doit de nouveau recourir à l'amicale protection romaine du cardinal Spada. Durant les années suivantes il secondera son maître et bienfaiteur dans diverses missions diplomatiques.

La France impériale règle alors les destinées de l'Europe. Faria voit se dissoudre ses espérances républicaines. Dans les journées d'émeute, à Rome comme à Naples, il a vu le bas peuple à l'œuvre, et ses convictions égalitaires en ont été fortement ébranlées. C'est à cette époque qu'il conçoit son plan d'unification italienne autour d'une monarchie constitutionnelle.

1804 : à la cour de l'éphémère reine d'Étrurie, Faria fait la connaissance d'un avocat jacobin, d'origine provençale, devenu sénateur de l'Empire : Noirtier de Villefort, le père.

1807 : à Marseille, le jeune Edmond Dantès s'embarque à bord d'un bateau de la maison Morrel. À Rome, le cardinal Spada meurt, léguant à Faria une petite rente et sa bibliothèque, riche de six mille volumes. Faria se dispose à retourner à Florence, où il envisage de poursuivre ses travaux et, dans la mesure du possible, ses activités politiques. Et le 25 décembre de cette année-là, comme il est occupé à trier les six mille volumes, il découvre par le plus grand des hasards le parchemin rédigé en 1498 par César Spada.

Ce trésor, Faria en a déjà entendu parler quelques années plus tôt, lorsqu'il rédigeait pour le compte du cardinal une monographie historique de la famille Spada. La rumeur d'une fortune cachée s'est propagée au fil du temps, bien que ni les héritiers ni les agents du Pape n'aient jamais rien trouvé ; cette histoire fait partie de la légende familiale. De père en fils, sans plus y croire, on la colporte au fil des temps.

Et voici qu'à la légende vient s'ajouter un document précis, où le Spada du XVe siècle, plan et nombre de pas à l'appui, indique où et comment localiser la cachette.

Faria n'hésite pas : il lui faut se rendre à Monte-Cristo. D'après les indications du manuscrit, le trésor a été enfoui avec le plus grand soin ; on a roulé des rocs devant la grotte, on a épandu de la terre, on a replanté les essences de l'île. Est-il impossible dès lors que la fortune des Spada soit toujours là ?

Le jeu vaut d'autant plus la chandelle que ceux-ci ont

été durant des siècles l'une des plus puissantes familles du patriciat romain. Couverts de donations, de terres, de domaines par les papes qu'ils servaient, ils ont au fil de leurs batailles contre Français, Espagnols, Siciliens et Turcs, amassé un énorme butin de guerre. Difficile d'estimer leurs avoirs, mais, au vu des anciennes chroniques, il n'est pas douteux qu'ils aient été en leur temps les égaux des Jacques Cœur, des Mazarin, des Fouquet, des Samuel Bernard.

Et Faria se met à rêver. Spada en mourant a éteint son nom avec lui. Le trésor est à qui s'en emparera. Que ne ferait-il pas, lui, avec tout cet or, en faveur des Lumières et de cette unité italienne dont la papauté — y compris le pape Borgia — a si souvent rêvé avant lui ! La fortune des Spada, ce seraient des armes, des cachettes, des bateaux.

Ce que Faria ignore, ou du moins sous-estime, c'est qu'il est menacé. Ses activités politiques, ses liens avec le carbonarisme, son idée d'unité italienne qui n'entre pas dans les vues de Napoléon, ont depuis longtemps attiré sur lui l'attention des espions de M. Savary, successeur de Fouché. On n'a rien pu faire tant que le couvrait l'égide de Monseigneur Spada. Mais à présent il n'a plus de protecteur. Son départ précipité de Rome éveille les soupçons. À la veille de s'embarquer à Piombino pour Monte-Cristo, il est arrêté et interné à Fenestrelle, en Piémont.

Cela se passe en janvier 1808.

Plus jamais Giuseppe Faria ne sera libre.

Ainsi, au moment où s'offrait à lui la chance la plus extraordinaire de son existence, elle lui a été ravie. Faria, des années durant, va vivre le supplice de Tantale.

Il en faudrait plus pour que cet homme indomptable cesse de travailler, d'imaginer, d'entreprendre. Il multiplie placets et requêtes, offre des millions au gouvernement en échange de sa liberté. En attendant il rédige sur ses chemises, découpées et rendues propres à cet usage par une préparation chimique rudimentaire, son grand traité de l'unification italienne. Le suif récupéré dans l'ancienne cheminée de sa cellule lui fournit l'encre.

Trois ou quatre années passent. En 1811, pour des raisons inconnues, il est transféré au château d'If. Il devient évident que ses offres n'ont pas été prises au sérieux. Alors Faria décide de s'évader.

1814 : le jeune Gérard de Villefort, brouillé avec son père, et qui est parvenu à nouer des liens avec l'aristocratie légitimiste de Marseille, est dès l'abdication de l'Empereur nommé substitut du procureur du Roi dans cette ville.

1815 : arrestation et incarcération d'Edmond Dantès, au château d'If, dans une cellule, à dix pas de celle de l'abbé Faria.

1817 : avec les ferrures de son lit, Faria a fabriqué des outils. Il commence à creuser dans la maçonnerie un tunnel qui, d'après ses calculs, doit déboucher au pied d'une tour, sur le roc aplani formant la base de la forteresse. Il creuse durant cinq ans.

Ses calculs sont faux. Sa galerie le conduit vers le cachot d'Edmond Dantès, qui un beau jour entend ce grattement dans le mur.

Voilà comment la vie conspire.

Naples, Florence, Rome ; la théologie, la philosophie, les Lumières ; le cardinal Spada, 1789, Bonaparte ; la tragédie des *Gracques*, le carbonarisme, la diplomatie ; la jeunesse, l'âge mûr, une bibliothèque léguée ; quatorze ans de prison, une galerie creusée au prix d'efforts inhumains : et un grattement dans le mur qu'entend un matelot désespéré et stupide.

Tout menait là, dans un boyau de pierre et de terre, au

bout de ce creusement erroné de quelques degrés. C'était le point d'orgue, l'aboutissement d'une vie. Tout, depuis la naissance à Goa, menait à ça. Tout ce que Giuseppe Faria avait rêvé, projeté, entrepris, voyages, lectures et complots, travaux et périls, études et calculs, aventures et intrigues, tout en réalité menait à *ça*.

Le destin de Faria n'était pas l'unité italienne, n'était pas la fortune des Spada : son destin, secrètement biaisé comme la galerie qu'il creusait, c'était moi. Cet homme avait vécu sans le savoir pour le seul résultat d'être un jour face à moi. Son destin trouvait sa touche ultime, définitive, dans ce face à face avec un matelot, n'importe quel matelot des quais de Marseille. Les amateurs de Providence devront se figurer que cet homme est mort, après vingt et un ans de prison, pour transmettre son savoir, son énergie, ses plus nobles qualités d'âme, la fortune dont il disposait, à un inconnu qui n'a peut-être rien fait d'autre, ensuite, que de le trahir.

Ce que j'ai cherché à savoir plus tard, ce sont les raisons du déplacement de Faria de Fenestrelle à If. Je m'y suis rendu, j'ai interrogé le gouverneur. Malheureusement il n'était là que depuis 1820, et son prédécesseur était mort.

C'est ainsi que la vie conspire : un ordre exécuté par cet homme en 1811 a causé mon destin, et j'en ignorerai toujours les motifs.

*

Notre premier contact, je dois le dire, ne déchaîna pas de part et d'autre un enthousiasme égal.

Moi, j'étais heureux, naïvement heureux de trouver un compagnon. Plus âgé que moi, celui-là était une de ces *grandes personnes* dont je ne savais pas me passer. J'étais tout prêt à lui témoigner tendresse et affection. Je ne compris pas qu'il accueillît froidement mes démonstrations.

Il me regardait distraitement, l'esprit ailleurs, comme un inconnu que le hasard mêle à notre existence, envers lequel nous n'avons pas de raison de nous montrer désagréable, mais qui néanmoins nous embarrasse sans le savoir et contrarie nos projets.

Certes il me questionna : qui étais-je, pourquoi étais-je ici. Mais tout en répondant avec empressement et abondance, tellement soulagé de parler, de me débonder, espérant qu'il verserait sur mes douleurs je ne sais quel baume, je le voyais détourner la tête et cesser de m'écouter, repris par des pensées dont la teneur m'échappait.

Je le comprends aujourd'hui. Il s'était vu libre, il se retrouvait, tous ses efforts anéantis, face à un jeune homme inconnu, misérable, naïf, ignorant. Qu'étais-je pour lui, tellement plus âgé, plus savant, plus profond que moi ? Il eût fallu bien de la grandeur d'âme à cet homme mûri dans les souffrances, occupé de réflexions que je ne pouvais ni deviner ni suivre sans un long apprentissage, pour s'intéresser à moi. Quant à l'avantage de rompre la solitude, cet homme de fer le regardait sans doute comme bien médiocre. Qui sait même s'il ne la regretta pas ? Il y a des compagnies qui troublent sans distraire, qui dispersent sans rien apporter. Il sentait qu'il allait désormais être prisonnier de la mienne.

Et surtout, il comprit que c'était fini. Qu'il ne sortirait pas vivant du château d'If. Qu'il ne recommencerait pas ce qu'il avait fait. Qu'il avait définitivement perdu la partie, que le trésor (dont il ne devait me parler, je le précise, que longtemps plus tard) ne serait jamais à lui, qu'il ne retournerait pas dans sa chère Florence, qu'il ne reverrait pas ses compagnons de lutte, que l'unité de l'Italie, si elle venait à se faire, se ferait sans lui. D'emblée, je crois, lorsque nous fûmes face à face, Faria comprit cet échec définitif. L'ultime échec, venant après tant de luttes, d'efforts, de douleurs, de sursauts — celui qu'on ne surmontera plus.

Durant des jours, Faria, silencieux, maudit le destin en me regardant.

Comment en vint-il à se résigner ? Un homme a des ressources, plus qu'il ne croit. Il peut survivre à bien des deuils et des désillusions. L'espérance est difficile à tuer. À chaque nouveau coup du sort, décimée, dispersée, elle se rassemble, se compte, repart. L'abdication est le plus souvent lente, imperceptible. L'âge, le scepticisme, une fatigue obscure, nous mènent insensiblement vers l'heure où l'on s'aperçoit qu'on a jeté le gant. Dans le cas de Faria cette crise fut plus dramatique, plus ramassée : l'issue n'en fut pas différente. Ma présence fut, je crois, l'ultime et léger ébranlement qui fait crouler d'un coup la muraille depuis longtemps minée.

Devant ce fils bâtard que lui donnait le sort, Faria se rebella, puis s'inclina. Il avait toujours dit non : il accepta. Il avait toujours lutté : il se soumit. Il s'était voulu le messager de l'avenir : il se rendit au passé. Voyant dans ses déceptions successives un signe de la Providence (le malheureux y croyait) Faria, renonçant à tout pour lui-même, se résolut à tout donner à celui qui était là.

Je suppose ces choses et je ne les sais pas. Ma vie ne les a point comportées. Il me semble néanmoins que c'est ce qui se passa.

J'étais loin d'y songer alors. Humble, silencieux, j'attendais, avec des airs de chien battu, indifférent à ce drame parce qu'inconscient de son déroulement. Les enfants qui requièrent les grands ne se soucient pas de leurs peines, de leurs fatigues, de leurs soucis, ils ne peuvent même pas les imaginer. Ils réclament pour eux-mêmes, dans l'éclatant égoïsme de l'innocence.

Tout ce que je vis, c'est qu'enfin l'attitude de Faria changea.

Un matin je l'entendis qui rampait dans le tunnel, le tunnel inutile et béant entre nous. Je m'approchai et l'aidai à monter. Comme d'ordinaire, il me remercia d'un vague signe de tête, le visage toujours fermé, sans un sourire, sans un mot, ces choses superflues.

Il alla à quatre pattes s'asseoir contre le mur, dans une posture bizarre, en tailleur, qu'il affectionnait. Il soupira longuement ; il me regardait.

Puis il baissa les paupières, et je l'entendis qui murmurait lentement :

— Père, que votre volonté soit faite, sur la terre comme au ciel.

Jamais Faria ne m'a expliqué ces paroles. Je les ai comprises depuis, du moins je le crois. À ce moment-là j'étais un enfant, j'étais une âme en détresse et ne pensais qu'à moi. Et alors sa voix, soudain empreinte de douceur, retentit de nouveau :

— Raconte-moi encore ton histoire, Dantès.

Je ne pourrai jamais dire le bonheur, la lumière, la paix qui à cet instant m'enveloppèrent. Ce fut une immersion, une tendre tiédeur qui soudain dénouait, apaisait tout en moi, le tiraillement, l'oppression, la brûlure des plaies. Je me sentis baigné d'une clarté laiteuse, bienfaisante, sereine.

Nous étions — Faria, qui savait tout, le savait — au printemps 1822.

Ce jour-là commença mon évasion.

LIVRE II

L'ÉVASION

Les portes de la mort te furent-elles montrées ? As-tu vu les gardiens du pays de l'Ombre ?

JOB, 38, 17

V

Conjectures sur mon arrestation. – La logique des intérêts. – Révélation sur M. de Villefort. – On ne voit bien que depuis l'ombre. – Le dessein de Faria. – « Tu sortiras d'ici. » – Mon instruction commence.

Nos gardiens ne venaient que deux fois par jour. Le reste du temps nous eûmes désormais toute latitude de passer d'un cachot à l'autre afin de converser. Je remettais en place, à chaque fois, la dalle qui s'ouvrait sous mon bat-flanc. Ni les heures ni les jours ne nous étaient comptés. Une intimité de sept ans commença.

« Raconte-moi encore ton histoire... »

Je redis tout, avec passion, avec délices. Marseille et mon enfance ; les « bonnes gens », la politique, Morrel, Naples et l'île d'Elbe ; mon arrestation, mon interrogatoire, mon internement. J'entrai dans les détails, je fus lyrique, véhément, volubile. Je parlai comme on parle après une longue solitude. Je me vautrai dans mon histoire comme on se vautre dans un lit, je m'en gobergeai comme les matelots en bordée se repaissent d'alcool et de filles.

Faria, tout en m'écoutant, m'évaluait, attentif non seulement à mon récit mais à ma façon de raconter, aux mots que j'employais, aux capacités de raisonnement et de jugement dont témoignaient mes propos. Tout à mon malheur, je ne m'en avisais pas, mais c'est ainsi que je l'imagine aujourd'hui. En même temps, m'interrompant quelquefois, il soulignait, résumait, classait les points les plus énigmatiques de mon aventure.

À la fin il hocha lentement la tête.

— Ainsi donc, tu n'as pas la moindre idée, le moindre soupçon...

— Comment le pourrais-je ? Vous voyez bien...

J'étais prêt à me perdre à nouveau en effusions et démonstrations. Faria leva la main comme pour me barrer la route.

— Attends, dit-il.

Il sourit :

— Il faut réfléchir calmement. Nous avons le temps... C'est même tout ce qu'on nous a laissé.

— Réfléchir ! J'ai réfléchi vingt fois, cent fois !

— Eh bien, peut-être la cent unième apportera-t-elle la lumière. Combien de temps Archimède a-t-il réfléchi avant de s'exclamer : Eurêka ?

J'ignorais qui était Archimède. Je regardais Faria, bouche ouverte.

Nous reprîmes tout, dans les moindres détails. Il voulait tout savoir de moi, de Danglars, des autres, de la vie à Marseille. Il m'abasourdit de questions, me fit répéter, confirmer ou corriger des faits, des anecdotes. Tout comptait à ses yeux, le moment, l'ambiance, le caractère des personnages ; tout jouait son rôle, mettait sa touche. Le lendemain il me dit :

— Tu as raison, Dantès : nous ne pouvons pas établir avec certitude ce qui s'est passé. Mais à condition que tu n'aies omis aucun détail important, nous pouvons tout de même le supposer. Les faits humains ont une logique.

Et il se passa alors une chose prodigieuse. Faria qui n'avait été le témoin de rien, Faria qui ne connaissait aucun des hommes dont il était question, Faria qui depuis quatorze ans moisissait en prison à l'écart du monde, Faria devina tout et me raconta en détail ce qui, des années plus tard, devait m'être confirmé presque en tous points par une soigneuse enquête.

Faria comprit la jalousie douloureuse, accablée de Fernand. Il soupçonna les ambitions déçues de Danglars, l'idée qu'il pouvait avoir eue de nuire à Morrel à travers moi. Il renifla l'envie dans le cœur du tailleur Caderousse. Il interpréta l'étrange scène du cabaret de La Réserve, cette lettre qu'écrivait le comptable. Fernand ignorait tout de l'escale à l'île d'Elbe, et d'ailleurs savait à peine écrire : Danglars ne lui avait-il pas apporté l'instrument qui manquait à sa haine ? À moins qu'il n'ait présenté cette dénonciation comme un simple mauvais tour à me jouer — taisant soigneusement les faits qui pouvaient lui attacher des conséquences terribles ?

Faria fit également une autre supposition : Morrel, le bon Morrel, en très mauvaise posture politique, ne pouvait-il m'avoir livré pour se dédouaner ? Il ne fallait pas l'écarter. Il ne fallait rien écarter.

Je considérais avec un étonnement presque effrayé ces perspectives ouvertes dans ma nuit par un homme qui formulait ses conjectures avec une tranquille certitude, comme si depuis toujours il avait mis en équations la créature humaine. Avec incrédulité aussi : les hommes pouvaient-ils être aussi mauvais pour leurs semblables ? Non, criait en moi un enfant candide. Si, opinait le vieil homme, riche d'une longue expérience.

Celle-ci ne lui servit pas moins à éclairer le comportement du substitut du procureur. Pourquoi cette indulgence, pourquoi la lettre brûlée ? Pourquoi, ensuite, ce revirement ? Un magistrat n'innocente pas un suspect, dans une période politique aussi grave, par simple bonté d'âme, parce que ce suspect a l'air d'un brave garçon. Ni son devoir ni le soin de sa carrière ne toléreraient une telle mansuétude. Donc, s'il brûle la lettre accusatrice, c'est qu'il y a intérêt. En quoi ? À première vue ce jeune homme ambitieux, en passe de s'allier avec une grande famille légitimiste, n'a pas de raison de soutenir les bonapartistes. Mais il peut aussi chercher à les ménager, pour le cas où ils reviendraient au pouvoir. D'où l'idée de libérer l'obscur, l'insignifiant Dantès... Néanmoins il change d'avis. Et même il le fait mettre au secret. Pourquoi ? On met au secret un homme qui ne doit avoir aucun contact avec quiconque. Dantès sait donc quelque chose, qu'il ne doit pas pouvoir répéter. Ce quelque chose est dans la lettre.

Or je n'avais pas lu cette lettre. Uniquement l'enveloppe, le nom et l'adresse du destinataire. Et c'est après m'avoir demandé si j'avais retenu ce nom — Noirtier — que Villefort avait changé d'avis.

La vie conspire : Faria, désireux peut-être de soigner ses effets, n'avait pas sourcillé quand j'avais prononcé ce nom. Et pourtant...

Je l'ai mentionné, on l'a relevé peut-être, au précédent chapitre : en 1804, à la cour d'Étrurie, Faria avait fait la rencontre d'un certain Noirtier de Villefort, sénateur de l'Empire. Jacobin enragé, d'une famille anoblie sous Louis XV, il avait affecté de renoncer à la seconde partie de son nom. Si bien que son fils, revenu dans le giron monarchique, avait été tout naturellement porté à faire oublier la première...

La vie conspire, sans but discernable, mais avec des effets. Sans cette rencontre de hasard, en 1804, dont Faria, qui avait côtoyé tant de gens, se souvenait Dieu sait pourquoi, un simple détail peut-être, un mot qui l'avait frappé, l'ambiance de cette soirée, l'humeur qui était la sienne — sans cette rencontre, je me demanderais peut-être encore aujourd'hui pourquoi Villefort, en 1815, convaincu de mon innocence, me fait interner au secret.

Au lieu que tout devenait clair.

Villefort, quoique affligé d'un père bonapartiste (et notable du régime), a réussi à se faire admettre par les Saint-Méran, la fine fleur de l'aristocratie marseillaise. Un beau mariage l'attend, ainsi qu'une carrière prometteuse, environnée de hautes protections. Et au moment où ce long travail va porter ses fruits, il met la main sur un complot destiné à rétablir l'Empereur — complot dont son père est la tête pensante ! Cela, il le sait, ne lui serait pas pardonné.

En partant de là, son comportement devient limpide. La lettre ? Il la brûle. Elle accusait son père. Dantès ? Sa première idée est de le libérer, voyant bien que c'est un naïf égaré dans cette histoire ; un tel geste pourrait en outre lui être utile à l'avenir. Seulement voilà : Dantès a lu le nom de Noirtier sur cette lettre. Et il ignore qui est ce Noirtier, mais d'autres, si jamais il en parle, le sauront et le diront.

La conclusion est claire : Dantès doit disparaître.

Faria reconstituait même ce qui s'était probablement passé ensuite :

— L'intérêt, Dantès ! Toujours l'intérêt. Une fois débarrassé de toi, Villefort avertit discrètement son père d'avoir à se mettre à l'abri, ainsi que ses amis. Il ne tient pas du tout à ce que l'on arrête son père, tu comprends ? Ainsi rend-il aux bonapartistes un service qui, en cas de renversement du pouvoir, le protégera. Cela fait, il alerte le ministère de la Police et publie partout que grâce à lui, les projets de l'Empereur ont été éventés. Il gagne ainsi sur tous les tableaux et toi, tu ne devras plus jamais sortir du château d'If.

— Mais c'est infâme !

— Oui, Dantès.

J'étais muet, perdu entre l'admiration envers Faria, dont l'intelligence perçait les murs et sondait à distance les secrets d'un homme qu'il n'avait jamais vu ; et l'ébranlement profond, total, irréversible que ces déductions provoquaient dans toutes mes certitudes. Si Faria disait vrai, tout ce que j'avais toujours cru, tout ce qu'on m'avait appris, inculqué, toutes les idées de bonté et de loyauté sur lesquelles j'avais fondé ma vie, encouragé par les « bonnes gens » de mon enfance, tout cela n'était que de pitoyables et néfastes illusions, pitoyables parce qu'elles n'auraient jamais pu faire de moi qu'une dupe, néfastes parce qu'elles m'avaient envoyé où j'étais...

— Tout ceci n'est que probable, Dantès, continua l'abbé. Ni plus ni moins que le rôle de tes « amis » Danglars et Mondego. Lorsque tu sortiras d'ici, peut-être pourras-tu le vérifier.

Lorsque je sortirais d'ici... Je ne prêtai même pas attention à cette étrange hypothèse, que l'abbé venait de formuler pourtant pour la première fois. Allongé sur mon bat-flanc, je regardais la voûte du cachot, ou plutôt je regardais le vide, le néant, l'abomination humaine, l'inconcevable. En quelques heures, sans effort, l'intelligence et l'expérience de Faria avaient visité mon pauvre passé, mon humble et lumineuse jeunesse. Il avait pris par la main l'enfant Edmond Dantès et lui avait révélé, autour de ce halo d'innocence dans lequel il se mouvait, les manigances de la jalousie, de l'intérêt, de l'ambition. J'avais été transporté dans la conscience du magistrat, dans les calculs du comptable, dans les fureurs de l'amoureux. J'avais entrevu ce qui pouvait se passer dans les conciliabules de la politique, derrière les hautes fenêtres du Grand Cours, pendant qu'en bas les innocents s'émerveillaient devant les santons...

C'est pour cela que j'ai dit : ce jour-là commença mon évasion. Faria venait d'ouvrir la porte d'un cachot bien pire que ceux du château d'If, un cachot invisible et même doré : celui que met autour d'un esprit l'innocence.

Un jour, longtemps après, il me dit :

— L'âge, l'expérience, le malheur, projettent leur ombre sur nous. Et c'est une chose triste, car alors nous perdons les sentiments purs, le don de soi confiant et sans réserve, ces merveilles de la jeunesse. Mais nous y gagnons la connaissance et la lucidité. *On ne voit bien que depuis l'ombre.*

Alors je me revis, marchant avec Mercedes à mon bras sur le chemin des Catalans, tous deux illuminés de soleil et d'amour ; cependant que là-bas, sous la tonnelle de La Réserve, trois têtes que ma mémoire me peignait à présent hideuses comme les trognes entourant le Christ dans un tableau de Bosch, nous regardaient venir. Je me promis ce jour-là que si je sortais d'If, je resterais dans l'ombre.

Et que si les conjectures de Faria s'avéraient justes, alors MM. Danglars, Mondego et de Villefort, cette fois-ci, ne me verraient pas arriver !

*

L'ombre se perpétua. Les murs humides, le bat-flanc, les gonds rouillés de la porte, la couverture déguenillée, l'immonde seau à excréments, la lumière pauvre et blême tombant du soupirail, la vermine, l'air malsain demeurèrent, matérialisation compacte, dure, froide, d'un temps réduit à une seule et unique dimension, sans lointains, sans carrefours, sans virtualités ; interminable minute, pareille à la goutte d'eau qui met des jours à se former au bout de la stalactite.

Pourtant — pareil à ce boyau que Dante a parcouru, qui du fond de l'enfer remonte vers l'issue d'où l'on voit les étoiles — il y avait désormais au cœur de mon éternelle minute d'ombre un chemin souterrain qui rejoignait le monde, l'empire du jour, de la mer, des villes, des vivants.

La vie conspire, sans but mais avec des résultats. Voyez, loin des cours et des prétoires, loin de Paris et de Marseille, à l'écart des années qui passent, 1823, 1824, 1825, loin des événements et des gloires, de l'expédition d'Espagne et du sacre de Charles X, de la poésie romantique et de la guerre grecque, voyez la forteresse blanche au milieu des flots, que dessine depuis le rivage un peintre dans son album. Qui soupçonnerait, dans le sein ténébreux de ce colosse immobile, sous les rocs et l'aveugle épaisseur des maçonneries, la galerie lentement creusée, et deux destinées qui se rencontrent alors que rien de prévisible ne pouvait, ne devait les rapprocher ? Secrète revanche sur les murs, les geôliers, les juges, la Société qui dans l'ignorance ou l'indifférence générales pouvait traiter ainsi des hommes : deux malheureux, emportés dans le fracas de l'Histoire, enfouis dans les secrets des polices, deux hommes se parlent.

La vie se passe sous nos yeux et nous ne la voyons pas : elle est dans le travail obscur du ver ou de la semence, de la sève et de la fissure.

La vie conspire. Dans la triple réclusion de la prison, de la jeunesse et de l'ignorance, dans mon éternelle minute de pierre et d'ombre, *il y avait quelqu'un* ! Et ce quelqu'un, me parlant en secret au fond d'un cachot étroit, oublié, enseveli sous des milliers de tonnes de pierre au milieu de millions de tonnes d'eau, ce quelqu'un allait me donner le monde.

Il y avait quelqu'un... Un homme est arraché à la vie, au soleil, et enterré vivant dans la pierre et l'ombre. Or une voix se fait entendre dans cette ombre, et cette voix lui révèle tout ce que lui avait caché la lumière. Ma jeune vie qui avait parcouru les mers, mon existence inondée de soleil et de couleurs m'avait laissé aveugle. Je ne voyais pas : j'étais vu. Et ce fut dans le cachot, dans cette cellule de nuit oubliée à l'envers du monde, que grâce à Faria je commençai à voir, que me fut révélé tout ce que ma pauvre existence m'avait celé. On ne voit bien que depuis l'ombre. On ne voit bien que caché. On ne voit bien que lorsqu'on n'est pas là.

J'ai dit que Faria, renonçant à tout pour lui-même, s'était résigné à tout me donner. La certitude que c'est bien ce qui se passa sous mes yeux, durant sept années, je ne l'ai acquise que rétrospectivement. Mais je sais aujourd'hui que Faria, dans les temps qui suivirent notre singulière rencontre, forma un plan qu'il appliqua à la lettre, sans jamais me le dévoiler, à l'horizon duquel il avait placé pour moi la liberté et la puissance. Je ne devais en découvrir les dispositions que l'une après l'autre, à leur heure.

Pour le moment il forma le projet de m'instruire.

— Tu sortiras d'ici, Dantès... Moi, je suis sans doute trop vieux, mais toi, tu sortiras d'ici.

Il était revenu sur cette conviction ancrée en lui.

— Au-delà des volontés des hommes, expliquait-il, il y a le lent mouvement des siècles, auquel nul ne peut s'opposer... Fatalement, le temps amènera quelque révolution politique, et la prison s'ouvrira pour toi. Alors il te sera utile de t'être instruit.

Utile en quoi, dans quelles circonstances ? Cela, il ne

le disait pas. Je n'avais pas parlé de vengeance. Il n'avait pas parlé du trésor des Spada.

Nous commençâmes par la cosmologie et la géographie. La navigation m'avait donné de bonnes notions concernant les continents, les mers, les étoiles ; je croyais en revanche que le soleil tournait autour de la terre. Lorsque nous eûmes envisagé les tourbillons d'atomes et les galaxies, nous nous représentâmes notre planète, ses climats, ses minéraux, sa végétation.

Dans le majestueux décor qu'avaient planté ces premières leçons apparurent l'homme, ses sociétés, ses empires, ses guerres, ses voyages, ses découvertes, son évolution. Faria croyait au sens de l'histoire, et s'interrogeait gravement sur les voies de la Providence. Le moins qu'on puisse dire en effet est qu'elles étaient fort sinueuses. Malgré toute ma bonne volonté, je ne voyais (et ne vois toujours) aucun cheminement sensé dans la grande pétaudière des siècles. Déjà le disciple s'éloignait du maître...

Religions, philosophies, doctrines apparaissaient d'abord comme des produits de l'histoire humaine ; mais elles détenaient aussi une part éternelle. L'homme n'a fait que produire sur lui-même et son destin un certain nombre de conjectures, toujours les mêmes. Je découvris Lucrèce et le Bouddha, les archétypes, la méthode cartésienne, le Dieu de Bossuet et celui de Spinoza, l'horloger de Voltaire.

Les sciences et les langues étrangères prenaient rang ensuite. Les premières, comme des savoirs particuliers, incomplets, provisoires, qui continueraient de se développer. Les secondes, comme des instruments pratiques, mais où, par les mots qu'il crée et l'usage qu'il en fait, apparaît l'homme. Je baragouinais l'italien et l'espagnol. Nous perfectionnâmes ma connaissance de ces langues. Il y ajouta l'anglais, des notions élémentaires de latin et de grec, un peu de romaïque.

Il me raconta les grands mythes, Ulysse, Joseph, Candide. Il savait par cœur des pages d'Homère et des chants de *La Divine Comédie*, des sonnets de Pétrarque, des odes d'Horace, des tirades de Shakespeare, des scènes de Racine ou de Tirso. Il récapitula et me fit apprendre sur le bout du doigt une liste de cent cinquante œuvres littéraires et philosophiques qu'il me faudrait lire.

Il parlait doucement, la voix appliquée comme s'il voulait en imprimer chaque son dans mon esprit. Quelquefois, ayant trop longtemps parlé ou avec trop de feu, il était pris de violentes et longues quintes de toux.

À d'autres moments il me racontait sa vie, ses aventures, ses fréquentations. J'aimais cela, j'écoutais comme un enfant. Il avait connu bien des épisodes de la vie mondaine et politique. De l'université napolitaine aux palais ecclésiastiques de Rome, de la cour de Toscane au Paris de la Révolution, je vis comment la société brasse l'honneur et l'infamie, la fidélité et le reniement, la sincérité et le mensonge, l'audace et la peur, l'ambition, le calcul, l'entraide ou la trahison ; je vis s'agiter par dizaines des Danglars et des Morrel, des Villefort et des Leclère.

— L'homme qui a un dessein, expliquait-il ensuite, l'homme qui entend ne pas vivre comme une marionnette, l'homme qui souhaite marquer sa supériorité relativement à la comédie sociale, doit être fort. Il faut que tu apprennes, Dantès, à faire de ton visage un masque impénétrable ; à ne jamais livrer de toi que ce que tu as décidé de livrer ; à parler à chaque homme le langage qu'il peut comprendre ; à mettre en ordre tes désirs et tes volontés, un peu comme on répartit, en fonction de leur caractère et de leurs qualités, les chevaux d'un attelage ; à marcher droit enfin vers les buts que tu t'es donnés, et que le vulgaire, qu'il les comprenne ou non, les admette ou non, doit servir ou du moins ne pas contrarier.

Et moi, oubliant alors que j'étais en prison et qu'en dépit des certitudes de Faria je ne voyais pas comment j'en sortirais, je dressais l'oreille à ces mots, parce qu'ils flattaient en moi des pensées de vengeance que Faria (du moins le croyais-je) ignorait. Il ne les ignorait nullement : bien au contraire, certain de leur existence, il s'efforçait de les encadrer, de disposer mon esprit de telle sorte que l'idée de vengeance n'y fût pas seule, et trouvât au moment opportun ses limites dans le scepticisme, l'équité, la générosité même.

Je ne suis pas sûr pour autant qu'elle lui fût tout à fait étrangère. En cherchant à faire de moi, pour le jour de ma liberté, cette espèce d'homme supérieur dont il dessinait les traits, et qui en somme ressemblait si peu à ce qu'il avait été lui-même, ne trahissait-il pas quelque désir ambigu de puissance, quelque concession faite à l'amertume et au mépris de l'humanité, quelque regret inavoué de la revanche qu'il ne prendrait pas ? Le bon, le doux, l'humaniste, le progressiste Faria n'en restait pas moins homme ; et qui veut faire l'ange, on le sait, fait la bête... Pas plus qu'au progrès de l'homme je ne crois à ses bonnes intentions ; c'est déjà bien beau quand il n'en a point de trop mauvaises.

Tout me disait d'ailleurs, tout me hurlait que la bonté, le dévouement, la loyauté, l'idéalisme ne servent à rien ; le pauvre et méritant Louis Dantès, le bon M. Morrel m'en fournissaient deux preuves ; Faria lui-même n'en était-il pas l'éclatante confirmation ?

Ces secrètes réserves, au fond de ma pensée timide, se mettaient en balance avec mon émerveillement devant tant de science et de sagesse. Faria me transportait au sommet de la montagne ; du regard du ver de terre il faisait celui de l'aigle. Je sortais de cette prison : une conscience enfermée dans vingt ans d'existence et une ville du monde. La nuit, seul sur ma couche, je voyais désormais le cosmos, les siècles, les continents. Quelque part au cœur de cette immense et mouvante fresque avait lieu, ignorée, infime, l'existence d'un homme, le marin marseillais Dantès, existence que j'avais crue la totalité de la vie et qui n'en était qu'un imperceptible et inutile détail...

Oui : mais c'était la mienne, et, loin du détachement que préconise Épictète, je me livrais à d'amères méditations. Ces années de jeunesse que l'on me volait n'existeraient qu'une fois dans les millions d'années de l'Univers. J'avais été puni pour avoir su plaire à une belle jeune fille ; pour avoir été si bon marin que mon employeur désira me récompenser ; pour avoir été loyal envers mon capitaine, tout en me défiant de la politique, cette chose du diable ; pour avoir voulu partager mon bonheur avec Caderousse et même Fernand. J'avais été puni pour avoir pratiqué fidèlement les vertus qu'on m'avait enseignées, pour avoir été ce que tous me recommandaient d'être, en me promettant qu'ainsi je ferais mon bonheur. Et je m'en rendais compte au fond d'un cachot, laborieusement, après sept ans de larmes, cependant que les autres, les rusés, les lâches, les infâmes, voyaient le soleil, souriaient aux femmes, buvaient du vin, profitant de toutes les joies que l'on peut cueillir sur le chemin de la vie. Si je sortais un jour...

Ah, si je sortais un jour...

VI

Il faut d'abord renoncer. – Le serment de saint Pierre. – La deuxième étape du plan. – Les limbes. – Ce que l'on fait des morts au château d'If. – Sommes-nous devenus fous ? – La vie conspire. – Un soir de 1829. – Trois précisions ultimes relatives à mon évasion.

Deux ou trois ans s'écoulèrent ainsi. « Nous avons le temps, Dantès, c'est même tout ce qu'on nous a laissé... » Patiemment, passionnément, Faria poursuivait le dessein qu'il avait formé de me transmettre ses connaissances. Avec Job, j'apprenais que toute misère a été vécue, que toute question a été posée, que l'esprit humain se heurtera toujours à la même énigme. Avec Ulysse, je bandais l'arc qui va exterminer les Prétendants.

D'évasion il n'était plus question — d'évasion commune du moins. Homme d'une seule idée, Faria, après avoir posé comme une évidence qu'un jour je serais libre, écartait celle-là de toute sa force et je m'inclinais devant cette volonté inflexible et douce, sans comprendre que cela aussi faisait partie du plan. Il faut d'abord, il faut absolument renoncer à ce que l'on désire le plus : j'ai retrouvé plus tard sur mon chemin cette vérité simple et profonde, et difficile.

Mais je découvris aussi à l'origine de ce refus un fait moins philosophique et plus décisif : son corps usé par les épreuves lui refusait maintenant la force nécessaire. Faria était malade. La mauvaise nourriture, l'air malsain avaient dévitalisé ses muscles, miné ses poumons. Il respirait de plus en plus mal, toussait à fendre l'âme. À supposer que nous parvinssions à atteindre l'extérieur et à échapper aux fusils des sentinelles, il nous resterait à traverser une ou deux lieues de mer pour gagner la côte ; je pourrais peut-être, *Deo juvante*, accomplir ce tour de force ; Faria, c'était évident, ne le pourrait désormais plus.

Ce fut dans cette période qu'il passa à la seconde étape du plan. Un matin, fin 1826 ou début 1827, il dit sans préambule, comme il avait l'habitude de le faire :

— Il faut maintenant que nous parlions de ton avenir.

Parole d'aïeul qui dans les heures silencieuses, ralenties de la vieillesse, a longuement médité ses dispositions.

— Parce que tu sortiras d'ici... Mais moi je ne sortirai pas. Je ne serai pas là pour te guider.

Je me récriai, jurai comme saint Pierre que jamais je ne l'abandonnerais ; impénétrable et doux comme Jésus, il interrompit d'un geste mes effusions. Et pour la première fois, il évoqua le trésor des Spada.

Je connaissais les circonstances de son arrestation en 1808 ; en revanche il ne m'avait rien dit encore de l'île de Monte-Cristo. Il me révéla donc ce que j'ai déjà raconté : l'histoire de César Spada, la découverte fortuite d'un parchemin dissimulé dans la reliure d'un livre, l'estimation qu'il avait faite de cette fortune cachée. Il avait détruit ce parchemin après l'avoir appris par cœur ; à mon tour il me fallut l'apprendre. Nul ne pouvait parier que le trésor se trouvât toujours à Monte-Cristo ; mais le luxe de précautions déployé trois cents ans plus tôt par

Spada pour le dissimuler ne rendait pas la chose impossible.

Ces révélations m'abîmèrent d'abord dans une indicible et incrédule stupéfaction. Si j'avais pu croire que la Providence existait, qu'elle m'avait marqué au front d'un signe mystérieux, que toute ma vie accomplissait quelque invisible et profond dessein, que des symboles et des correspondances en organisaient le tableau, si mon esprit et mon cœur avaient jamais été capables d'accueillir cette certitude mystérieuse qui s'appelle la foi, c'est assurément ce jour-là, dans la malodorante pénombre du cachot, qu'ils l'eussent accueillie.

C'était déjà une chose étrange et quasi fantastique qu'il se fût trouvé quelqu'un au fond de mon éternelle minute d'ombre. C'était déjà une chance inouïe que les trésors de la pensée, de la sagesse et de la connaissance me fussent parvenus portés par cette voix secrète, à l'insu des hommes. Et voilà qu'il y avait aussi, au fond de ma minute d'ombre, un vrai trésor, fait d'or et de diamants... Pareil à Joseph abandonné par ses frères au fond d'un puits, mes ennemis m'avaient jeté vivant dans cette tombe afin que j'y périsse ; et là, par des voies que personne au monde ne pouvait soupçonner, m'était donnée la puissance supérieure dont leur ruine serait le premier et l'inexplicable effet !

Et Faria, détenteur d'un tel secret, alors que rien de sa vie ne m'était inconnu, alors que l'intimité de nos esprits était complète, ne m'en avait rien dit pendant cinq ans... Il avait redouté que la seule idée du trésor ne rendît inutiles tous les efforts qu'il ferait pour m'enseigner la pensée, la beauté, la sagesse ; il avait songé qu'une telle perspective, ouverte dans l'esprit de l'être fruste que j'étais alors, pourrait bien l'envahir aussitôt tout entier, sans y laisser la plus petite capacité d'intérêt, de désir, de passion pour quoi que ce fût d'autre. Or son projet était de bâtir un homme, c'est-à-dire non seulement une force, mais un esprit et une âme. Alors il s'était tu pendant cinq ans. J'apprenais ainsi que la force d'un homme réside aussi et bien souvent dans sa capacité de mutisme. Dieu sait pourtant qu'il y pensait, à son trésor, et qu'il y croyait. Un peu trop même, à mon goût. Faria, qui m'avait inlassablement appris à douter de tout, ne doutait guère de son existence. Tout esprit a ses limites : l'âme puissante de cet homme, rompue à toutes les endurances, avait capitulé devant ce rêve et du fond de la prison s'y accrochait pour ne pas sombrer dans le désespoir.

Moi je sentais ce que cette espérance avait de fragile et de dangereux ; je m'efforçais à l'incrédulité, sans grand succès. J'étais pris. Pareil aux enfants redemandant l'histoire qui les fait frémir de peur, je lui faisais répéter les détails, les précisions. J'aurais voulu lui dire de se taire et je buvais ses paroles ; j'aurais voulu crier non, et je murmurais oui.

Ainsi les secrètes pensées de Faria, mûries et poursuivies dans cette ombre froide où nous distinguions si mal nos visages, depuis ce jour de 1822 où il nous avait été donné de partager notre solitude et notre misère, m'étaient-elles peu à peu révélées. J'écoutais ces discours d'un homme qui désormais voguait lentement vers sa mort ; et l'idée du trésor, et ces propos testamentaires, et cette vieille voix lente et lasse mettaient dans notre réclusion je ne sais quel climat étrange de destinée et d'éternité, hors du temps, hors des choses. J'oubliais tout, je vivais dans une sorte d'hypnose. Il me semblait flotter à l'écart du monde, dans le royaume ombreux des esprits, dans ces limbes entre deux existences que pressent la métempsycose. Je me croyais parvenu vers la lumière, au bout du tunnel que franchissent les morts, dans les régions de l'aube auxquelles donne accès le tombeau. Il me semblait entendre le chuchotement qui parvient peut-être à l'enfant dans le ventre de sa mère, et dont sa vie conservera la réminiscence, comme on ressent l'effet des paroles inouïes qui nous furent dites en rêve !

Son affaiblissement, désormais patent, faisait pitié. C'était à peine s'il quittait sa couche deux heures dans la journée. Sa lente respiration sifflait. Un jour que je l'avais entendu, dans sa cellule, tousser de façon particulièrement affreuse, j'attendis qu'il fût assoupi et j'allai observer son seau. J'y vis avec horreur un mélange innommable de glaires et de sang.

De grands moments de silence s'installaient. Je rêvais, ou récitais des vers à mi-voix. De temps en temps, Faria qui suivait sa pensée se mettait soudain à parler, évoquant un point de littérature ou une anecdote qui lui traversait l'esprit.

— Je sais ce que l'on fait des gens qui meurent ici, dit-il un jour.

Je somnolais ; je rouvris les yeux et le regardai. Il parlait les yeux fixés vers la lumière tombant du soupirail.

Ce fut l'avant-dernière étape.

— En 1814, reprit-il avec la voix égale et lente d'un homme qui mesure son effort, en 1814, le prisonnier qui occupait le cachot voisin du mien est mort, et le gardien que j'avais alors, qui de temps en temps se plaisait à bavarder avec moi, m'a expliqué ce que l'on faisait des morts au château d'If.

Il se tut, les yeux toujours perdus dans la maigre lueur qui depuis le dehors parvenait jusqu'à nous.

— Figure-toi, reprit-il, que l'on coud le cadavre dans un linceul de grosse toile. Et puis, à la nuit noire, parce que des bateaux passent non loin, et qu'on préfère que personne ne voie ces choses, on le transporte jusqu'au bord des rochers qui surplombent la mer. Là, on lui attache aux pieds une grosse pierre, et on le jette à l'eau, du haut de la falaise.

Il tournait vers moi son visage blafard, amaigri.

— Comprends-tu ce que cela veut dire ?

À présent il me regardait avec attention, comme il le faisait naguère en m'inculquant l'anglais ou en commentant la politique des papes. Je ne comprenais pas et j'attendais.

— Nul ne soupçonne, reprit-il, que nos cachots communiquent. Si, le jour où je mourrai, tu parviens à prendre ma place avant le crépuscule dans le sac où l'on m'aura enfermé ; si aucune exclamation, aucun frémissement de ta part ne trahit la substitution ; si tu te laisses jeter à la mer et si tu as emporté ce couteau pour trancher la corde et fendre le sac — eh bien, tu seras sorti d'ici.

Un long silence suivit, que je ne cherchai pas à meubler. Nous avions tellement parlé tous les deux, et ces conversations avaient recelé de si extraordinaires moments, que nous n'avions plus besoin de fleurir l'entretien de ces commentaires, de ces apprêts qui en sont l'écume. Mais je considérai avec une vénération proche de l'épouvante l'homme qui pouvait énoncer de telles pensées avec la même lenteur tranquille et détachée que s'il eût parlé d'un autre mort et d'un autre vivant. Je croyais tout savoir de lui, je croyais avoir aperçu le fond de cet esprit indomptable. Eh bien non. Depuis douze ou treize ans Faria avait classé dans un coin de son esprit ce renseignement : ce que l'on fait des morts au château d'If. Et puis, au cours des sept années de notre secrète connivence, cependant qu'il parlait de politique ou de littérature, l'idée était revenue prendre sa place. Et il avait trouvé comment je pourrais m'enfuir de cette prison dont nul ne s'était jamais enfui. Moyen hasardeux, précaire, qui n'arrachait le prisonnier aux pierres que pour le livrer aux flots ; mais moyen tout de même. Alors, lucidement, froidement, sans gémir, il avait fait de sa propre mort un élément du dispositif.

Cette froideur même, ce détachement, me jetèrent dans le plus grand trouble. Était-ce pensable ? N'étions-nous pas tous deux devenus fous, n'avions-nous pas à notre insu, au cours de tant d'années, au travers de tant de paroles et de songes, peu à peu dérivé, largué les amarres, perdu les repères, remodelé la réalité au gré de nos élucubrations ? Ce trésor caché dans une île, ces morts que l'on jette à la mer, ces images n'offraient-elles pas tous les stigmates de la démence ? Qu'est-ce qui nous garantissait qu'elles eussent encore quelque rapport avec le monde tel qu'il était, et dont la manifestation la plus tangible, la plus écrasante, la moins discutable, en attendant le sac et le trésor, résidait dans les milliers de tonnes de mortier et de pierres sous lesquelles nous étions ensevelis ?

Nous flottions dans les limbes. L'un allait vers la mort, l'autre ne savait plus s'il était sain ou fou, endormi ou éveillé, être de chair ou spectre. Je me souviens qu'alors je me remis à dormir.

Je dormis indéfiniment, indistinctement, la nuit, le jour. Entre deux sommeils, par intermittences, quelque chose qui ressemblait à la conscience et à la vie s'installait dans mes yeux ouverts. Je me revois me levant et marchant dans ma cellule, lentement, les pas incertains. Puis hébété, pareil à un animal qui a ses habitudes, je me glisse dans le souterrain et rampe jusqu'à la cellule de Faria.

Il dort lui aussi. Je le regarde avec une tendresse d'idiot envers un autre idiot. Je pose ma main sur son épaule, je murmure quelques mots qui me demeurent insaisissables à moi-même. Puis je me penche en avant et recueille, au pied de son bat-flanc, un minuscule flacon qui contient quelques gouttes d'un liquide semblable à de l'eau.

Ensuite ? La suite consiste en l'accomplissement précis des volontés de Faria, de ce dessein dont il ne m'avait dévoilé les dispositions qu'une à une, à son heure, et qu'il poursuivait en secret depuis le jour, sept ans plus tôt, où il m'avait dit : « Raconte-moi encore ton histoire... »

La vie conspire, à l'insu de tous, opérant des rapprochements et des intrications que nul ne peut apercevoir, et je ne me lasse pas d'en admirer la puissance et la richesse, l'inventivité. En 1787 un prêtre italien devient le secrétaire et l'ami d'un cardinal romain. En 1808 ce prêtre est emprisonné. Sept ans plus tard un marin marseillais est jeté au cachot par un procureur ambitieux craignant pour sa carrière. Le marin pleure, le prêtre creuse...

Les années passent. Un jour de février 1829, à Paris, Fernand Mondego, devenu le général-comte de Morcerf, est en conférence avec le ministre de la Guerre M. de Bourmont ; M. le baron Danglars se rend à la Cour avec son beau-père M. de Nargonne ; M. de Villefort au Palais de Justice fait condamner un pauvre diable qu'un rival se proposait d'épargner.

Ce jour-là, un homme est mort au château d'If.

Le soir, Villefort reçoit, Danglars joue au whist et Morcerf est à l'Opéra. Les flambeaux scintillent, la nuit s'est faite au-dehors, les cochers battent la semelle auprès des équipages.

À la même heure, parmi le vent qui flagelle les rocs de l'île d'If, deux soldats traînent le cadavre dans son linceul sur le haut des remparts, et lui attachent une pierre aux pieds.

M. Danglars a perdu vingt louis, il est furieux et ne veut pas que cela se voie. Les deux soldats commencent à balancer leur fardeau en cadence, pour lui donner de l'élan.

Morcerf, dans sa loge d'Opéra, prend la main de sa femme, une main inerte qui s'abandonne sans lui rendre son étreinte.

Les deux soldats poussent le *ahan* décisif ; le sac projeté depuis le haut des rochers file à travers les airs droit vers les vagues noires. À l'instant qu'il plonge dans la mer surgit un cri aigu, aussitôt étouffé, qui perce l'immensité de la nuit marine, et M. de Villefort salue d'un petit rire forcé le bon mot laborieux du président du tribunal.

À quoi pensent Villefort, Morcerf et Danglars, ce soir-là, en s'endormant aux derniers rougeoiements de l'âtre, dans les belles chambres à tentures, à rideaux épais, à stucs, à dorures ? Je ne sais. Certainement pas qu'au loin, là-bas, un homme, un spectre d'homme nage à présent dans les flots obscurs de la Méditerranée, nage désespérément, soutenu par une ivresse, une rage, une frénésie de liberté — et que cet homme *vient vers eux.*

La vie conspire. Rien n'a changé ce soir-là pour Danglars, le banquier enrichi dans les munitions de la guerre d'Espagne ; pour Mondego, comte de Morcerf depuis quatre ans, pair de France depuis deux, à qui tout Paris envie sa femme d'une beauté sans égale ; ni pour Villefort, qui déjà se détourne des *ultras* qui ont fait sa carrière, parce qu'il prévoit l'impasse vers laquelle s'achemine le règne ; ils n'ont rien ressenti ; ils vivront encore des années de prospérité ; mais déjà pourtant, du fond du passé, du fond de l'ombre, du fond de la misère et du désespoir, un homme vient vers eux.

Et ils ne voient pas l'ombre, mais l'ombre les voit, les regarde, se dresse et déjà les couvre de son aile. J'ai pris la place du cadavre de Faria et je suis sorti du château d'If.

J'arrive !

*

Je donne tout de suite trois précisions relatives à mon évasion.

1. J'ai fait analyser plus tard le contenu de la fiole trouvée près de Faria, que j'avais pu emporter. C'était une solution d'arsenic. Dernière étape du plan : il s'était tué pour me donner la liberté.

2. Un an et demi plus tard, après la chute de Charles X, les prisons d'État furent vidées et le château d'If fut désaffecté. Nous aurions dû normalement sortir tous deux à ce moment-là.

3. Entre temps, à Marseille, je m'étais procuré auprès de l'Inspection des prisons la fiche me concernant. Elle se terminait par ces mots : « Mort en février 1829 au cours d'une tentative d'évasion. » J'ai su plus tard qu'après la désaffection d'If, M. de Villefort demanda — et obtint — ce renseignement.

Oui, Dantès était mort... Mais moi, j'étais vivant.

VII

La Jeune-Amélie. – *L'île de Monte-Cristo. – Le cachot et la grotte. – Mes amis contrebandiers. – Inconnu à Marseille. – M. Rostand, M. de Boville, Caderousse. – Un épisode de la Terreur blanche. – Les frères Chaulieu, de Lyon. – Les pirates de Gabès. – Une scène pour Greuze. – « Ils se souviendront de nous ! »*

Comment, une fois dégagé du sac où j'étais cousu, je parvins à nager jusqu'à l'îlot voisin de Tiboulen ; comment, à l'aube, je fus recueilli par l'équipage d'une tartane génoise qui venait de conclure dans les calanques une affaire de contrebande ; comment, mieux initié qu'ils ne l'étaient aux particularités du littoral marseillais, je les aidai à échapper à un bateau des garde-côtes qui nous prit en chasse à ce moment : voilà ce que je raconterais avec force détails si je voulais tirer de ma vie un récit d'aventures pittoresques. Qu'il me suffise de dire qu'ainsi sortie d'affaire, *La Jeune-Amélie* (c'était le nom de ce bateau) fit voile vers Livourne, alors port franc et l'un des centres de la contrebande en Méditerranée, où elle toucha six jours plus tard.

Impressionné par ma prestation au large des côtes marseillaises, le patron de la tartane me proposa de me garder. J'hésitais à aliéner ainsi mon indépendance, mais une considération l'emporta : l'argent. Rester avec mes contrebandiers, c'était demeurer en mer et gagner ma subsistance en attendant une occasion de me rendre à l'île de Monte-Cristo.

Durant trois mois je partageai donc la vie harassante et dangereuse de ces hommes, vie sans profit, sans espoir, qui n'échappait jour après jour à la prison ou aux balles des fusils que pour les mener plus sûrement vers la vieillesse et la misère. Je m'appliquai à en tirer une sagesse. « Persuade-toi, me disais-je, que l'île de Monte-Cristo ne contient nul trésor, et que ton seul avenir est là, parmi ces pauvres diables pour qui cent ducats sont une fortune, dans cette existence ballottée entre les périls de la mer et les rigueurs de la loi. » Mais la sagesse paraît à l'homme un pauvre habit ; il ne le revêt que contraint ; la nécessité seule fait la vertu. J'avais la liberté : déjà je voulais plus. Je songeais à mon île et m'impatientais.

Au mois de mai, enfin, s'offrit une circonstance favorable.

Il s'agissait d'un bâtiment chargé de tapis turcs, d'étoffes du Levant et de cachemire ; il fallait trouver un terrain neutre où l'échange pût se faire, puis tenter de jeter ces objets sur les côtes de France. Le roc désert de Monte-Cristo fut choisi avec mon appui chaleureux. Je profitait de la brève escale que nous y fîmes pour simuler une chute m'empêchant de marcher. Mes amis ne pouvaient s'attarder ; je leur conseillai de gagner la France sans attendre et de me récupérer au retour. Certes, s'ils se faisaient prendre, je moisirais là Dieu sait combien de temps ; mais il fallait bien risquer quelque chose. Je me retrouvai ainsi seul sur l'île, avec quelques jours devant moi.

J'imagine là encore le parti qu'un romancier tirerait de l'épisode. L'île conique au milieu de la mer bleue. Les rochers, les chênes nains, les senteurs. Une solitude soupçonneuse qu'inquiètent les lapins et les chèvres sauvages. Le jour éblouissant, brûlant, qui semble vibrer dans l'air. La sueur et la gourde, la pierre qui éclate sous le choc clair du piolet. L'orifice dégagé, l'obscurité qui vous souffle à la figure son haleine humide et froide. La torche. Et puis, passé quelques pages ainsi vouées aux sensations, au cœur qui bat, à la crainte et à l'espoir qui remuent les entrailles, l'ultime grattement des ongles dans la terre, et le contact enfin de l'anneau ou du bois...

Curieusement, si je veux rappeler ici ce que fut pour moi ce moment, je pense à la grotte autant qu'au trésor. Je me revois assis par terre dans la pénombre ; un flambeau de résine brûle près de moi ; je considère les lingots, les anciennes monnaies, les diamants qui brillent dans les coffres ouverts — et la joie qui ruisselle en moi, le rire nerveux, les remerciements adressés au Ciel, à l'Univers, à qui l'on voudra, sont pour ainsi dire enveloppés par la présence réconfortante, rassurante de la grotte et de l'ombre. Avais-je donc tant aimé mon cachot ? J'y étais revenu ; mais maintenant, à la science de Faria, à ce trésor qui contenait Athènes et Rome, Dante et Kepler, l'histoire universelle et ma vie, à cette sphère de cristal dans laquelle le marin Dantès avait enfin vu et compris, à ce trésor-là s'ajoutait le trésor matériel grâce auquel je serai désormais *protégé*.

Oui : ce jour-là, dans la grotte, face à ces richesses que je pouvais considérer comme miennes, aussi étrange que cela paraisse, je n'ai pas d'abord songé à la puissance, à la liberté, aux plaisirs, à tout ce que donne la fortune : j'ai senti d'abord ma sécurité. J'étais en un moment devenu inexpugnable. La grotte, l'ombre qui protège et d'où l'on voit bien, désormais je les transporterais partout avec moi. J'aurais des maisons qui seraient des cachettes, et des noms qui seraient des masques. Seul détenteur de mes secrets, maître absolu de moi-même, je n'ouvrirais les portes qu'à mon gré. Nul ne saurait d'où je viens, qui je suis. Je serais à l'abri pour toujours.

Je fus tenté par une existence lointaine, cachée, inaperçue. *Je pourrais même ne pas me venger.*

Je devine mon lecteur désappointé, mais qu'y faire ? Ce fut ainsi. Je sentis, sur le moment, ce que cela avait d'incongru. J'avais miraculeusement été arraché au cachot, le monde m'était donné et je rêvais d'abord d'un abri, d'une retraite... Je le sentis et n'y songeai point.

Pas plus que je ne devais songer, de longtemps, à d'autres bizarreries. Par exemple, pourquoi Faria, mon bienfaiteur, m'apparut-il quelquefois, par la suite, dans mes rêves nocturnes, comme un personnage inquiétant, repoussant, dont il me fallait m'éloigner et qui faisait d'étranges gestes dans ma direction ? Fernand, Villefort, Danglars, Mercedes souriante, marchaient sur les pelouses d'un château et quelqu'un, dans le rêve, disait qu'il n'y avait pas à les condamner, que j'étais injuste. Que signifient ces images, ces scènes que nous produisons en dormant ? Je ne le sais pas, mais je crois que je le devinerai quelque jour. Je ne crois pas que la vie ait un sens ni un but, mais je crois qu'elle a une logique. Elle cache les métaux « au ventre des abysmes » ; elle cache nos raisons au fond de notre cœur. Pourquoi, je ne sais pas...

J'en reviens à ma caverne. Il m'est arrivé d'invoquer la Providence ; il m'est arrivé même d'y croire, et notamment ce jour-là. Ma rencontre avec Faria, mon invraisemblable évasion, ces diamants, ces lingots qui trois siècles durant m'avaient attendu là, tout cela pouvait-il être le fait du hasard ? Oui, la Providence existait ! C'était elle qui avait placé le malheureux abbé au fond de mon cachot, elle qui m'avait rendu la liberté ; c'était elle qui à présent me donnait ces ressources gigantesques, afin que je distribue sa justice et accomplisse ses arrêts.

Il faut m'excuser : d'aussi extraordinaires conjonctures cognent bien fort sur la pauvre cervelle humaine, tellement malhabile et courte en ses prévisions que la vie les dépasse toujours. Et puis j'avais beaucoup souffert. Mais plus tard, lorsque je parvins à considérer avec quelque sérénité cette suite d'événements, je me désabusai. Il n'y a pas de Providence, pas de Volonté supérieure et cachée ; il n'y a pas de Dieu.

Du moins ne puis-je en voir aucune trace dans ma vie. Supposer un aussi important personnage s'occupant en détail de la destinée d'un obscur marin marseillais qui ne demandait rien à personne serait déjà d'une vanité risible. Mais imaginer qu'il le jette pendant quatorze ans en prison, ceci pour le seul bénéfice de l'en retirer ensuite afin qu'il se venge de trois ou quatre scélérats qui l'y ont envoyé ; imaginer par conséquent que sa main ait poussé lesdits scélérats à leur scélératesse ; qu'au passage il ait sciemment et cruellement préfixé de faire périr de misère et de chagrin un pauvre innocent vieillard qui l'avait toujours adoré, et dont toute la joie en ce monde se résumait en son garçon ; et tout cela pour qu'à la fin, rien de fondamental n'ait changé en ce monde ; admettre que cet Être parfait et immuable, nécessairement comblé par le seul sentiment de son Être, n'ait rien de mieux à faire dans son éternité que de se divertir à ces passe-temps de proconsul romain : non et non ! L'intelligence humaine n'est peut-être pas grand-chose, mais devant de telles suppositions, elle se dresse en grondant sur ses pattes de derrière *.

Voilà, j'en ai peur, de la philosophie au petit pied. C'est la plus répandue, donc la plus influente dans l'histoire humaine...

La Jeune-Amélie vint comme prévu me rechercher. Je retrouvai avec plaisir la compagnie de ces braves gens. J'étais marin comme eux, enfant de Marseille comme ils l'étaient d'Amalfi, de Bonifacio ou de Malte. J'avais goûté avec eux les bonheurs simples du bivouac sur des plages désertes, de la bonbonne de vin, de la viande rôtissant au feu. Puis leur condition de hors-la-loi me touchait au cœur. Le marin vit loin de tout, dans une société qui a ses usages, ses lois, ses solidarités, et que des dangers communs unissent par-delà la diversité des langues et des nations. Cette particularité de son état le rend facilement indifférent à la loi ordinaire, et le prédispose à se faire le complice de ceux qui la transgressent. J'étais un prisonnier évadé, sans feu ni lieu. Je détestais maintenant ces policiers, ces juges, ces gardiens qui prétendaient incarner la Justice et ne manifestaient que l'écrasement du faible par le fort. Tout ce qui avait maille à partir avec cette société-là m'était proche. J'étais le frère de ces fugitifs, de ces loups.

J'avais commencé de nouer, durant ces quelques semaines, plusieurs connaissances parmi ces classes mouvantes, entre terre et mer, entre légalité et clandestinité : bandits italiens ou corses, bergers, sauniers et

---

* *Note d'Alphonse de Beauchamp.* Je me souviens que M. de Monte-Cristo avait d'abord dicté « l'intelligence humaine se révolte devant de telles suppositions ». Puis il m'interrompit et corrigea sa phrase de la façon qu'on vient de lire. « C'est plus grotesque ainsi », dit-il en riant d'un rire bizarre.

pêcheurs des côtes, mendiants des ports, contrebandiers, trafiquants barbaresques, repris de justice. Je connaissais dans Livourne les tavernes et les arrière-boutiques où se traitaient leurs affaires ; je savais les mots qu'il faut prononcer pour être reconnu comme un des leurs. Je m'arrangeais, à toutes fins utiles, pour que leurs chefs me remarquassent, qu'un détail les fît se souvenir de moi.

Aussi bien que je me trouvasse, toutefois, parmi cette sorte de gens, il faut ajouter que l'agrément de leur compagnie fut singulièrement augmenté par l'assurance que désormais celle-ci ne serait plus une obligation. Lorsqu'à leur retour à Monte-Cristo nous fêtâmes avec mes camarades l'heureuse issue de leur expédition, je me sentis d'autant plus fraternel qu'il y avait, dans les fontes de ma ceinture, deux douzaines de diamants prélevés sur mon trésor. C'est un grand plaisir que d'être familier d'un milieu, d'une société, d'un groupe que l'on ne côtoie pas exclusivement ; nous aimons d'autant mieux notre prochain que nous pouvons lui échapper. Le secret que je détenais m'éloignait de mes compagnons d'aventure ; par là, il me rapprochait d'eux.

De retour à Livourne j'informai mon patron de mon intention de quitter son service. J'inventai une histoire plausible : j'étais en réalité un fils de famille, j'avais quitté mes parents pour courir l'aventure, j'avais fait de la prison. La mort de mon père, que je venais d'apprendre, me mettait en position de recueillir un héritage. Je rendais ainsi vraisemblable ma prochaine opulence, que le patron de *La Jeune-Amélie* aurait l'occasion d'apprécier, car je lui promis de ne pas le laisser sans nouvelles.

Je m'occupai ensuite de Jacopo. Jacopo était un des hommes de l'équipage ; je ne sais pourquoi je m'étais attaché à lui ; je ne sais pourquoi il s'était attaché à moi.

Lorsque les aléas de la course nous en laissaient le loisir, nous bavardions tous deux. Il rêvait de se mettre à son compte — un peu pêcheur, un peu contrebandier — dans sa région natale de Gaëte. Je me crus en mesure de lui promettre un meilleur sort s'il entrait à mon service. Sur les premières ventes de diamants que j'avais effectuées auprès des juifs de Livourne, je lui offris une barque et deux hommes d'équipage. Après quoi, prétextant mes affaires de famille, je le quittai en lui demandant de me rejoindre un mois plus tard à Monte-Cristo.

Je me rendis à Gênes. Moyennant la vente de trois autres diamants (les coffres de César Spada en contenaient quelques centaines), je fis l'acquisition d'un yacht pour le compte de ce Lord Wilmore dont j'avais fait inscrire le nom sur un passeport imité. Je fis ménager un coffre à secret dans le bateau et cinglai vers mon île.

Quelques jours plus tard, l'intégralité du trésor s'y trouvait cachée.

Et le 15 juin, Jacopo et ses hommes m'ayant rejoint à bord, *Le Sindbad* entrait dans le port de Marseille, où nous débarquâmes sur le quai d'Orléans.

*

Il n'entrait pas dans mes intentions de me faire reconnaître de quiconque. À supposer que ceux que je cherchais fussent toujours là, je voulais les observer de loin, à leur insu ; je n'apparaîtrais, s'il y avait lieu, qu'à mon heure, et maître du jeu. Les années, la mise au secret, les marques de la souffrance et du malheur sur mon visage, les circonstances inimaginables de mon retour, m'assuraient de l'incognito. J'étais devenu semblable à ces messagers que les dieux homériques, pour les envoyer parmi les mortels, revêtent d'un nuage. Je me souvenais de Faria : « On ne voit bien que depuis l'ombre. » C'était là un capital trop précieux pour le dilapider.

Le premier jour, j'envoyai Jacopo aux allées de Meilhan avec mission de se renseigner sur Louis Dantès et Gaspard Caderousse ; il se rendrait ensuite aux Catalans.

J'avais adopté l'élégant négligé d'un gentilhomme en voyage : redingote à vastes poches, chapeau plat à larges bords, chemise ouverte, bottes, canne tressée. Les cheveux teints de gris, la moustache fine et l'accent britannique, je m'en fus errer par les rues.

C'est une mélancolique expérience que de revenir, ignoré, dans des lieux qui furent familiers. On a le sentiment, si étrange que ce soit à dire, de voir les choses telles qu'elles sont en notre absence. Je voyais Marseille quinze années après la disparition d'Edmond Dantès. Ce détail, un homme de moins, ne se remarquait guère. Le monde et la vie battaient son plein. Les années fuient sans tenir le compte des êtres qui tombent du navire ; chacun vaque à son présent, tout à ce qu'il poursuit, et de ces milliers d'affairements variés et quotidiens se fait l'entassement des années, se fait l'oubli. Moi j'étais entré dans la classe spéciale des hommes que ce mouvement ne prend pas tout entiers ou qui s'en sont exclus. Dans cette marge, dans ce présent en quelque sorte ralenti, vivent le peintre et le penseur, vivent l'enfant qui songe et le vieillard qui se souvient, vivent le rêveur et l'amoureux désespéré. J'y occupais une place singulière.

Au café Casati où je m'étais plongé dans un nouveau journal, *Le Sémaphore*, je liai conversation avec un bourgeois de la ville en train de savourer son moka. M. Bruno Rostand, armateur de son état, aimait à causer. La grande affaire de Marseille était alors le plan de conquête d'Alger, trouvé tout prêt par le roi Charles X dans les archives de Napoléon, et qu'on se disposait à mettre à exécution. L'affaire, à Marseille en tout cas, mettait pour une fois d'accord libéraux et légitimistes. Le maréchal de Bourmont, ministre de la Guerre, était récemment venu inspecter les deux mille ouvriers que l'entreprise mobilisait dans les chantiers navals. L'argent affluait, de nouveaux établissements de crédit s'ouvraient. Les gros financiers et industriels locaux, Altaras, Badetti, Taylor l'armateur de La Seyne, se frottaient les mains. L'autre grande nouveauté était la navigation à vapeur. Dès 1818 le *Ferdinand Ier*, venu de Naples, avait démontré aux Marseillais les avantages de cette invention. MM. Eyrard Frères, déjà propriétaires de vapeurs sur la Saône, projetaient l'établissement de lignes régulières de Marseille à Naples et Barcelone.

En ce qui concerne la maison Morrel, c'est un véritable drame larmoyant que me conta M. Rostand avec éloquence.

Dans les premières années de la Restauration, mon pauvre honnête homme de patron avait payé cher sa réputation de bonapartisme. « Il protégeait *les* bonapartistes », m'assura en toute bonne foi M. Rostand ; et voilà comment la rumeur vous taille un costume. L'ostracisme s'était relâché à mesure que la bourgeoisie marseillaise, gênée aux entournures par l'immobilisme économique du régime, renouait avec les idées libérales ; mais le volume de ses affaires avait décru et les Morrel ne géraient plus qu'une maison de deuxième ordre, exclue des grandes affaires. Pour comble de malheur, leur principal bateau, parti de Calcutta en début d'année avec un chargement d'indigo et de cochenille estimé à cent mille francs, n'était toujours pas en vue, et l'on pensait à un naufrage.

— Comment s'appelait ce bateau ? demandai-je.

— *Le Pharaon*. Mais allez, continua mon aimable informateur, il m'est avis à moi, et à quelques autres, que si ce pauvre Morrel cesse un de ces jours ses paiements, la tempête n'en sera pas la seule responsable...

— Et pourquoi donc ?

— On dit que depuis quelques mois une maison de Lyon, les frères Chaulieu, a racheté tout le papier qu'elle trouvait portant signature de M. Morrel, et entreprend maintenant de réclamer son dû. Cela ressemble bien à un égorgement organisé, et il paraît que M. Danglars serait derrière...

— M. Danglars ?...

— Un ancien employé de Morrel, qui est aujourd'hui un gros banquier de Paris. S'il peut perdre deux ou trois cent mille francs à ruiner Morrel, sa maison sera à lui. Et si elle est à lui, avec l'affaire de la Régence d'Alger, il en regagnera le double dans les deux ans ! M. Danglars est bien placé auprès du ministère, et saura obtenir les adjudications que le pauvre Morrel, lui, n'a jamais pu avoir...

— Je vois, je vois. La maison Chaulieu, dites-vous ?

— C'est cela même.

À six heures, je retrouvai Jacopo sur le pont du *Sindbad*. Impassible mais le cœur battant, je lui demandai ce qu'il avait appris.

Il n'y avait plus de tailleur Caderousse aux allées de Meilhan. Il avait vers 1816 vendu sa boutique pour aller s'établir comme aubergiste du côté de Beaucaire. Il s'y trouvait toujours, à ce que l'on savait.

Il n'y avait plus non plus de Louis Dantès. Une vieille voisine se souvenait de lui. Louis Dantès était mort l'été de 1815, pauvre, seul, inconsolable après l'arrestation de son fils, « qui complotait en faveur de Napoléon », et qu'on n'avait jamais revu. Un négociant de la ville,

M. Morrel, ainsi qu'une jeune fille, la fiancée d'Edmond, s'étaient occupés de lui dans les derniers temps.

J'avais tourné le dos à Jacopo, et posé les mains sur le bastingage du *Sindbad.* Je sentais sur moi le regard de ce bon garçon qui se demandait, et n'osait me demander, ce que nous faisions à Marseille, enquêtant sur des inconnus.

— Et aux Catalans ? demandai-je.

Aux Catalans, le nommé Fernand Mondego avait été tiré au sort à la conscription, durant les Cent-Jours. Un an plus tard, il était revenu avec le grade de sergent, et avait épousé une jeune fille nommée Mercedes. Tous deux étaient ensuite partis pour Perpignan, où se trouvait le régiment dans lequel servait Mondego.

Il m'est difficile de démêler aujourd'hui, un quart de siècle après, les sentiments que ces révélations provoquèrent en moi. J'étais là, appuyé au garde-fou du bateau, je regardais machinalement vers la Consigne et le fort Saint-Jean, d'où était partie quinze ans plus tôt, en pleine nuit, une barque emportant Edmond Dantès entre cinq gendarmes. Cette nuit-là le temps et la vie s'étaient irrémédiablement divisés. D'un côté, Marseille, les hommes, la lumière, le siècle ; de l'autre le cachot, un homme, l'ombre, une sempiternelle minute. D'un côté l'immense monde avec ses villes, ses mers, ses nations, ses règnes, ses millions de destinées, et dans leur nombre celles de Mercedes, de Fernand, de Danglars, de Villefort ; de l'autre l'étroite cellule où un être, un seul être, attendait.

La vie avait poussé devant elle les gens et les événements, les nuits et les jours, les années, me laissant à l'écart, monade de douleur et d'attente. Et maintenant j'étais revenu dans Marseille, étranger à tout, seul avec ma bizarre existence que personne ne pouvait connaître ni ne se souciait de connaître ; dans Marseille qui ne me voyait pas, ne me sentait pas, ne me savait pas.

Je donnai quartier libre à Jacopo et aux deux matelots, et je rentrai dans ma cabine.

J'hésitai sur la décision à prendre. Ne valait-il pas mieux tout laisser tomber, aller revivre une autre vie n'importe où ailleurs ? C'est ce que j'aurais fait sans doute s'il n'y avait pas eu le trésor. Il m'est arrivé de penser que c'eût été préférable. Me retrouvant libre sans autre ressource que mes bras, j'aurais été contraint de survivre, de travailler, d'entreprendre. D'autres soucis, d'autres nécessités, d'autres luttes m'auraient requis, m'écartant du passé. J'aurais repris la vie de marin, je serais parti loin, en mer Noire peut-être. Là j'aurais travaillé, fondé une pêcherie ou un chantier naval. Je me serai rebâti une vie, j'aurais économisé, j'aurais pris plaisir à bien boire, bien manger, à f... ici et là quelques bâtards que j'aurais fini par reconnaître. J'aurais été heureux à cinquante ans de posséder cinquante mille roubles. Je serais mort peut-être comme Jason, écrasé sous un bateau au radoub...

Mais j'étais à l'abri de tout besoin. Pourvue de tout, mon existence était vacante. Je n'avais rien à poursuivre, hors le passé. Dans l'horizon indifférent qui m'entourait, le passé était un peu moins indifférent. Certes, il était trop tard, rien ne me serait rendu. Mais si quelque chose me concernait, me rattachait d'une façon ou d'une autre aux affaires humaines, n'était-ce pas tout de même cette pauvre histoire, n'était-ce pas tout de même le désir de savoir ? Lorsque je saurais, lorsque j'aurais à chacun attribué sa place, ma vie serait en ordre et j'aviserais. Je me résignai à poursuivre l'enquête.

Je consacrai la matinée du lendemain à une visite, sous le nom de Wilmore, à l'Inspection des prisons. J'y fus reçu par un M. de Boville en qui je reconnus l'homme que quatorze ans plus tôt, dans ma prison, j'avais supplié de bien vouloir réexaminer mon cas. J'inventai une histoire destinée à rendre plausible l'intérêt que je portais à l'obscur Edmond Dantès. Je pus consulter mon dossier, dont je parlerai plus loin. Puis, comme midi sonnait, je pris place dans la voiture de louage amenée par Jacopo et nous remontâmes le Grand Cours vers la porte d'Aix.

On y avait abattu les vieilles arches massives et basses de l'ancien aqueduc, afin d'édifier à leur place un arc triomphal. Le monde ni le temps ne s'attardaient... Les chevaux cependant prenaient le trot, nous partions pour Beaucaire où je voulais retrouver Caderousse.

Faria m'avait recommandé de m'intéresser à lui : Caderousse ne m'aimait sans doute guère, mais il n'avait pas de raison précise de vouloir me nuire. Si les déductions de l'abbé étaient justes, il avait été le témoin du complot. Il était ivre, il avait laissé faire. Le remords et la crainte avaient dû plus tard s'emparer de lui. Quinze ans ayant passé, il serait sans doute soulagé de dire ce qu'il savait, surtout si on lui donnait à croire que nul ne lui reprochait rien.

Je n'avais guère envie de le revoir ; aujourd'hui même je n'ai guère envie de l'évoquer. Est-ce que les romanciers connaissent parfois ce découragement ? Un Balzac a de l'appétit. Il vous gobe un Corentin comme une douzaine d'huîtres, vous dévore un Nucingen comme une gibelotte. Caderousse l'eût affriandé. Je ne puis guère en dire autant.

Allons : fouettons les chevaux. Dans la voiture, rideaux baissés, je revêtis l'habit noir, les bas et la barrette procurés par Jacopo ; je disposai à l'intérieur de mes joues deux pièces de cuir rondes afin de les grossir ; je supprimai la moustache et épaissis mes sourcils au crayon. Je n'aimais guère ces grimages de mélodrame, cet abbé Busoni succédant à Lord Wilmore, ces histoires qu'il fallait inventer à l'usage des uns et des autres, mais je ne voyais pas encore le moyen de procéder autrement.

Le soir même, je vis Caderousse. Il avait quinze ans de plus, le cheveu plus rare, la figure noyée dans la mauvaise graisse. Devenu veuf, il avait repris femme : une maritorne sèche, acariâtre et mélancolique. Ces tenanciers geignards d'une auberge sans clientèle (le canal de Beaucaire à Aigues-Mortes, avec son coche d'eau, avait détourné les voyageurs de la route) accueillirent le saint homme que j'étais avec un empressement confinant à la vénération. Pas de meilleurs chrétiens sur terre ! Mon habit les ayant mis à mes genoux, le diamant que je leur fis voir les mit à mes pieds.

Mon histoire était la suivante : j'avais été en prison le confesseur de Dantès à ses derniers moments. Il m'avait remis quatre diamants, à lui laissés par un compagnon de captivité, avec pour mission de les apporter à son père et à ses meilleurs amis : Caderousse, Danglars et Fernand. Son père mort, il me restait à les partager entre trois.

Ils mordirent à l'hameçon avec une facilité déconcertante, et tout de suite s'attachèrent à me simplifier grandement cette division délicate. Dantès n'avait jamais eu trois amis, il fallait bien que j'en fusse persuadé. Dantès n'avait pas même eu deux amis. Dantès n'avait jamais eu qu'un seul ami sincère, et c'était Caderousse.

J'allais tout savoir.

Ah, si un jour le mépris de la marionnette humaine est entré dans mon cœur, je crois bien que ce fut ce jour-là, dans cette sale auberge, devant ce couple persuadé de son habileté, devant cette espèce de candeur qu'acquiert la bassesse dès lors qu'elle est sans mesure ! Faria m'avait dépeint ce que peut être l'homme ; à présent je le touchais du doigt. Mais enfin c'était utile et je pris mon dégoût en patience.

Ma visite à l'Inspection des prisons m'avait éclairé le rôle de Villefort. Les confidences de Caderousse me dévoilèrent le sien, celui de Danglars et celui de Fernand. Mes conversations avec l'armateur Rostand et M. de Boville, des lectures et des témoignages auxquels je recourus plus tard, me fournissent l'arrière-plan du tableau. Voici exactement ce qui s'était passé.

*

J'ai déjà dit ce qu'était Marseille en 1814 et au début de 1815. La première abdication de l'Empereur avait été saluée par des explosions de joie ; le parti royaliste, qui depuis des années se reformait sourdement, avait en un moment assujetti la ville et déchaîné la revanche contre tout ce qui était ou semblait bonapartiste.

C'est dans ce climat que deux hommes s'abouchent, un après-midi, à la tonnelle de La Réserve : un pêcheur, Fernand Mondego ; et Raoul Danglars, comptable de la maison Morrel. Tout, le caractère comme la position sociale, sépare ces deux hommes ; mais ils ont une relation commune — Caderousse — et une commune bête noire : Dantès.

Danglars, de loin le plus intelligent du trio, a tôt fait de deviner la haine vouée par Mondego au marin, et de calculer l'usage qu'il peut en faire. Il l'approuve, il l'échauffe. Puis il souffle à l'oreille de l'Espagnol l'idée d'un bon tour à jouer à Dantès : le dénoncer comme bonapartiste. Farce innocente (Mondego ignore tout de l'escale à Porto-Ferrajo), mais qui retardera le mariage du jeune homme et lui rabattra un peu sa superbe. Caderousse, déjà ivre, ne réagit guère lorsque le comptable, ayant demandé de quoi écrire, rédige la dénonciation de sa belle écriture anonyme de gratte-papier professionnel.

Sur quoi l'Espagnol, la lippe frémissante et les yeux exorbités, s'en empare et prend illico le chemin de la poste.

Oh, Caderousse a compris, à ce moment-là ! Et il a fait ce qu'il a pu pour le retenir ! Mais Mondego, une brute, une force de la nature, aviné et furieux, l'a menacé. Caderousse s'est incliné.

Dès le lendemain le marin est arrêté, emmené au Palais de Justice. Et l'on apprend qu'il a été mis au secret. Caderousse et Mondego découvrent avec inquiétude que la bonne farce est allée plus loin que prévu.

Oh, Caderousse est bien prêt à tout révéler, à crier partout qu'il y a maldonne ! Mais allez défendre un bonapartiste dans Marseille enragée de royalisme ! N'est-ce pas risquer le même sort, en pure perte ? Et puis Fernand est là, prêt à jouer du couteau.

On apprend là-dessus le retour de l'Empereur. Mais les trois compères ne vont trouver dans ce retour que de nouvelles raisons de se taire.

L'imprudente Marseille a trop bruyamment manifesté depuis quelques mois ses sentiments monarchiques. Comme Roxane en l'absence d'Amurat elle s'est démasquée. Napoléon sait maintenant à quoi s'en tenir. L'ondoyant Masséna, gouverneur militaire, est remplacé par le maréchal Brune, dont le premier soin est d'installer des canons sur toutes les places et tous les boulevards. Durant trois mois il va régner par la peur sur une ville muette, qui retient ses grondements. Il le paiera cher un peu plus tard à Avignon.

Pour les trois complices, c'est une catastrophe. Si Dantès est libéré, il voudra savoir et saura à qui il doit son emprisonnement. Pire : le forfait s'est ébruité. Le cabaretier de La Réserve a surpris quelque chose de la fatidique conversation et se met à en parler, à tel point que le nouveau commissaire de police, ayant eu vent de l'affaire, vient enregistrer sa déposition.

Mondego et Caderousse sont sauvés par la conscription : l'Empereur a besoin de troupes fraîches et convoque le ban et l'arrière-ban. Eux qui un mois plus tôt eussent encore préféré se faire contrebandiers accueillent leur tirage au sort comme une délivrance et disparaissent.

Danglars, lui, va trouver Morrel, le conjurant de ne pas ajouter foi à ce qu'on raconte. « Remerciez Dieu, Danglars, répond l'armateur, que j'aie moi-même trop souvent eu à souffrir du caquet public pour accuser un homme sur de simples présomptions. Cela dit, M. Aguado, mon correspondant à Barcelone, recherche un commis pour ses affaires françaises ; ne croyez-vous pas préférable pour tout le monde que vous soyez celui-là ? » *Exit* Danglars, tiré d'affaire mais humilié, furieux. Morrel lui a rendu là un de ces services qu'un homme comme lui ne pardonne pas de sitôt.

Mais l'enquête ? Le témoignage du cabaretier, le commissaire de police ?

L'enquête va trouver sur son chemin l'intelligent, le rusé Gérard de Villefort.

Lui aussi a tremblé au retour de l'Empereur. N'est-il pas connu comme le protégé des royalistes ? N'a-t-il pas, par intérêt personnel, fait jeter au cachot un pauvre diable que rien ne permettait d'incriminer ? Fort heureusement il dispose de son père, redevenu un notable du régime. Et puis le pauvre diable n'est entré dans le complot que par hasard, et qui, parmi les bonapartistes, songerait à s'inquiéter de lui ? Seul Leclère connaissait son rôle, et Leclère est mort. Villefort décide donc simplement de garder le dossier Dantès par-devers lui.

Sur ces entrefaites un renfort inattendu lui arrive : celui de Morrel, qui, lui aussi redevenu un homme fort de Marseille, s'est mis en tête de tirer Dantès de prison. Villefort le reçoit, l'écoute, l'approuve chaudement, lui fait rédiger un placet pour le ministre de l'Intérieur, placet que j'ai lu à l'Inspection des prisons, et dans lequel, croyant m'être utile, Morrel exagère et embellit autant qu'il le peut les services que j'ai rendus au régime.

Dès lors il est facile à Villefort d'interrompre l'enquête décidée d'après les affirmations du cabaretier. Il s'occupe du cas. Une requête a été établie. Il s'en porte garant. Nul n'insiste : le moyen d'insister auprès du fils de Noirtier de Villefort ! Quant à mon interrogatoire et au placet de Morrel, ils sont toujours dans un tiroir de son bureau. Villefort sait qu'il n'a qu'à attendre. L'Europe entière s'est dressée contre Napoléon ; nul besoin d'être Jérémie pour sentir que la fin approche. Le parti bonapartiste — notamment dans le Midi — est installé sur une poudrière.

La nouvelle de Waterloo y jette l'étincelle. Dès le 24 juin c'est l'embrasement.

En début de matinée un capitaine du 14e léger, sorti seul de la caserne des Présentines, est assailli par la populace, assommé à coups de marteau et abandonné devant la porte d'Aix. L'autorité militaire réagit aussitôt : la cavalerie se répand par les rues, sabrant tout ce qui bouge. Baroud d'honneur, sans plus : dès l'après-midi ce qu'il y a de plus bas et de plus féroce dans le royalisme tient la ville.

Durant des jours on va rosser, piller, tuer. Les Mamelouks de l'Empereur sont traqués, écharpés, égorgés. Des cadavres mutilés, souillés, jonchent la poussière des places. Une statue de Napoléon, barbouillée d'immondices, est jetée à la décharge du côté du lazaret. Les

Anglais arrivent, commandés par Sir Hudson Lowe ; on les acclame. À Avignon, Brune est reconnu, assassiné, jeté dans le Rhône. À Carcassonne, on sacrifie un aigle vivant capturé dans les collines. Dans le Gard, les bandes d'un nommé Trestaillon épouvantent les campagnes. À Marseille, la maison Morrel subit le siège.

Innocemment, avec l'équanimité de la Justice et l'indifférence des bureaux, M. de Villefort choisit ce moment pour faire transmettre au préfet la requête de mon brave patron.

Le préfet est de nouveau M. le marquis de Rivière. Ancien émigré, agent royaliste, condamné à mort sous l'Empire, il doit la vie à la généreuse intercession de Joachim Murat. À présent Murat se cache dans la région de Marseille, et M. de Rivière a fait mettre à prix la tête de Murat... C'est à cet homme qu'est transmise la supplique du pauvre Morrel. Elle est bien entendue aussitôt repoussée.

On se souvient peut-être que Faria, d'après mes récits, n'excluait pas Morrel de la liste des suspects. Sur ce seul point, il était en défaut. Morrel avait tenté tout ce qu'il pouvait humainement tenter en ma faveur. Mon père le comprit, en dépit des pauvres espérances que l'armateur tentait encore d'entretenir en lui. Il se retrouvait seul et sans ressources autre que la charité de Morrel et le dévouement de Mercedes. Alors cet homme qui, de sa vie, n'avait voulu devoir un demi-sol pour lui-même, entreprit purement et simplement de se laisser mourir. Il refusa de s'alimenter. L'affaiblissement et le chagrin l'emportèrent à la fin juillet.

Dans la même période Gérard de Villefort épousait Mlle de Saint-Méran, héritière d'une des plus illustres familles de Marseille. Ses témoins étaient M. de Rivière et M. de Servieux, chambellan du comte d'Artois. À l'automne suivant il était nommé procureur du Roi à Toulouse.

Caderousse, qui nourrissait le vain espoir d'en tirer un jour quelque chose, avait suivi de loin la carrière de Danglars et de Mondego.

Danglars à Barcelone épousa la fille du banquier Aguado et devint banquier à son tour. En 1823, lors de l'expédition française en Espagne, sa qualité de Français lui permit de se faufiler dans les affaires de fournitures aux armées. Il y gagna des capitaux et des relations, les unes servant à accroître les autres. En 1826 il fonda une banque à Paris. Devenu veuf, il épousait en 1828 une Mme de Nargonne, veuve elle aussi, fille du même M. de Servieux dont j'ai fait mention à l'instant, devenu chambellan de Sa Majesté Charles X. Il était maintenant baron et roulait carrosse.

Mondego, lui, participa à l'ultime campagne de Napoléon. À Ligny, trois jours avant Waterloo, il se trouvait en faction à la porte du général de Bourmont, décidé à passer aux Anglais, et qui lui proposa de l'accompagner. Fernand passa aux Anglais et fut fait sergent pour ce haut fait d'armes. L'année suivante il revint à Marseille et épousa Mercedes. En 1818, il entra au service du pacha de Janina qui, semble-t-il, le couvrit d'or. En 1823, il était lui aussi en Espagne, toujours protégé par Bourmont. Il connaissait la langue du pays, recruta des espions, trouva des passages peu connus dans les montagnes de Castille, bref, rendit tant de services qu'il revint colonel. Avec l'argent d'Ali de Tébélen il avait acheté en Seine-et-Marne la terre de Morcerf. En 1827 il l'érigea en majorat pour obtenir le titre de comte. Il était à présent général, et l'un des dignitaires de l'état-major, au ministère de la Guerre — que détenait M. de Bourmont.

*

Je quittai dans la nuit l'auberge du Pont du Gard, laissant les quatre petits diamants à Caderousse qui les avait, en un sens, bien gagnés : j'étais arrivé à Beaucaire mélancolique, me demandant à quoi bon soulever ce couvercle ; j'en partais requinqué.

Un homme comme Caderousse — sans doute bien plus coupable qu'il ne l'avouait — décourageait certes la vengeance. Aigri, bouffi, calamiteux, seul dans son auberge avec son épouvantable femme, n'était-il pas à lui-même son propre châtiment ? Écraser à coups de talon un misérable comme lui ne m'intéressait pas. Mais voilà : il avait représenté à mon esprit le richissime banquier Danglars, l'égal des Laffitte, des Lefebvre, des Périer ; l'imposant général-comte de Morcerf avec son château, ses chevaux, son maréchal de Bourmont, sa fortune grecque aussi, qui d'emblée me parut étrange, disproportionnée. Ils y rejoignaient M. de Villefort, procureur du Roi, protégé d'une famille de premier plan de la cour de Charles X, la fine fleur de l'aristocratie provençale. C'était là du gibier à ma mesure. C'étaient l'ambition, l'argent, le pouvoir, c'était la plus brillante société de Paris, se congratulant dans l'éclat des bals, des hôtels, des équipages. Devenir assez puissant pour les approcher et les abattre, voilà un défi digne d'Edmond Dantès, fils de Louis Dantès l'ouvrier des savonneries.

Autre chose, tandis que mon cheval longeait dans la nuit le Rhône invisible et grondant, dont montait à l'entour la fraîcheur humide, me communiquait à présent une satisfaction sombre : je savais. Je ne savais pas encore tout, mais l'essentiel. Aux déductions de Faria se substituaient des réalités. Je m'étais arraché aux murailles de la prison — l'ombre autour de moi ; à l'ignorance et à la cécité — l'ombre au-dedans de moi. Commencée sept ans plus tôt (« Raconte-moi encore ton histoire, Dantès... »), mon évasion était achevée.

Je disposais d'un crédit de cinq cent mille francs chez Dentuti, à Gênes, une discrète maison installée derrière la banque Saint-Georges, en affaires avec le gouvernement piémontais. Muni de mes lettres de change, je gagnai Lyon où j'avais à m'entretenir avec MM. Chaulieu Frères. Ainsi que me l'avait dit l'armateur Rostand, les créances qu'ils avaient rachetées faisaient de Morrel leur débiteur à concurrence de deux cent douze mille livres. Non que ces messieurs fussent pressés de toucher leur dû ; mais le baron Danglars avait usé de toute son influence auprès d'eux pour qu'ils lui missent le couteau sous la gorge, et s'engageait à les dédommager si le malheureux Morrel faisait banqueroute ; deux cent mille francs ne lui paraissaient pas trop pour mettre la main sur la maison Morrel et avoir ainsi pignon sur rue à Marseille, où la Chambre des Négociants s'entendait comme personne à exclure les concurrences extérieures.

Les affaires ont ceci de commode qu'il suffit de s'adresser à l'intérêt. MM. Chaulieu ne se demandèrent pas ce qui poussait un Anglais de passage à s'intéresser tant aux destinées de la maison Morrel. Moyennant une commission de dix du cent ils acceptèrent les yeux fermés l'argent de Dentuti, rompirent leur accord avec Danglars, et je devins le premier créancier de M. Morrel. Au passage, je m'étais fait une idée plus précise des affaires de l'ancien comptable.

Cependant, Jacopo, promu intendant de Lord Wilmore sous le nom de Moses, avait reçu pour mission d'écumer les bas-fonds de Livourne, de Viareggio, de Sartène, d'où il voudrait enfin, dans le but de savoir ce qu'il avait pu advenir du *Pharaon*. Ce qu'un homme ignore, un réseau le sait ; cela dut bien nous coûter dix ou quinze mille livres, mais nous eûmes le renseignement, et je me persuadai de la puissance que pourrait acquérir un homme capable de réunir dans sa main tant de fils flottants, d'imposer à tant d'énergies dispersées le cap d'une volonté unique.

Le Pharaon n'avait pas fait naufrage. Arraisonné en mars par des pirates dans le golfe de Gabès, il se trouvait au mouillage sur un îlot de l'archipel Kerkenna. L'équipage, relâché sur les côtes, s'était dispersé, chacun, sans doute, dans l'espoir qu'un nouvel engagement lui permettrait de revoir prochainement la mère patrie. Par l'intermédiaire de Siciliens d'Agrigente, Jacopo parvint à transmettre au chef des pirates une offre de rachat qui fut acceptée. La restitution se fit au large de Lampedusa. Il dénicha d'autre part un négociant espagnol à même de fournir l'équivalent de la cargaison disparue. Il fut convenu que *Le Pharaon* en prendrait livraison à Valence et rallierait Marseille dans les derniers jours de l'été.

Le 5 septembre, postés au coin de l'Hôtel de Ville, nous contemplâmes tous deux ce grand concours de foule et de vivats qui marque toujours à Marseille le retour longtemps attendu d'un vaisseau parti sur les mers lointaines, et qui apporte avec sa cargaison des frères, des fils, des maris, des nouvelles aussi, peut-être, d'un autre bateau, d'un autre équipage. Que ce fût sur le quai ou sur le pont du navire, j'avais connu bon nombre de ces jours-là, mais pas un où le contentement général fût comme aujourd'hui rehaussé par l'étonnement, illuminé par le sentiment du miracle. D'où revenait *Le Pharaon* ? De quelle aventure, de quel voyage ? Demandez-le au beaupré, au bordé, à la brigantine... Le nouvel équipage, des Niçois embauchés par Jacopo à Sartène, parlait d'un certain Moses que nul ne connaissait. Le bruit courait aussi — on en causait juste à côté de moi — que Morrel s'était vu du jour au lendemain acquitté d'une dette que la verve populaire portait à cinq cent mille ou même un million de francs. Bref : Morrel avait, quelque part sur la terre, un ami inconnu. J'aperçus de loin mon brave patron qui riait, qui pleurait, qui serrait des mains, qui étreignait ses enfants. Et tout cela eût fait une scène admirable pour Greuze, si Greuze eût pratiqué les scènes d'extérieur.

Je soupirai. Ainsi j'étais revenu dans ma ville natale, je m'y étais montré, j'avais parlé à diverses personnes, et pourtant j'y étais ignoré de tous et pour toujours. J'avais goûté l'amusement que devait éprouver Gygès lorsqu'il tournait à son doigt l'anneau qui le rendait invisible. Mais à cet instant, je ressentis surtout combien notre absence est indifférente. J'avais appris ce qui se passe quand nous sommes morts, la vaste continuation de la rumeur du monde, des activités, des rires, des événements, du soleil sur les quais, des êtres nouveaux jetés à la vie, à l'espérance, à l'amour, aux joies et aux regrets. Cette jolie brune, qui passait en nous accordant son plus caressant sourire, était peut-être ce nourrisson que j'avais entrevu un instant, en février 1815, depuis le fourgon qui m'emmenait… Laissez les morts enterrer leurs morts, dit-on. Mais j'étais au nombre des morts.

Un chagrin d'enfant s'abattit sur moi. Cette ville n'était plus ma ville, je n'étais plus le frère de ces gens. Je me revis à cinq ou six ans, mon père me tenant par la main. Nous étions seuls alors, lui sans femme, moi sans mère. Nous nous aimions. Je sentis la tendresse ancienne, je sentis mon enfance enfuie pour toujours, et la colère renaquit en moi. Je pris mon père dans mes bras comme il me prenait quand j'étais petit, je devins à mon tour le père de mon père et je lui dis, comme on parle aux mourants ou aux enfants qui souffrent : Patience ; je suis là maintenant. Patience : ils se souviendront de nous !

Je touchai Jacopo à l'épaule. *Le Sindbad* était amarré en face, au-dessous de Saint-Victor, prêt à appareiller. Une barque attendait pour nous y conduire.

Une demi-heure plus tard, doublant le Pharo, nous quittions ce pays auquel rien ne m'attachait plus. Je ne devais pas y revenir de neuf ans.

LIVRE III

LA MER

Et s'il est patient, il n'est pas oublieux.

LES MILLE ET UNE NUITS

VIII

Le sort et le hasard. – Celui que j'étais. – L'homme qui possède un trésor. – Létizia. – Un mort qui se promène sous un masque. – Mon programme. – Le cachot, la grotte et le bateau (suite). – Estimation de ma fortune. – Les Zaccone de Malte.

J'emploie plus volontiers le mot de « sort » que celui de « hasard ». Il me plaît par ce qu'il évoque, le tirage au sort, le jeu, la *suerte* espagnole qui veut dire la chance, bonne ou mauvaise ; le lot, le fatum, le *kismèt* des Orientaux : ce qui est sorti quand venait votre tour. Non qu'il cesse jamais de produire de nouvelles contraintes, mais la proportion d'avenir qu'il modifie se restreint chaque jour, et l'on sent dans toute existence un moment où les jeux sont faits. Ce fut dans ma grotte, face à la fortune des Spada, que vint pour moi ce moment. D'autres accidents pouvaient et peuvent se produire ; mais de ce jour, lesté d'un certain passif et disposant de certains moyens, j'allais donner aux hommes ou à Dieu le spectacle de ce que j'étais capable de tirer et de ce passif, et de ces moyens.

On me dira que le sort, ainsi représenté, ressemble fort au hasard. Je vois toutefois une nuance. La foudre qui déchire l'arbre, l'inondation qui noie le terrier s'adressent à des créatures qui ne savent pas qu'elles existent. Nous, nous savons notre existence et notre mort ; nous voulons tirer le meilleur parti d'un champ limité. Le sort fournit le champ et les outils : le sort, c'est le hasard reflété dans une conscience.

Mais voilà que je m'égare encore à philosopher. Je voulais seulement dire que j'ai maintenant rejoint celui que j'annonçais au début de ce livre, et qui m'intéresse en raison d'une expérience rare qu'il a faite : celle d'une authentique et absolue liberté.

Il a été libre et souverain autant qu'on peut l'être.

Quelques mois plus tôt un nommé Dantès était mort noyé au pied des rochers d'If, au large de Marseille ; de cet homme, dont seules quelques personnes là-bas pouvaient se rappeler le nom, à ce Moses ou à ce Wilmore errant en Méditerranée à bord d'un bateau de plaisance, qui aurait songé à établir un lien, qui l'aurait pu ? Pour des années, autant d'années que je voudrais, je serais un mort qui se promène à l'étranger sous un masque. Je serais Sindbad ou Prospero, ou Lara ou Joseph d'Égypte ; je serais un prêtre sicilien ou un aventurier maltais, un lord anglais ou un millionnaire smyrniote : je serais celui que je voudrais. Pour le moment j'étais un mort qui se promène sous un masque.

Cette situation, exceptionnelle, pourrait être jugée par là même insignifiante. Mais à défaut de ressembler à la réalité commune de la vie, elle ressemble sans doute au rêve de bien des hommes. Ce qui m'a été donné, c'est la possibilité de tout recommencer. La nécessité, les habitudes, les engagements pris et jusqu'à l'idée que les autres se sont forgée de lui, tissent autour de chaque homme un réseau de liens qui, s'il conçoit l'idée d'une autre existence, le découragent bientôt de la poursuivre, alors même que l'expérience, les erreurs faites, le mettraient à même, peut-être, de la réussir mieux. Moi j'ai tout eu, la liberté, les moyens et le temps. Qu'en ai-je fait ? Je suis revenu à mon passé, je l'ai parcouru, retourné, fouillé. Je me suis voué tout entier à un idéal orgueilleux de puissance et de solitude. Je l'ai payé, car toute démesure se paie. Il fallait sans doute en passer par là...

Je l'ai dit : celui que je devins alors m'étonne, lorsqu'aujourd'hui je le considère ; je me sens aussi loin de lui qu'il pensait l'être du jeune Edmond. Je relis ce qu'il écrivait, je le revois agir ; je le retrouve et je le perds ; je m'y retrouve et je m'y perds. La vie d'un homme est une mer où l'on peut errer longtemps.

La fortune des Spada recouvrée, Morrel tiré d'affaire, Caderousse dûment confessé, mes ennemis identifiés : six mois de liberté n'avaient pas été dépensés trop mal. Je renvoyai Jacopo en Italie et résolus de m'accorder quelque temps de réflexion.

On m'avait trop vu à Gênes et Livourne : détenteur de privilèges rares, je devais les soustraire à l'envie. J'entendais, jusqu'à nouvel ordre, vivre ignoré. Je décidai dans l'immédiat d'aller de port en port, d'île en île, sans jamais révéler à quiconque ma prochaine destination.

La terre ferme m'inquiétait. Les villes, ces murs et ces rues autour de moi, peuplés de mes congénères, me semblaient désormais lourds de menaces ; là on était suivi, espionné, on faisait l'objet de manigances, de pièges, de trahisons. La mer, ma première passion et mon métier, m'apparaissait comme le royaume de la liberté, le lieu d'élection des fugitifs. Le marin vit dans la familiarité des vents, des courants, des étoiles, dans un univers mouvant, difficile, où les gens de la côte ont du mal à le suivre et à le retrouver. J'allais devenir un habitant de la mer, et c'est pourquoi je donne son nom à cette partie de mon récit.

Mon passeport anglais, l'un des plus respectés alors dans toute l'Europe et en Méditerranée, me protégeait ; je n'étais pas rassuré pour autant. L'aveu fera sourire, venant du puissant et mystérieux comte de Monte-Cristo, mais je craignais alors principalement pour « ma cassette ». Cette situation de l'homme qui possède un trésor, et du coup n'ose plus bouger de peur qu'on ne le lui prenne, aurait pu faire un conte amusant pour Schéhérazade, mais cela ne m'amusait pas. La discrétion totale dont je voulais m'entourer m'interdisait de réaliser rapidement mon bien. Le jour où je ferais montre de ma richesse, je voulais que personne ne pût dire où et comment elle s'était formée. En attendant, je pris des précautions dignes d'Harpagon. Ayant étudié le fonctionnement de la cachette fabriquée par les Génois sur *Le Sindbad*, j'en fis pratiquer deux autres et divisai en trois parts l'héritage des Spada. Dans un placard assez évident je laissai dix mille livres toscanes en espèces sonnantes. S'il arrivait ainsi que ce leurre fût visité, ou même l'une des véritables caches, ils serviraient de paratonnerre aux autres. Au reste j'étais méfiant, attentif, toujours sur le qui-vive. On voudra bien considérer que j'avais souffert quatorze ans, et qu'aucune précaution ne me semblait désormais superflue, s'agissant de défendre ma liberté.

Ainsi paré, je vécus quelques mois durant dans une sorte de bonheur solitaire et sauvage, de farouche contentement, qui me semblait naturel, tandis qu'il se présente aujourd'hui à ma mémoire, avec évidence, comme l'état d'un homme hors de soi, violemment heurté par la vie et qui accuse le coup. Heureux ? Oui : et même effaré de joie, goûtant à chaque minute une satisfaction ardente, féroce. Mon père mort, et dans quel abandon, dans quelle misère ; Mercedes perdue pour moi ; ma jeunesse anéantie dans l'ombre du château d'If : un autre se fût tué de chagrin et de rage. Le sentiment de ma liberté et de ma puissance emporta tout et me grisa.

J'étais seul, ignoré, et je pouvais tout. J'avais devant moi une immense page blanche. J'étais le marin que l'indistincte mer portera au rivage qu'il choisit ; j'étais l'inconnu, sans attache, qui peut aborder comme il l'entend le monde des hommes. Je pouvais devenir moine ou bandit, colon ou voyageur, ascète ou débauché, homme de bien ou malfaiteur. Le monde était à moi. Après quatorze années de lentes souffrances et d'espérances épuisantes, il est presque impossible de dire de quel bonheur suffocant, de quelle jouissance de tout instant m'emplissait cette pensée, tantôt sourde et violente comme un battant de cloche cognant au fond de moi, tantôt paisible et douce comme la mer étale du soir, réchauffée depuis l'aube par les rayons du soleil, où je nageais interminablement. Il m'arriva de demeurer un jour entier sur le pont du *Sindbad*, contemplant les mâts et les maisons du port où j'avais fait relâche, sans rien faire d'autre que de savourer ces mots : je suis seul, ignoré, libre, et je peux tout. Et c'est aussi à cause de cette solitude et de cette liberté que ce troisième livre de mon histoire s'intitule « La Mer ».

Seul : voilà l'autre étrangeté. Seul sur mon bateau, seul avec mes secrets et mes projets, je me trouvais bien et ne cherchais guère le contact de mes semblables. Au contraire, je ne les approchais qu'à regret, en soupirant. Il me fallait me raisonner et me contraindre. J'étais devenu je ne sais quel voyageur furtif et bizarre, ne trouvant qu'à l'abri de tout et de tous, au milieu des flots ou sur des rivages déserts, la sérénité de l'âme, et songeant.

Non que je fusse à l'abri des préoccupations naturelles d'un homme jeune et longtemps reclus : la femme nous ramène, fût-ce momentanément, aux données communes de l'espèce. À cet égard je n'étais pas original. Dans une auberge dominant la baie de Pouzzoles, où se reflètent dans le bleu les pierres blondes des docks et d'une petite citadelle, une servante se laissa convaincre d'accorder au pilote du riche Lord Wilmore un rendez-vous galant auquel elle ne dédaigna pas de se rendre. Cela ne l'empêchait pas de me trouver étrange. Ma position, ma tournure l'avaient séduite, mais il y avait trop d'ombres en moi pour ne pas surprendre, inquiéter peut-être, cette fille simple et gaie, cette enfant de la lumière et du soleil, sœur de celui que j'avais été, que je ne serais plus. Certaines gravités font peur à la jeunesse ; et c'est une drôle de chose sans doute que de faire l'amour avec un revenant. Elle s'y habitua, je crois, par l'effet d'une tendresse particulière de certaines femmes pour les malheureux ; plus sûrement, par la vertu de quelques cadeaux, et *Le Sindbad* revint quelquefois jeter l'ancre au môle de Caligula.

On peut appeler cela une liaison ; celle-ci ne me liait guère. La femme est un rivage, je m'en défiais comme des autres. Plus tard, devenu Bartolomé Zaccone, personnage dont je parlerai plus loin, je proposai aux patrons de Létizia plus d'or qu'ils n'en avaient jamais vu et achetai l'auberge, que je lui offris : manière comme une autre de couper court. L'argent est indispensable pour s'assurer le concours des autres, et plus utile encore pour s'en débarrasser.

Elle et Jacopo furent à cette époque-là mes seuls proches — mais à quelle distance ! Je les maintenais avec un soin méticuleux dans l'ignorance de mes véritables préoccupations. Ils constituaient, chacun à sa façon, un entourage dont je goûtais la présence de façon momentanée ; j'y prenais le plaisir qu'un homme recru de travaux trouve à jouer avec ses enfants ; mais très vite, j'étais saisi par l'impatience du même homme dès lors qu'il ne peut ni leur communiquer ses pensées, ni s'y livrer en paix tant qu'ils sont là. Les hommes sont amis, ou croient l'être, parce qu'ils partagent des intérêts, des occupations, une situation. Au moins sont-ils complices. Qui pouvait l'être de moi ? Des hommes ayant passé toute leur jeunesse en prison, puis invraisemblablement hérité d'une invraisemblable fortune, des hommes donnés pour morts et qui existent et songent à revenir, je n'en ai pas rencontré beaucoup. Je n'ai pas eu d'ami. j'ai connu bien des gens, certains m'ont amusé ou intéressé, ont conquis mon estime ; il en est que j'ai recherchés et fréquentés, à cause de ce qu'ils m'apprenaient ou pour l'agrément de leur commerce, mais ce n'est là que la face mondaine de l'amitié. L'amitié véritable, cette « conscience en deux cœurs » qui sait ou devine le plus intime, le plus profond, celle qui nous prend tels que nous sommes sans nous demander les singeries dont la société a besoin, celle-là je ne l'ai pas eue, parce que pas une fois je n'ai voulu dire à quelqu'un : « Je suis Edmond Dantès, marin de Marseille, jeté au cachot durant quatorze ans, et qui veut châtier ses bourreaux. » Je n'ai pas pris le risque : et le risque est la monnaie qu'exige la vie en échange de ce qu'elle nous donne.

Ce fut dans ces dispositions d'esprit que je consacrai les mois suivants à établir mon programme.

Il me fallait, je l'ai dit, réaliser ma fortune de telle sorte que l'origine en fût impénétrable, et que je pusse disposer à tout instant et en tous lieux de toutes les ressources qu'elle m'offrait. Il me fallait prendre rang dans le monde, à l'abri d'un nom et d'un état me permettant de paraître où je le voudrais sans avoir à tolérer de questions ni de doutes, et de nouer tout commerce nécessaire. Il me fallait parfaire et continuer l'éducation et l'instruction dont Faria avait jeté les fondations en moi. Il me fallait enfin aviser aux moyens d'abattre sans rémission MM. de Villefort, de Morcerf et Danglars, tout procureur, pair de France et banquier qu'ils étaient.

Je méditai et ruminai les dispositions à prendre, nuit après nuit, dans le silence de ma cabine ou assis sur le pont du *Sindbad*. Je ne me souviens pas sans un amusement attendri de ces secrètes heures où, naïf, ardent, décidément heureux, je tournais et retournais mes hypothèses, soupesant chaque pour et chaque contre, esquissant des délais, m'avisant d'obstacles, dressant des listes. Je m'y consacrais comme à une œuvre, oubliant tout, laissant passer les heures ; Balzac tramant ses sombres intrigues, Piranèse bâtissant ses prisons fantastiques, Beethoven ou Rossini jetant au long des portées les mesures de leurs plus beaux chefs-d'œuvre, ont dû connaître ces ivresses ! Loin de la société des hommes, des cités, du monde oublieux ; seul, ignoré, dans l'ombre extérieure, dans l'enveloppement immense de la nuit et de la mer, les yeux ouverts, attentifs, je scrutais le futur comme le navigateur envisage le continent. Ô nuits, profondes et sereines nuits marines ! Je me revois sur le pont du *Sindbad*, ancré dans une anse déserte des îles Lipari. J'ai des vivres, des armes, de l'eau douce, des cartes et des livres. Mon trésor est là, tout près, dans l'ombre de ses caches. Assis, enveloppé d'une couverture, je contemple la mer et les étoiles qui ne veulent pas de mal à l'homme. Puis, la fatigue se faisant sentir, je rentre et m'étends sur ma couche. Je veille, sous le triple abri de la couverture, de la cabine et de la nuit. J'imagine au loin les rivages de l'Europe endormie. Moi je veille. On ne me retrouvera pas. On ne me fera plus jamais souffrir. C'est moi qui viendrai à mon heure ; je surgirai depuis les retraites lointaines, introuvables, que me fourniront les îles des Syrtes, l'archipel illyrien, les golfes les plus reculés des rivages de Cattaro, de Bizerte ou de Benghazi. Et j'imposerai mon jeu, mes volontés, ma loi. En attendant je suis là, seul dans la nuit, et déjà victorieux. J'ai franchi quatorze années d'ombre et de souffrance. L'âme a triomphé. *Ce ressort fondamental a ployé, gémi, mais il n'a pas été brisé...*

Cette poétique vision des choses ne doit pas obnubiler l'esprit critique. Considéré d'un autre point de vue, je faisais tout de même un curieux personnage : j'étais celui qui prétend revenir, mais qui, pour plus de sûreté, s'est d'abord éloigné ; j'étais celui qui sent le bonheur d'être libre, mais ne le sent nulle part mieux que dans la réclusion et la solitude volontaires d'un bateau. Comme cela s'était produit dans l'île de Monte-Cristo, je retrouvais avec délices mon cachot autour de moi. Un cachot transfiguré, certes, mais l'ombre toujours, toujours la clôture et la solitude. Du cachot à la grotte et au bateau, j'acceptais, au fond, plus que je ne l'aurais admis, le don cruel que m'avaient fait les hommes. Je parachevais l'ouvrage, renforçais les ombres du crayonné. On avait voulu m'écarter de la société humaine : j'acquiesçais, à ma façon. Il se fait en nous d'étranges tâches. Le sort distribue, et l'âme de l'homme a des manières imprévues de s'accommoder. Enfoncé en moi-même, je ne me voyais pas, je n'y prenais pas garde ; mais puisque j'en suis là, je suis bien obligé de m'interroger sur ce paradoxe en vertu duquel, désirant ardemment (pensais-je) punir mes ennemis, j'ai mis près de dix ans à le faire.

Ce délai exorbitant se justifie sans doute par la teneur de mes projets. S'il ne s'agissait après tout que de leur faire payer le juste prix de leur crime, la chose pouvait se régler dans les trois mois. Des renseignements à prendre dans Paris, *L'Almanach des 25 000 adresses*, l'enrôlement de quelques sicaires, les couteaux frappant dans l'ombre, et tout était dit. Mais une vengeance obscure, anonyme, furtive, ne faisait pas mon affaire. Sans en apercevoir encore les contours, je songeais à quelque chose d'implacable, de mystérieux, de saisissant comme le *Mané Thécel Pharès* biblique. Je voulais m'approcher lentement de mes ennemis, je voulais voir leur visage et qu'ils voient le mien sans le reconnaître. Je voulais que le sentiment d'une menace d'abord inconcevable, ensuite précisée par la lente gradation des hasards étranges, des allusions troublantes, des premières intuitions qu'on rejette en haussant les épaules, des soupçons que l'on examine et qui se précisent, ébranlât leur repos en ses plus sûrs fondements, et les jetât dans les affres du doute et de l'inquiétude, avant de faire enfin se lézarder et crouler sur eux, dans un coup de tonnerre, l'édifice de leur réussite et de leur fortune, sans qu'ils puissent en aucune façon rien conjurer ni comprendre, jusqu'à l'instant où une voix sortie de la tombe murmurerait enfin à leur oreille le mot unique, clef de l'incroyable série des événements : Dantès !

Un autre trait, qui unissait comme les doigts de la main les différentes parties de mon programme, explique le temps que j'ai mis à l'appliquer : je voulais *connaître*. J'avais été l'innocent que l'on trompe ; j'avais été l'enfant que l'on mène devant les santons, sous les nobles façades fermées du Grand Cours ; j'avais été l'homme du peuple, inconscient des intrigues, des intérêts, des conciliabules, des menées qui, sous l'écume des événements, trament la vie de la société, l'exercice du pouvoir, le mouvement des carrières, les revirements de la politique. J'avais été l'ignorant absolu ; je ne rêvais pas seulement de vengeance, mais aussi de revanche. Je voulais savoir, percer les apparences, observer et comprendre ; tout ce que je ferais, voyages, démarches, enquêtes, pour établir ma fortune et ma position, pour fouiller en détails le passé de mes ennemis, devrait contribuer à me donner la supériorité que confèrent la lucidité et l'expérience. Je n'entreprenais pas seulement — j'entreprenais peut-être même secondairement — le combat d'un homme contre trois hommes : j'entamai l'odyssée d'une conscience abordant la société et le monde.

Bien ; mais est-ce là tout ? Cela justifie-t-il ces jours que je laissais passer, me livrant à de simples bonheurs, somnolant dans ma cabine, jouissant de ma solitude secrète, comme si j'avais voulu éterniser cette réclusion, ce bercement ? J'ai été frappé plus tard par cette maxime, trouvée dans Goethe : *On ne saurait plus sûrement échapper au monde que par l'art ; on ne saurait plus sûrement s'unir au monde que par l'art.* Je me demande si je n'ai pas accompli ma vengeance comme un tableau, comme un poème ; je me demande si je n'ai pas vécu ce que vit l'artiste, lui aussi en retrait, à l'écart, dans la marge, scrutant la vie de loin, et dont l'œuvre constitue la tentative de retour, en grand apparat, auréolé de magie et jouant orgueilleusement sa partie suivant sa propre règle.

Je n'en étais pas moins conscient que je m'imposais un long programme ; plus d'une fois la pensée me tourmenta que pendant ce temps-là ceux que je poursuivais vivaient heureux, comblés, puissants, et que peut-être le sort disposerait d'eux sans m'attendre. La sagesse orientale répondit plus tard à ces inquiétudes, en m'enseignant un désir semblable non à la griffe, mais à la paume ouverte ; une prière faite une fois et qui s'oublie, une espérance qui ne s'impatiente pas, un désir qui ne tire pas les dieux par la manche. Faria disait qu'il faut renoncer d'avance à ce que l'on désire.

Mais ce sont là des vues rétrospectives ; pour l'heure,

empêtré dans le présent comme on l'est toujours, j'en vins aux modalités pratiques.

En extrapolant le produit de mes premières ventes, j'avais établi que je disposais de quelque cent vingt millions de livres toscanes, cent millions de francs à peu près. Cela me plaçait dans les premiers rangs des fortunes européennes. Au taux de la rente dans les principaux États du continent, je pouvais sans entamer mon capital dépenser quatre ou cinq millions par an, alors qu'à Paris, Londres ou Vienne on vivait luxueusement avec deux cent mille.

Il me faudrait toutefois patienter pour atteindre ce rythme. Durant les années 1830 à 1833, j'entrepris de déposer des sommes dans de multiples banques, sommes qu'il m'était loisible ensuite de regrouper par le jeu des lettres de change. J'achetai et revendis des immeubles, des navires, des forêts. Vers 1836, époque où je partis pour l'Orient, j'avais ainsi distribué ma fortune en rentes d'État de divers pays, en possessions foncières, en crédits sur une dizaine d'établissements dont deux, à Trieste et Amsterdam, m'appartenaient en fait, à travers des prête-noms. Et tout cela avait tellement circulé par de multiples canaux que l'enquêteur le plus perspicace et le mieux introduit, s'y consacrât-il exclusivement pendant des mois, ne fût pas parvenu à en reconstituer la généalogie.

Et l'eût-il fait d'ailleurs, qu'il n'eût rien trouvé à redire. Ces biens avaient été acquis le plus limpidement du monde, en Inde, par un M. Zaccone, originaire de Malte, identité véritable du comte de Monte-Cristo.

J'avais dû en effet, avant toute chose, résoudre ce problème : comment mettre en circulation autant d'argent sans éveiller des curiosités sur sa provenance ? Commode pour mes déplacements, le nom de Lord Wilmore ne suffisait pas pour cela. Tôt ou tard quelqu'un prendrait en Angleterre des renseignements sur cette famille Wilmore, et s'apercevrait qu'elle n'existait pas (ou pire, qu'elle existait). Wilmore n'était qu'un déguisement, un masque. J'avais ressenti à Marseille ce qu'avaient de miteux ces attifements, cet accent anglais simulé, ces fausses joues, ces moustaches. Les déguisements sont promis à être devinés, les masques à être arrachés. Je voulus mieux : une identité réelle, indiscutable, authentique, à partir de laquelle il fût rigoureusement impossible de remonter à l'Edmond Dantès de 1815.

Ce dernier était officiellement mort ; j'entendais qu'il le restât, si je puis dire ; c'était la moitié du travail de fait. Le secret de ma fortune introduisait entre lui et moi une autre impossibilité. Restait à trouver un nom. Qui pouvait me procurer cela ?

La réponse était simple : quelqu'un qui en possédait un, c'est-à-dire n'importe qui ; ou plutôt n'importe qui *ayant une bonne raison d'accepter de s'en défaire*.

Je repensai alors à l'héritier Zaccone.

Quelques semaines plus tôt j'avais, au hasard de mes pérégrinations, passé trois jours à l'île de Malte. Là, comme je causais avec des pêcheurs de l'histoire récente et mouvementée de l'île, on m'avait raconté l'histoire des Zaccone.

C'était une vieille famille de La Valette, dont j'avais jadis entendu prononcer le nom à Marseille. Durant deux siècles, les Zaccone avaient prospéré au service des Chevaliers de Malte* dans le prêt de capitaux, la

* *Note d'Alphonse de Beauchamp.* Ils furent notamment des amis du dernier commandeur de l'Ordre, ce chevalier de Lascaris que Napoléon envoya plus tard en Orient afin de lui préparer secrètement la route des Indes. Il devait mourir au Caire en 1815, laissant de cet extraordinaire voyage un récit dont le comte, par la suite, chercha à acquérir le manuscrit. Hélas, M. de Lamartine l'avait précédé.

construction navale et la maîtrise d'œuvre des installations militaires. Au moment de l'annexion de l'île par Bonaparte, ils avaient été une des rares familles de l'île à apporter à la République française un concours actif et ostensible, qui ne devait pas leur être pardonné. Giambattista Zaccone, père du Zaccone que je connus, mourut durant le blocus anglais. Après que les Français eurent abandonnée l'île, l'aîné, Renato, fut pris dans un complot contre le résident britannique et fusillé. Le second, Bartolomé, dut fuir, le reliquat de la fortune familiale confisqué, emmenant avec lui sa mère. Après quelques années d'errance au cours desquelles elle mourut, il s'était installé en Sardaigne, où il végétait depuis lors dans la misère et l'ivrognerie.

C'était peut-être là l'homme qu'il me fallait. Début décembre, je mouillais à Cagliari, au pied des vieilles fortifications pisanes dominant la ville et le port.

J'allai voir cet homme et lui proposai le rachat de ses dettes, ainsi qu'une pension annuelle de dix mille livres, sa vie durant, aux conditions suivantes : il irait habiter l'Espagne ou l'Italie (je ne me souciais pas que mon poivrot ébruitât l'affaire sur place), changerait de nom et me remettrait, avec différents papiers de famille, les pièces d'état civil relatives à sa naissance.

Mon calcul était juste : ébloui par ce sauveur tombé du ciel, Zaccone ne posa aucune question, accepta tout, choisit Cadix, s'appela Morro et mourut trois ans plus tard. Moi, j'étais devenu Bartolomé Zaccone.

Voici quelle était ma biographie : j'avais comme lui quitté Malte, longtemps plus tôt, en raison de mes activités anti-anglaises. J'étais alors parti pour l'Orient, où de fructueuses entreprises minières, ainsi que des services rendus au maharajah de Mysore, m'avaient valu une prompte et belle fortune ; je revenais à présent mener en

Europe une vie de plaisirs et d'oisiveté. Du coup il me devenait loisible, à l'abri d'un nom connu dans tous les comptoirs commerciaux, de Smyrne à Tripoli et de Gibraltar à Antioche, de vendre tranquillement mes ducats, mes sequins, mon or et mes diamants. Les premiers provenaient d'un petit trésor de famille soustrait par un ami à la rapacité britannique ; et quant aux pierres précieuses, les maharajahs en avaient tant que pour faire de la place dans leurs coffres, il leur arrivait de les répandre à pleins sacs sur le pavé des cours, et de les faire piétiner par leurs éléphants. Les livres des voyageurs étaient pleins de ces récits fabuleux ; les entendre corroborer par un vrai voyageur amuserait tout le monde et suffirait à rendre plausible ma richesse. C'est à cette époque que je mesurai, pour la première fois, la fascination exercée sur les sociétés civilisées de l'Europe par tout ce qui est oriental.

La réussite de cette affaire m'emplit de jubilation. Elle se situait au cœur de ma visée : tromper le monde, et non pas le temps d'un tour de passe-passe, mais à fond, d'une manière définitivement impénétrable. Je venais de remporter contre la société humaine une nouvelle victoire — secrète sans doute, mais ce ne sont pas les moins grisantes.

Du coup je fus remis en appétit d'action. J'étais trop resté dans mon bateau comme un bigorneau dans sa coque. J'oubliai, je repoussai dans la pénombre de ma conscience le désir de retraite, de solitude, d'éloignement auquel j'avais sacrifié durant l'automne. Le prisonnier fugitif, redoutant, dès qu'il accostait, que les hommes ne se remissent en travers de son chemin — et peut-être secrètement pris de vertige à la vue des perspectives immenses ouvertes devant lui —, s'était enhardi ; il ne fallait plus s'arrêter. Ayant installé Zaccone-Morro en Espagne, j'allai retrouver Jacopo qui m'attendait du côté de Gaëte.

IX

Destins de brigands. – Trois personnages en un. – Naples et Rome. – Lecture de Marc Aurèle. – Entrer dans les villes. – Le comte Fossombroni. – Un plafond m'inquiète. – Révolution à Paris. – L'Italie-aux-liens. – Idées politiques. – Mon goût pour les départs nocturnes. – L'île de Monte-Cristo.

Ce dernier avait renoué dans sa région d'origine des relations étendues dans tout le golfe de Gaëte et au-delà, jusqu'à Terracina et aux îles de Ponza et d'Ischia. J'ai omis de mentionner que Jacopo avait quitté le pays en 1827 à la suite d'une rixe au cours de laquelle un douanier avait été tué ; capturé depuis, le meurtrier avait été condamné à mort et exécuté au début de l'année ; rien n'empêchait donc plus mon camarade de *La Jeune-Amélie* de regagner ses pénates pour y reprendre son ancien état.

Nous nous retrouvâmes sur une plage, au débouché des grottes de Sperlonga dont les rochers, dit-on, faillirent écraser vif l'empereur Tibère.

— Jacopo, lui dis-je cependant que ses compagnons s'activaient autour du feu où rôtissait un chevreau, Jacopo, vous finirez tous, tes amis et toi, garrottés, assommés ou décapités, suivant qu'il plaira à Dieu de vous faire arrêter en Espagne, à Rome ou à Naples.

Jacopo leva les paumes vers le ciel en approuvant avec fatalisme.

— Ou bien, lorsque le métier que vous exercez sera devenu trop dur pour vous, il ne vous restera qu'à mendier votre pain à la porte des églises.

De nouveau il approuva, pensif et assombri.

— Je cherche, dis-je, les moyens de vous soustraire à une aussi triste destinée ; et pour ce qui te concerne, je crois que j'ai trouvé.

— Pour ce qui me concerne ?

— Oui. Tu parles l'italien, l'espagnol...

— Oui.

— Un peu de grec...

— Oui.

— J'ai pris la mesure de tes capacités de précision et de discrétion. Toi, tu as pu constater, dans une faible part, l'importance des moyens dont je dispose. Il est temps que tu en saches un peu plus sur mon compte...

Je lui retraçai la vie supposée de Bartolomé Zaccone, à laquelle j'ajoutai de nouveaux ornements : au départ de Bonaparte pour l'Égypte, mes parents, voyant bien que les navires de Nelson, avec l'appui du roi de Naples, allaient fondre sur leur malheureuse île, avaient chargé leur fortune avec le trésor des Chevaliers non pas, comme tout le monde le croit, sur le vaisseau *L'Orient* qui fut coulé à Aboukir, mais sur un autre navire. Par la suite ils étaient morts à Jaffa. Mon frère Renato fusillé, j'avais pu fuir, et remettre la main, en Égypte, sur cet héritage, que j'avais accru depuis au service de mon maharajah. Je vérifiai ainsi l'effet de mes inventions, et que le monde croit non pas ce qui est vrai, mais ce qui est affirmé avec le plus d'aplomb. Les Beauchamp, qui ont la manie de la vérification, sont rares.

— J'ai certains projets, continuai-je, en vue desquels j'ai songé à faire de toi mon fondé de pouvoir. Tu gagnerais ta vie moins périlleusement et bien mieux que tu ne fais : en plus de ton salaire, je placerais pour toi une certaine somme chaque année — que dirais-tu de deux mille ducats napolitains ? — afin de constituer un capital qui, lorsque tu me quitterais, te reviendrait. Mes exigences sont très simples : exécuter mes ordres avec précision et ponctualité ; ne jamais chercher à en savoir davantage que je ne t'en dis ; ne jamais te laisser aller à parler de moi à quiconque. Qu'en dis-tu ?

— J'en dis que je veux quitter mes compagnons dès aujourd'hui et...

— Voilà bien l'égoïsme humain ! Moi, Jacopo, je désire au contraire que tu demeures leur ami et même leur protecteur. Dis-moi : parmi tous ces brigands de l'Italie, ces contrebandiers siciliens ou sardes, parmi tous ces mariniers barbaresques, turcs, grecs avec qui *La Jeune-Amélie* ou toi-même êtes en relations, il doit y avoir des chefs, des suzerains, des hommes puissants et redoutés ?

— On en connaît quelques-uns.

— Qui sont-ils ? En Italie, par exemple ?

— Ici on parle de plus en plus du jeune Vampa, un ancien berger du duc de Bracciano. Tour à tour il provoque ses rivaux, et à la fin ils font alliance avec lui, ou alors ils sont mystérieusement dénoncés ou assassinés.

— À la bonne heure. Et comment lie-t-on connaissance avec cet homme ?

— En étant capturé et rançonné par sa troupe, ce qui est fort dangereux...

— Nous verrons. Et sur mer ?...

— Vous qui êtes Maltais, vous connaissez sûrement le Manderaggio ?

— Ce quartier obscur, quasi souterrain, qui s'étend sous les murs de La Valette, du côté du port de La Quarantaine...

— Oui. On dit que dans une des maisons du Manderaggio habite un nommé Zio Toni. Il vit obscurément, mais passe pour riche, et il semble qu'on lui obéisse de Lampedusa au détroit de Messine, du détroit de Messine au cap Spartivento, et du cap Spartivento à Lampedusa !

— Bien ! Mais tu ne me dis rien de ceux à qui tu as racheté *Le Pharaon* ?

— J'y venais ! L'homme avec qui j'ai traité n'était pas le chef. Celui-ci serait un nommé Nourredine, qui vit, semble-t-il, dans une île au large de la Cyrénaïque. On dit que le dey d'Alger le protège.

— Si ce que j'ai vu à Marseille ne me trompe pas, il aura bientôt besoin d'un autre protecteur... Mais puisque nous en sommes là, comment faudrait-il faire pour que tes amis et toi, ainsi que nos amis à venir, ne soient pas trop inquiétés par les argousins de Sa Sainteté Grégoire XVI ou de Sa Majesté François de Naples ?

— Il faut... de l'argent.

— Comment use-t-on de cet argent ?

— On le distribue à de bonnes œuvres.

— Quelles bonnes œuvres ?

— Celles du gouverneur du château Saint-Ange, celles des lieutenants de police, celles des douaniers. Tout le monde a ses bonnes œuvres.

— Et en échange ?

— En échange ils acceptent quelquefois de protéger certains malheureux dont on leur murmure le nom sans témoin.

— Parfait. Nous irons à Naples et à Rome, quelque

jour, et tu m'expliqueras tout cela plus avant. Mon but, Jacopo, est que tout homme ayant maille à partir avec la justice humaine, du cap Matapan à Gibraltar et à Marseille, puisse compter sur l'aide de Bartolomé Zaccone ; en échange de quoi je veux seulement que l'on rende à Zaccone les services qu'il demandera, le jour où il les demandera. Précision importante : ma protection s'étendra sur le vol, la contrebande, la piraterie, mais jamais sur l'assassinat, sauf affaire d'honneur, naturellement. Ces dispositions, mon cher Jacopo, s'appliquent à partir d'aujourd'hui.

Il me regardait avec étonnement :

— Mais... pourquoi ?

— La réponse que je vais te faire, Jacopo, devra te suffire pour toujours. Sache qu'en des circonstances passées, j'ai pris en horreur la justice ordinaire des hommes et des États. Pire : j'ai cessé de croire en elle. Je méprise les juges, je pardonne aux gendarmes, je ne suis plus le sujet d'aucun prince ni le citoyen d'aucune république. J'ai décidé de faire régner la loi et la justice d'un homme qui s'appelle Bartolomé Zaccone. Son royaume sera formé par la mer et les îles, ses sujets se reconnaîtront aux signes maçonniques que vous échangez entre vous. Je vous défendrai grâce à ma fortune et à mon influence ; vous m'aiderez par votre nombre, vos cachettes, votre ruse. Il m'arrivera de disparaître, mais je vous laisserai toujours le moyen d'entrer en contact avec un homme qui saura où je suis. Et chaque fois que vous vous réunirez autour d'un feu, sur un rivage ou dans des ruines, sur un bateau ou dans un bouge, vous devrez vous souvenir que je suis avec vous — et parmi vous.

⋆

Tels furent les actes fondateurs d'une nouvelle vie dont les exigences, les motifs et les buts allaient me porter durant près de dix ans avant de se retirer de moi, me contraignant à chercher une nouvelle métamorphose.

Il serait difficile, et oiseux sans doute, de tout raconter de ces années actives, pleines, heureuses au fond, à leur étrange manière : années de combat, d'effort, de patience (d'impatience aussi), de buts un à un posés à l'horizon et atteints. Il y eut Naples et Florence ; il y eut la mer et les îles les plus délaissées ; il y eut la Grèce et Constantinople, l'Orient un peu plus tard, où peu s'en fallut que le Carmel ou les monastères bouddhiques ne me gardassent ; il y eut la campagne romaine et les nuits de Morée. Il y eut des livres et des lettres de change ; des divans, de l'opium et des prostituées ; la discipline d'un chef, la brusquerie des décisions et des départs ; des rencontres souhaitées, guettées de loin, soigneusement préparées. Il y eut la mer vaste et déserte comme le temps, et sur cette mer des îles qui furent des moments et des jours. Une vie n'est pas faite d'un temps continu ; de longues suites de semaines, de mois sont promis à l'effondrement, au naufrage, à l'oubli : à l'insignifiance. Il reste d'une vie certains moments, certains jours.

Je pourrais parler de trois personnages : Dantès, Zaccone, le comte de Monte-Cristo ; trois personnages que j'habitai tour à tour, et parfois en même temps.

Dantès, c'est le prisonnier fugitif, le marin de *La Jeune-Amélie*, l'ami de Jacopo : juvénile, tout petit devant le monde, dépassé par les méfaits et les bienfaits de la Fortune, émerveillé d'être libre, étonné de vivre, encore sous le coup des émotions écrasantes que lui a infligées le destin.

Zaccone fut l'aventurier, l'homme d'action : le même homme mûri, endurci. Zaccone, c'est le trésor des Spada converti en actions, en terres, en navires ; c'est l'enquête, les ruses, les relations patiemment tissées pour arriver à qui il veut et savoir ce qu'il veut ; c'est un petit monde de brigands et de repris de justice. C'est l'homme qui traite avec le Sultan ou le bey de Tunis, avec le ministre ou le cardinal. C'est le parvenu plus ou moins Levantin dont l'interlope passé hésite entre celui du mercenaire et celui du chercheur d'or. Zaccone est un homme divisé : il se bâtit, de toutes ses forces, contre le jeune, le crédule, l'innocent Dantès, et pourtant il conserve à ce petit frère une tendresse secrète.

Le comte de Monte-Cristo enfin, c'est le vengeur ; mais plus encore, l'homme d'ombre et de méditation, qui a mis entre le monde et lui l'éloignement de la souffrance, des années, du mépris et de la pitié. Le comte de Monte-Cristo regarde Dantès et Zaccone depuis la même hauteur pensive que ses ennemis à l'heure où il les tue : comme des hommes qui ne savent pas ce qu'ils font.

Disons-le d'une image : Dantès a vingt ans ; Zaccone en a quarante. Le comte de Monte-Cristo a mille ans.

*

JOURNAL
(MARS 1830)

À Naples, je me suis accoutumé au rôle de l'homme qui revient d'Orient, riche et oisif. Mon bateau, mes marins, mes deux domestiques, Jacopo tenant à merveille son rôle de secrétaire et d'intendant, tout cela a fait sensation. J'ai paru en calèche sur la Villa Reale, je suis allé au San Carlo entendre l'opéra. Avec le banquier Backer, j'ai étudié mes projets de placements dans divers pays. J'ai dû m'initier à la grave question du change. Le ducat vaut quatre francs, la piastre romaine en vaut six, la livre anglaise vaut cinq à six ducats, la livre toscane moins d'un franc, le réal espagnol quatre, etc. Tout cela plus ou moins flottant, et mes jongleries devront en tenir compte.

Backer m'a raconté les démêlés de sa famille avec la royauté napolitaine. Il se souvenait d'avoir entendu parler, enfant, de Faria et de la San Felice. Il m'a donné aussi beaucoup de renseignements sur le banditisme local.

Rome. — À peine arrivé, j'ai demandé audience au gouverneur Mgr Capelletti. Mon souhait : disposer d'un laissez-passer permanent pour quitter la Ville Sainte et y revenir à mon gré. J'ignorais ce que je voulais en faire, mais je m'étais fait le pari d'obtenir cela et je l'ai obtenu. Comment ? Avec de l'argent. Ou plutôt (Jacopo ne m'avait pas trompé) avec des bonnes œuvres. La vraie monnaie romaine n'est pas la piastre, le paul ou le bajoque : c'est l'œuvre pie. (Ce qui est étonnant à Rome, étant donné le nombre d'œuvres charitables qui s'y affichent, c'est qu'il y subsiste autant de mendiants et de misérables...)

Renseignements positifs sur le nommé Vampa. Il terrorise les campagnes jusqu'aux portes de Rome, où il n'ose toutefois entrer de peur de n'en plus ressortir. Son histoire m'a passionné. Au temps où il était berger, un intendant du duc de Bracciano (c'est-à-dire du banquier Torlonia) avait, disait-on, déshonoré sa fiancée. Vampa mit le feu à la maison de l'intendant, qui en réchappa. Alors il jura d'en tirer vengeance et se fit bandit. Depuis, l'intendant terrorisé vit à Rome où Vampa, pense-t-il, ne viendra pas le chercher.

Je passai à Rome la fin de l'hiver et le printemps. Je fus un touriste scrupuleux. J'assistai aux cérémonies de

Pâques. J'eus la fantaisie de louer sur le Janicule une aile de l'ancien palais Spada, que son nouveau propriétaire laissait à l'abandon. Je ne touchai à rien. Sous les hauts plafonds sombres, dans le vaste escalier rond, dans les allées envahies du jardin, dans la bibliothèque vide, je conversais avec les mânes de Faria, qui avait vécu et songé en ces aîtres lorsque j'étais un gamin de Marseille...

Je m'introduisis dans la société, m'occupai de mes affaires d'argent. *Le Sindbad* était à Ostie. Je note ce détail qui n'a l'air de rien, et je comprends pourquoi je le note : oui, cela existait bien. J'étais à Rome, je vivais à la villa Spada, *Le Sindbad* était à Ostie. Ce n'était pas un rêve.

Je me promenais dans les ruines, je visitais les couvents : quelques bienfaits m'ouvraient leurs portes et je pensais que peut-être j'aurais besoin un jour de ces enclos, de ces cellules, de ce silence.

Naples m'avait semblé vulgaire, trop méditerranéenne. Rome me parut trop ecclésiastique, trop unique en son genre aussi. Je songeai bientôt à un séjour plus continental, qui, en quelque manière, me rapprocherait de Paris, sinon par la géographie, du moins par les mœurs. Il me sembla que Florence, que l'on m'avait dépeinte élégante, cosmopolite, m'apprendrait mieux l'Europe civilisée et la société contemporaine. Dantès s'était fait Zaccone ; il fallait à présent que l'aventurier Zaccone se fît citadin et homme du monde.

Curieusement, j'éprouvai à y transporter mes pénates une inquiétude, une insécurité que ne m'avaient inspirées ni Naples, ni Rome. Je me souviens que j'envoyai Jacopo en éclaireur avec mission d'y prendre les informations les plus précises sur l'ambiance, les mœurs, les manières, les institutions de la Toscane, le genre de vie que l'on menait là-bas. J'avais oublié ces précautions, cette timidité dont je retrouve aujourd'hui les traces dans mon journal d'alors. J'avais oublié que j'étais cet homme-là. Après tout Florence n'était qu'une ville, plus élégante et aristocratique sans doute que la populeuse Marseille, mais enfin ce n'était qu'une ville... Oui, mais on franchissait en entrant dans ses murs une invisible frontière, que je n'avais encore jamais franchie. Entrer dans Florence, c'était quitter le monde des marins, des pêcheurs, des brigands, la faune des côtes et des îles. Je le redoutais, comme Vampa craignait d'entrer dans Rome.

JOURNAL
(AVRIL 1830)

C'est fait : je suis l'ami, l'allié, le frère de Vampa. Nous nous sommes délibérément jetés entre ses griffes, durant une excursion organisée à dessein, dans les alentours du lac de Fusaro. Le bruit avait été répandu que je me déplaçais avec beaucoup d'argent, que je ne croyais pas aux histoires de bandits, que je refusais d'être armé, etc.

Le résultat fut exactement celui escompté. Vampa voulait dix mille piastres.

— J'ai mieux que cela à t'offrir, lui ai-je dit. Je puis te livrer l'homme que tu veux tuer.

Il ne savait pas que je savais. Il me regardait avec méfiance.

— On n'a pas déshonoré ma fiancée, à moi, ai-je dit, mais on me l'a prise, cependant que je pleurais dans la prison où l'on m'avait jeté. L'homme qui m'a mis en prison était juge. L'homme qui m'a pris ma fiancée est aujourd'hui puissant, riche, honoré. Tu vois que je puis te comprendre. J'entre dans Rome et en sors, en toute immunité, muni du blanc-seing papal. Veux-tu que je

t'aide à mettre la main sur cet intendant ? Veux-tu que nous soyons frères ?

Depuis Faria, je n'en ai jamais autant dit sur moi-même.

— Il faut faire le pacte du sang, m'a répondu Vampa en me tendant son couteau.

Alors j'ai saisi le mien — un couteau à lame damasquinée, au manche d'ivoire, à mitre d'or fin. Je l'ai promené sur ma main.

Il regardait ce couteau. Je le lui ai donné. Il m'a donné le sien.

C'est hier, à la nuit tombée, que l'intendant du duc de Bracciano a été enlevé, au bas des escaliers de la place d'Espagne. Il a quitté la ville ficelé dans ma voiture, et a été amené dans les ruines du palais Mondragone, à Frascati. Là, Vampa l'a obligé à se battre au couteau quoiqu'il ne sût rien de cette forme de combat, et l'a tué devant moi, avec la lame damasquinée. Ensuite, nous avons bu ensemble.

Il n'est pas difficile de s'attacher les gens : il faut leur donner ce qu'ils espèrent.

Dans la voiture qui m'emmène au grand trot, j'ai commencé la lecture des Pensées pour moi-même *de Marc Aurèle.*

J'ai recopié ce passage parce qu'à distance, il me paraît dépeindre admirablement Zaccone : cette complicité et ce pacte, cette satisfaction puissante d'être insensible à l'assassinat d'un homme, cette façon ensuite de s'imposer comme si de rien n'était une lecture d'une tonalité tellement différente. Volontaire, déterminé, Zaccone se compartimentait, s'adonnait à cette gymnastique de l'esprit et des nerfs, se menait d'une poigne de fer en fonction de principes rigoureusement établis.

Et puis en d'autres moments, Dantès fatigué retournait se bercer de sommeil et de songes dans la cabine du *Sindbad*...

Je savais que désormais Vampa serait mon ami, que je n'aurais qu'un signe à lui faire, que tout ce qui lui obéissait m'obéirait, que tout ce qui était en son pouvoir serait en mon pouvoir. À la fin du printemps je me mis en route pour la Toscane.

*

J'avais eu raison de placer ma confiance en Jacopo. Esprit plein de ressources, capable non seulement d'accomplir mes ordres, mais aussi de sentir tout ce qui ne peut être dit positivement, il avait tout préparé à ma plus grande satisfaction.

Je débarquai à Livourne où m'attendait une confortable berline. Les *facchini* soudoyés par Jacopo nous renseignaient sur les voyageurs de marque débarquant pour la même destination. Au bout de quelques jours d'attente je jetai mon dévolu sur le premier secrétaire d'ambassade (il succédait à M. de Lamartine), auquel je fis porter ma carte ; pour lui épargner les ennuis et les lenteurs des voituriers qui accaparent le transport vers Florence et abusent de ce monopole, je lui proposais une place dans ma berline. Ainsi me fis-je un obligé qui m'introduirait parmi le beau monde florentin.

Mon nom, ma fortune et sans doute mes manières étant ce qu'ils étaient, je m'étais résigné à passer pour un excentrique. Quitte à ne pas y couper, mieux valait l'assumer avec éclat. J'avais compris à Rome que j'étais pittoresque et mystérieux : il fallait tirer parti de ces caractéristiques. Ainsi se formèrent dans mon esprit les premiers linéaments de ce que devait être plus tard le comte de Monte-Cristo, considéré en tant que personnage.

Jacopo avait fait l'acquisition dans la maremme d'un domaine et de vastes terres. Le grand-duc et ses ministres s'intéressaient à cette région et aux problèmes d'assèchement ; ces possessions feraient en outre de moi un contribuable notoire. Il loua ensuite à Fiesole une vaste villa, et enfin, pour douze cents piastres par mois, un étage du palais dei Grifoni, sombre demeure de pierre et de briques dont les lourdes corniches dominaient la place Santissima Annunziata, retirée, silencieuse, délabrée. Dans le même temps, Torlonia, de Rome, ouvrait chez Fenzi un crédit d'un million de livres, sans préciser le nom de la personne bénéficiaire. Une semaine avant mon arrivée, enfin, on porta très indiscrètement au palais dei Grifoni les tapis de Perse et les objets d'art dont je désirais orner mes nouvelles pénates.

Tous ces préparatifs, comme je l'avais espéré, suscitèrent la curiosité dans une ville de dimensions modestes, cosmopolite certes, habituée aux splendeurs des aristocraties russe, française ou anglaise qui s'y *produisaient*, mais d'esprit néanmoins assez provincial au sens français du terme. Lorsque j'arrivai on avait déjà parlé de moi, et mon cicérone le secrétaire de légation, *l'homme qui avait vu l'homme*, fut pressé de questions. Il évoqua l'Inde, l'Égypte, Malte, des mines d'argent dans le Péloponnèse.

Dès le premier soir, j'apparus aux Cascine, qui sont à Florence ce que sont à Paris les Champs-Élysées et l'avenue du Bois. J'eus ma loge à la Pergola. Le lendemain des invitations et demandes de visite affluaient via dei Servi.

J'étais entré dans la ville à l'abri de mon masque, laissant derrière moi Dantès et ses amis les contrebandiers, les marins... Je jubilais, sous cape. Qui d'entre ces gens de Florence aurait pu imaginer que quelques semaines plus tôt, dans la nuit de Frascati, en compagnie d'une de ces troupes de brigands dont parlaient les romans et les opéras, je présidais à l'assassinat d'un homme ?

Je découvris avec curiosité la ville dont Faria avait fait sa patrie d'élection, c'est-à-dire en fin de compte sa patrie : *ubi bene, ibi patria.* Elle était belle, rose et ocre dans sa verdure, avec ses collines de cyprès, de vignes, d'oliviers ; proprette avec ses fleurs, ses rues régulièrement pavées de belles larges dalles ; douce avec ses promenades, le Lung'Arno, les jardins Boboli ; imposante aussi avec ses palais, ses monuments, ses grands souvenirs. La société y était charmante et brillante. Le temps était passé du prestigieux salon de la comtesse Albany, au palais Gianfigliazzi, où s'étaient pressés Alfieri, Chateaubriand, Mme de Staël, Foscolo, Byron, Shelley ; mais les bals de la comtesse Nencini, les fêtes du prince Borghese et de sa femme Pauline Bonaparte, via Ghibellina, ou encore des Demidoff, richissimes pétersbourgeois dont l'un fut plus tard le mari de Mathilde Bonaparte, lui succédaient dignement et offraient l'anthologie du bon goût et du faste.

Peu de jours après mon arrivée je demandai audience à Son Excellence le comte Vittorio Fossombroni, secrétaire d'État, ministre du grand-duc.

Fossombroni, ancien ingénieur, était un libéral, réformiste bien que sceptique. *Il mondo va da sé !* disait-il toujours : le monde va à sa guise. Il l'y aidait tout de même. Il avait à travers la Restauration maintenu le code Napoléon, tenu les Jésuites en lisières, donné des gages à l'Église, accueilli les réfugiés libéraux, encouragé l'aménagement des routes, le développement des universités, du commerce, de l'industrie ; sage politique dont le grand-duc Léopold II devait plus tard, pour son malheur, se détourner.

Je lui expliquai que j'étais désireux d'œuvrer à l'assèchement et à la mise en valeur de mes terres ; j'avais besoin de conseils. Il m'approuva, me promit de m'adresser aux meilleurs ingénieurs. Mais ce qui le passionna fut l'exposé de mes vues sur le rocher désertique de Monte-Cristo, qui appartenait à la Toscane, et dont celle-ci n'avait que faire. Je lui demandais à quelles conditions je pourrais obtenir la jouissance exclusive de cette île.

— Eh ! Qu'en feriez-vous donc ?

Je déployai mon personnage d'original. Voyageur, navigateur, habitué à la solitude de la mer, je ne parvenais pas à y renoncer tout à fait à présent que je rentrais au sein du monde civilisé. Toute proche du continent, l'île de Monte-Cristo serait la retraite de mes rêves.

— Veuillez considérer, dis-je en terminant, que l'ar gent n'a dans cette affaire aucune importance. Ce que vous demanderez, je le paierai.

Mis de bonne humeur et par ces mots, et par la perspective d'une anecdote qui lui vaudrait assurément de grands succès dans les salons, Fossombroni m'assura qu'après tout, la chose n'était peut-être pas si folle. De fait, j'obtins satisfaction dans les trois mois, étant entendu que je serais tenu pour personnellement responsable de ce qui pourrait se passer sur l'île en fait de contrebande. Mais M. Fossombroni me donna en outre une idée :

— Et vous allez, naturellement, me demander quelque brevet nobiliaire ?

— Vous voulez dire ?

— Que moyennant encore un effort — disons la dotation d'une commanderie de Saint-Étienne, ordre envers lequel Son Altesse témoigne de sollicitude — vous pouvez obtenir un titre et un blason. Oh, je ne vous fais pas l'injure de vous croire sensible à ces bêtises-là, mais on respecte un titre, même s'il est de la veille ; les aubergistes, les fonctionnaires, les douaniers, enfin tous ces gens auxquels on est forcé d'avoir affaire, seront toujours mille fois mieux disposés à votre égard, ce qui, pour le voyageur que vous êtes, n'est peut-être pas négligeable.

Je compris plus tard pourquoi Fossombroni m'avait spontanément fait cette offre étrange : il s'attendait bel et bien que je demandasse à profiter d'une coutume dont vingt autres avaient profité avant moi. Léopold et son ministre avaient fait des barons et des ducs pour une manufacture fondée, des capitaux apportés. Un M. Larderel était devenu comte de Monte-Cerboli ; Demidoff avait été fait prince de San Donato. Je pris mon titre avec amusement, séduit par son esthétique : le comte de Monte-Cristo, c'était autre chose que M. Zaccone. Bien plus tard seulement (j'y reviendrai) je mesurai toute l'importance du service que Fossombroni m'avait rendu. Dans l'immédiat je fus reçu par le grand-duc au palais Pitti, et la société florentine n'hésita plus à me faire bon visage. J'étais en même temps devenu l'ami de Son Excellence le comte Fossombroni, ainsi que de son fils avec qui j'eus le bonheur de découvrir, dans les collines, les joies de la chasse au faucon.

Je m'étais fait jusque-là une haute idée du monde ; mon installation à Florence la réduisit à de plus justes proportions. Quelques leçons de maintien et de politesse que je pris auprès d'un professeur me dégrossirent ; les armoiries que je fis peindre sur ma voiture firent le reste. Il suffit la plupart du temps de s'appeler M. le comte de quelque chose pour que les gens vous trouvent un air aristocratique.

Je demeurai plusieurs mois dans la ville de Dante et de Michel-Ange, admirant les chefs-d'œuvre de Del Sarto, de Masaccio, de Vasari, les tombes de Machiavel, d'Alfieri, de Galilée. Florence est assurément un des plus charmants séjours de l'Italie, mais je m'y sentais mal à l'aise : j'étais trop loin de la mer. Fossombroni s'amusait de ce Zaccone incapable de dormir s'il ne savait à toute heure sa berline prête à galoper vers Pise. Pour moi c'était déjà trop loin, et la route de Rimini, par le mont Falterone, qui exigeait deux ou trois jours de marche, me donnait des cauchemars. L'Arno, sous le Ponte-Vecchio, avait bien l'air d'un fleuve ; hélas, un peu plus loin, passée une digue faisant fonctionner un moulin, c'était neuf mois sur douze un lit de cailloux. Cette aversion pour la terre ferme, qui entra pour beaucoup dans ma réputation, n'était pas feinte. Je n'ai bien vécu que dans les ports, et à tout le moins sous la tente. Un plafond m'inquiète. Pour les mêmes raisons je n'ai pas aimé Paris ; je n'y ai passé que quelques semaines, et encore me fallut-il, prêts à toute heure, mes bateaux pour le sud ou pour la Normandie.

JOURNAL
(1830-1831)

Lecture des journaux de Paris. La France gronde contre le ministère du prince de Polignac, dont le roi Charles X est entiché. Il paraît qu'il n'appelle pas son ministre autrement que « Jules », du ton le plus affectueux. Malheureusement « Jules », quoique inspiré par la sainte Vierge, à ce qu'il paraît, ne fait que des bêtises. L'opposition définit ainsi ce gouvernement : « Coblence, Waterloo, 1815. » Coblence à cause de l'émigré Polignac, Waterloo à cause du général de Bourmont, le protecteur de Fernand, qui passa aux Anglais la surveille de ce jour fatal, et qui est maintenant ministre de la Guerre. 1815, c'est pour M. de La Bourdonnais, garde des Sceaux, et l'un des revanchistes les plus acharnés alors.

Victor Hugo compte le nombre de procureurs faits ministres. Ils sont nombreux en effet. Thiers et Mignet, mes compatriotes, vedettes de l'opposition, pérorent chez M. Laffitte, le banquier, qui subventionne les feuilles libérales.

L'expédition d'Alger, que l'on dit imminente, sauvera-t-elle le ministère de « Jules » ?

Juillet. La révolution a gagné à Paris. On dit que les Anglais ont tout fait pour y aider : à la clef, la Méditerranée, où la France venait de pousser un pion avec la prise d'Alger. Les troupes de maintien de l'ordre n'avaient rien à manger. Leur chef était Marmont. Marmont est le gendre du banquier Perrégaux. Feu Perrégaux était l'associé de Laffitte. Et voilà pourquoi votre armée est muette...

Automne. L'agitation s'étend en Italie. Au théâtre de Ravenne, comme il y avait au cinquième acte un roi sur son trône, le public hilare s'est levé pour lui réclamer une Constitution. À Rome, les lazzi anonymes confiés à la statue de Pasquin disent que la Révolution s'est masquée pour venir passer le prochain carnaval. La Belgique est entrée en insurrection.

Février. François d'Este à Modène, Marie-Louise à Parme, sont en fuite. Varsovie entre dans la danse après Bruxelles.

Printemps. Le vent tourne. Bologne et Rimini sont tombées. Le carbonaro Menotti a été pendu. Louis-Philippe, pris de panique, refuse la couronne belge pour son fils et fait savoir que l'on peut, si ça ne tient qu'à lui, massacrer la Pologne. Cet homme reniera tout pour être admis au club des monarchies.

Tout cela m'intéresse médiocrement. Ce que je voudrais savoir, c'est les suites de l'affaire à Paris, et plus précisément comment Villefort, Morcerf et Danglars, qui étaient au mieux avec le régime de Charles X, s'en sont tirés.

« Tout cela m'intéresse médiocrement... » Voire. Autour de moi cette Italie de la Restauration et de la Sainte Alliance, pesamment autrichienne, bourbonienne et papale, cette Italie-aux-liens étincelait d'esprit, de rêves, de juvénile enthousiasme, d'amour de la beauté et de la liberté. Par-delà la splendeur *pittoresque* de ses paysages, par-delà l'envoûtant mystère de ses ruines, par-delà les nuits brillantes de la Scala et des carnavals, par-delà les cours monarchiques et leurs sentinelles étrangères, une autre Italie frémissait dans l'ombre et se comptait, romantique, idéaliste, musicienne, joyeuse dans son malheur, et qui allait plus tard se draper, héroïque et pauvre, dans la cape d'un mot superbe : Risorgimento.

Cela faisait en vérité bien longtemps que l'Italie se cherchait. Française sous Bonaparte, elle l'avait accepté avec l'espérance, cruellement déçue, de la liberté. Redevenue monarchique, elle n'avait pas tardé à gronder. Aux carbonari, ennemis jurés de la présence étrangère et rêvant d'unité de la péninsule, s'opposaient, non moins mystérieux, les sanfédistes armés par le Pape et les monarchies. 1820 avait vu les insurrections du général Pepe à Naples et de Santarosa en Piémont. L'Autriche était intervenue : prisons, bagnes, exécutions. En 1825, cinq cents condamnations pour carbonarisme avaient été prononcées dans la seule Romagne. En 1828, sept libéraux avaient été pendus à Ravenne.

Et moi j'écrivais en 1831 : « Tout cela m'intéresse médiocrement... » Voilà ce que pensait Zaccone. Je me voulais tout à l'action, tout à moi-même. La plus ou moins grande attention qu'ils accordent à la vie de la communauté, leur sentiment plus ou moins fort de solidarité avec leurs concitoyens ou avec l'humanité, les raisons de cette indifférence ou de cette sollicitude, forment un thème intéressant d'observation des hommes. Tel marchand ne retiendra d'une guerre ou d'une révolution qui entraîne massacres, abominations, misère et deuils, que ce qui arrange ses affaires ou leur nuit ; tel innocent professeur de musique se mettra en colère à chaque fois qu'il ouvre un journal, et perdra le sommeil en pensant à la réussite insolente d'une canaille, au propos d'un ministre, réussite et propos l'une et l'autre sans la moindre incidence sur sa vie. Zaccone se rattachait à la première espèce, celle de l'aventurier, de l'entrepreneur qui prend le monde tel qu'il est, ne songeant qu'à y tailler sa route : celle du trafiquant, du chercheur d'or, du mercenaire. Mais s'y rattachait-il vraiment ? Ne voulait-il pas plutôt se donner cette idée de lui-même, celle d'un homme à jamais séparé de l'humanité, celle d'un loup solitaire ? Il était partagé, je crois, davantage qu'il n'eût voulu l'admettre.

Certes l'opposition politique n'échappait pas toujours à la bouffonnerie, et le mouvement se mêlait fortement de littérature, pas toujours la meilleure. On s'échauffait, on prenait l'exaltation pour de l'héroïsme, de quoi donner raison au chancelier Metternich traitant les nations de « femelles énervées » ou quelque chose de ce genre-là. Oui : mais bientôt, malgré moi, j'allais être touché et reconnaître des frères.

Byron, naturellement, s'était glissé aux premières loges. Avant d'aller mourir à Missolonghi pour la cause grecque, l'impétueux auteur de *Lara* s'était lié avec Pietro Gamba, le frère de la comtesse Guiccioli, et avait pris part avec lui au mouvement anti-autrichien en

Lombardie. À Milan, il avait reçu la visite d'un jeune poète qui lui avait offert une traduction de *Manfred.* Touché, Byron avait répondu en traduisant à son tour une œuvre du jeune homme, et leur amitié avait commencé ainsi. Ce jeune poète s'appelait Silvio Pellico, et l'on comprendra pourquoi, sitôt que j'en entendis parler, je fis chercher son œuvre la plus populaire, qui a pour titre : *Mes Prisons*. Pellico avait payé de dix années d'emprisonnement au Spielberg son imprudent amour de la liberté. *Libertà va cercando, ch'è sí cara...*

En ce temps-là je moisissais au fond du château d'If. En ce temps-là un jeune marin niçois se faisait, au fond de la mer d'Azov, le serment de mourir pour l'Italie. Plus tard, après avoir sillonné le continent sud-américain, tour à tour marchand de bœufs et général d'armée, sur les traces de Simon Bolivar, il regagnerait l'Europe et entamerait sur la terre italienne un combat qu'il poursuit encore. On a reconnu Garibaldi ; je l'ai connu à Rome depuis lors, je l'ai vu tenir son serment. *Libertà va cercando, ch'è sí cara !*

À Livourne, en 1829, j'avais pu croiser sans le savoir le jeune Mazzini qui deux ans plus tard, réfugié à Marseille chez Démosthène Ollivier, fonderait le mouvement de la « Jeune-Italie ». *Libertà va cercando, ch'è sí cara...* Marseille, les prisons, les juges, les sbires de l'Autriche ; Faria me parlait toujours depuis sa tombe marine. N'avais-je pas été victime des mêmes tyrans ? N'avais-je pas là des frères, comme j'en avais trouvé sur mer entre Italie et Sardaigne, entre Corse et Sicile ? Ne devais-je pas, au lieu de poursuivre égoïstement ma seule vengeance, l'élargir autant que me le permettrait ma fortune à tous les prisonniers, à tous les opprimés ?

C'est ainsi que j'accueillis plus tard cette Italie secrète, quand elle vint à moi. J'avais d'abord côtoyé ses bandits, ses contrebandiers, ses parias. Tout naturellement, entre clandestins et fugitifs, se nouaient des liens. Leur commun combat contre les polices, contre les justices pourvoyeuses de geôles, amena bientôt vers moi quelques-uns de ces comploteurs obscurs, soldats retraités, poètes va-nu-pieds, idéologues utopistes, que la rumeur mêlait sous le nom vague et général de carbonari. Leurs malheurs de proscrits m'émurent ; je me jurai de leur rendre quelque jour de plus grands services que ceux qu'ils me demandaient.

Il y avait là au moins une pensée sincère et qui venait du cœur. Las ! ces relations commencées d'après un préjugé favorable n'allèrent jamais bien loin, et se gâtèrent même assez rapidement. À un intérêt sympathique succéda bientôt une dubitative indulgence ; à la dubitative indulgence, un agacement croissant.

C'est que je m'étais renseigné. En 1833 je rencontrai à Turin, sur ma demande, le vieux Buonarroti, prophète politique du carbonarisme. Le Marseille de mon enfance se souvenait du personnage, qui sous la dictature de 93 avait durement écumé la région en qualité de commissaire aux réquisitions. Ce vieillard aux yeux de feu, aux lèvres rentrées, aux cheveux blancs trop longs, me fit l'effet d'une sorte de Faria nocturne et diabolique. Ce rapprochement me parut sacrilège, mais comment ne pas l'opérer ? Sa vie avait été dure. Le Directoire l'avait jeté dans un cul-de-basse-fosse, à Cherbourg, où il avait failli mourir de faim et de froid ; Bonaparte l'en avait retiré. À soixante-dix ans comme à trente, il prêchait la révolution égalitaire avec l'énergie, affreuse à voir, des fanatiques. Le vieillard apitoie : à ce vieux lutteur gagné par le froid de la mort, je ne sais quel respect humain m'empêcha de dire avec sincérité comment je jugeais le combat de toute sa vie. Je le laissai prêcher une heure avec les accents farouches d'un Calchas, puis je mis un terme à l'entretien.

Ce que j'avais pu savoir du carbonarisme français refroidit également beaucoup mes sympathies premières. Je fais peu de crédit aux sociétés secrètes. Sans doute les procédés politiques des États de la Sainte Alliance faisaient-ils de l'incognito une nécessité aux opposants. Mais de la simple prudence aux initiations, aux rituels, aux compas, aux credos nuitamment récités dans des clairières, aux *écossismes* et autres *obédiences de Misraïm*, à tout cet attirail enfin destiné à se donner de l'importance et de la profondeur entre soi, quel abîme ! Et que penser, après tant de mystères, de ces conspirateurs en bolivar et redingote cintrée, repérables à cent pas avec leurs œillets rouges, qui venaient en brandissant *La Minerve* brailler au café Lemblin des serments à réveiller les morts, aussitôt recueillis par toutes les mouches du voisinage ? Que dire des maladresses grossières, des secrets éventés après deux verres, des complots militaires dénoncés par les épouses afin de ramener au foyer leur niais de mari en obtenant pour eux l'indulgence du colonel ? Que dire du beau M. de La Fayette, chef de la Vente Suprême, soufflant sur les braises de la sédition et lâchant tout par couardise au moment décisif ? Que dire de l'écœurante débandade qui suivit le procès des sergents de La Rochelle, ces quatre malheureux jeunes gens qu'on laissa mourir seuls, et dont le sacrifice réjouissait le vieux Buonarotti, parce qu'il dévoilait l'iniquité du gouvernement royal ? Que dire du pauvre prêtre dont me parla un jour Pellico, initié *pour rire* et qui paya cette bonne farce de cinq ans de prison ? Que dire de ce Ramorino perdant au jeu l'argent d'une expédition militaire sur le Piémont ?

Et puis enfin les fanatiques de tous les temps et de tous les pays ont ceci de commun qu'ils estiment que tout leur est dû, et je n'aimais pas qu'on se crût en position d'exiger quoi que ce fût de moi. Le providentiel comte de Monte-Cristo avait rendu quelques services, arrangé quelques bévues, tiré deux ou trois pauvres diables des Piombi ou de Sainte-Marguerite : du coup j'étais des leurs, et c'est à peine si l'on ne me donnait pas du « bon cousin » — c'est le nom, ridicule, par lequel ils se désignaient entre eux —, et si l'on ne s'indignait pas quand je faisais mine de ne pas continuer le lendemain au centuple ce à quoi j'avais consenti la veille par pure gentillesse. Au point que je dus marquer mes distances, et faire comprendre assez sèchement à ces messieurs que n'étant, à mon gré, le « bon cousin » de personne, je demeurais libre d'apprécier l'opportunité de mes bons procédés, et, parce que j'avais puisé dans ma cassette de quoi acheter la liberté d'un homme, de ne pas la rouvrir aussitôt pour subvenir à l'assassinat d'un autre. *Charbonnier*, après tout, est maître chez lui...

Bref : l'idée m'était gâchée par ses suppôts ; mais elle-même, se soutenait-elle ? Quoiqu'elle puisse paraître une invention contingente et hypothétique, l'idée nationale suscite en notre temps une sympathie de laquelle, en un sens, je ne me défends qu'à peine. L'Italie et la Grèce l'illustrent : les hommes s'attachent à l'idée d'un gouvernement qui émane d'eux-mêmes. Ils supportent mal celui d'hommes lointains et qui ne parlent pas leur langue. Les méthodes politiques des monarchies, que ce fût en Belgique ou en Pologne, en Irlande ou dans les colonies espagnoles de l'Amérique, justifiaient amplement l'esprit national. Il n'empêche : autant j'ai senti ce que sentaient les nationalistes italiens ou grecs, haï avec eux ces mêmes gouvernements auxquels je jugeais avoir dû mes quatorze ans de prison, autant l'examen ouvert et lucide des faits corrigea la passion par la raison. En fin de compte, M. de Metternich, qui n'avait d'autre idée que de construire une Europe pacifiée et prospère, fut sans doute plus intelligent que ses adversaires, et son influence plus bénéfique. Il a endossé le mauvais rôle et il est mal vu. Il faut toujours s'intéresser, dans l'histoire, aux gens mal vus. C'est en général parce qu'ils se sont sali les mains, ne se sont pas donné le beau rôle, n'ont pas exhibé leur belle âme. On devrait quelquefois leur savoir gré d'avoir sacrifié leur personnage. L'Europe de la Révolution, de la Liberté, de la République, avait été celle de la guerre ; l'Europe de Metternich fut celle de la paix. Hélas ! La sensiblerie de l'opinion, ce monstre moderne, est telle qu'un homme qui réunit contre lui Pellico, Byron, Béranger, Hugo et Delacroix est un homme *flambé*.

Et puis enfin, quelles que soient nos propensions spontanées, il faut bien regarder les faits. Je me suis cru longtemps une victime de la Restauration, quand je ne l'étais que des plus extrémistes de ses partisans, qui exaspéraient Louis XVIII lui-même. Et, que je sache, ce ne sont pas les derniers Bourbons, si honnis et méprisés à la fin, qui ont coupé le plus de têtes ni massacré le plus d'ouvriers dans les rues : c'est le jacobinisme, c'est la monarchie citoyenne d'après 1830.

Je digresse, je m'écarte ; « la vengeance, la vengeance ! » s'écrie mon lecteur impatient. Mais n'est-ce pas l'intérêt de Mémoires que de laisser, à qui en voudra, le souvenir de ce qu'on a pu, le temps d'une existence, comprendre ?

SUITE DU JOURNAL

...Tout cela m'intéresse médiocrement. Ce que je voudrais savoir, c'est les suites de 1830 à Paris, et plus

précisément comment Villefort, Morcerf et Danglars, qui étaient au mieux avec le régime de Charles X, s'en sont tirés.

Au demeurant je m'étonne de leur ascension si rapide. Fils de notable, même s'il s'opposa à son père, Villefort a tété de la politique au berceau, il a bénéficié d'une bonne éducation, il a eu de l'argent. Mais Danglars n'était qu'un courtaud de boutique, Fernand moins encore. Alors ?...

Je voudrais tout savoir d'eux, entrer dans les détails déjà anciens de ces trois existences, y découvrir tout le jeu de l'habileté, du calcul, de la ruse, de la chance, de l'ambition, tout ce qui manquait tant au pauvre Edmond Dantès.

Pour Fernand, il y a l'armée, et la protection du général de Bourmont. Cela explique son ascension, mais pas sa fortune. Sa fortune vient de Grèce et paraît disproportionnée aux services qu'il a pu y rendre. Il faut que je sache ce qui s'est passé là-bas.

En ce qui concerne Danglars, la partie décisive de sa vie se déroule en Espagne : la banque, puis les fournitures aux armées. J'observe que Fernand et lui s'y trouvent tous deux lors de l'expédition militaire de 1823.

Villefort ? Je dispose de ses protections à Marseille, et de son passage à Toulouse.

J'ai l'idée suivante : si je pouvais découvrir dans la vie de ces trois-là quelque autre infamie que ma dénonciation, c'est celle-là qu'il faudrait utiliser contre eux, et ce pour trois motifs :

1. Il est improbable que l'épisode de mon emprisonnement puisse soulever autour d'eux un scandale de nature à les briser. Un Villefort plaidera l'erreur, Danglars et Mondego bénéficieront du doute.

2. Si je parle ou fais parler de l'affaire Dantès, ils comprendront très vite que c'est Dantès lui-même qui tire les ficelles. Si en revanche je découvre d'autres forfaits et que je leur lance le chat aux jambes, je pourrai, sans me démasquer, leur communiquer l'impression sourde, menaçante, angoissante, que quelqu'un dont ils ignorent tout sait tout d'eux, qu'un regard sans visage les suit depuis toujours à leur insu à travers les années, qu'ils sont regardés par ce qu'ils ne voient pas, dans une intention qu'ils ne peuvent comprendre. Quelqu'un *aura retrouvé les secrets de leur vie, sans qu'ils puissent discerner qui est ce quelqu'un, pourquoi et comment il est allé y mettre le nez.*

3. Il y a là une gageure intéressante à me lancer à moi-même : disposant de l'incognito et de moyens financiers quasi illimités, puis-je, sans me découvrir, reconstituer tout le détail de leur vie y compris ce qu'ils ont celé à tout le monde ? Y a-t-il quelque chose qu'un homme puisse vraiment cacher ?

Tant pis, encore une fois, si l'on me trouve bavard : je voudrais dire ici un mot de ce maréchal de Bourmont, protecteur de Fernand, parce que je l'ai rencontré, parce que c'était un homme triste et blessé. Ce que soulignait partout alors la presse libérale, c'était sa « trahison » en 1815, à la veille de Waterloo. Alors âgé d'une quarantaine d'années, Bourmont avait combattu dans les rangs vendéens (il était natif de l'Ouest) avant d'entrer dans l'armée impériale. Il déserta in extremis, à deux jours de Waterloo. Gand n'était pas loin : il courut chez le comte d'Hane de Steenhuyse, où Sa Majesté Louis XVIII, inquiétée par le bruit du canon et occupée à faire préparer ses voitures, accueillit le transfuge, qu'elle envoya auprès de Wellington. On devait être le 16 juin. Le 18 ou le 19, le roi et sa cour apprenaient la défaite de l'Empereur.

Bourmont devait expier toute sa vie ces deux jours fatidiques, qui en réalité avaient marqué, plutôt qu'une trahison, un retour au bercail : ce n'était guère que par désir de servir son pays, et non pas l'Empereur, qu'exilé au Portugal il avait vers 1805 accepté l'offre de ralliement faite par Junot, qui l'estimait.

Mobilisé aux Cent-Jours, c'est donc sur les pas de Bourmont que Fernand passe à l'ennemi. Le voilà marqué. En 1830 cela lui vaudra quelques ennuis. En attendant, son ascension va suivre celle de son général : l'Espagne en 1823, le ministère de la Guerre en 1829, l'Algérie l'année suivante.

Année fatale pour Bourmont. Général début juillet, il est nommé maréchal le 22 ; quelques semaines plus tard il n'est plus rien. Par la suite, le gouvernement de Louis-Philippe devait retirer la qualité de Français à ce soldat qui avait donné à la France et son sang, et celui de son fils, mort près de lui en Algérie. Après quelques années passées à Rome où je l'ai connu (il refusait, malheureusement, de parler de tout cela) il revint mourir, solitaire et désabusé, dans son château du Maine-et-Loire.

Le jugement des hommes a été cruel pour Bourmont. Il y eut chez lui des flottements, des *repentirs*. À sa défense je citerai le mot célèbre : « Le plus difficile en temps de révolution n'est pas de faire son devoir, mais de le connaître. » Cela, hélas, est trop subtil pour l'opinion publique, toujours elle, qui s'est bornée à en faire un symbole de l'opportunisme et de la trahison. L'opinion, cette niaise hystérique, n'a que faire des réalités : elle veut des *images*.

*

Au printemps suivant (1831) je quittai Florence pour me rendre à Monte-Cristo, où déjà étaient largement entamés les travaux d'aménagement que j'avais décidés dans les grottes. Jacopo, qui rentrait de Malte, m'y attendait avec certains de nos amis, notamment l'équipage de *La Jeune-Amélie*.

Je partis dans la nuit, m'étant bien assuré que rien de mes préparatifs n'avait pu être observé. Zaccone ne s'en va pas, me disais-je alors : il disparaît. J'avais laissé seulement une lettre à porter le lendemain à Fossombroni.

J'avais fait équiper ma berline d'une lampe à pétrole et d'une banquette permettant de s'allonger. Là, je lisais les *Dernières lettres de Jacopo Ortis* cependant que nous roulions vers San Miniato-ai-Tedeschi. Ces départs nocturnes étaient devenus et sont restés une habitude. De même que je me réjouissais d'une vie dont les causes et les buts étaient connus de moi seul, veiller lorsque tout dort, agir lorsque tout cesse, m'emplissait d'une allégresse puissante, orgueilleuse, d'un profond sentiment de liberté. De même que j'avais soupiré d'aise, quand on complimentait le tout neuf comte de Monte-Cristo, en songeant que le même, quelques mois plus tôt, livrait un homme à la mort sous le couteau de Vampa, j'éprouvais une extraordinaire allégresse à m'éloigner nuitamment de Florence, à l'insu de tous, reclus dans la voiture dont on avait recouvert les armoiries. Surgir et disparaître à volonté ; disposer dans le monde de chemins et de portes de moi seuls connus : voilà ce qui désormais me garantissait contre les atteintes des hommes. *On ne m'enfermerait plus.*

Cette hantise outrepassait de loin la seule image de la prison. Je voulais véritablement ne plus appartenir à rien ni à personne, n'être retenu par aucun lien, même le plus doré. J'avais été bien accueilli par cette ville ; une société charmante, admirablement civilisée, m'avait fait place ; j'éprouvais une réelle amitié pour l'amusant, délicat et intelligent Fossombroni. Mais tout ce qui nous accueille veut nous assimiler, c'est-à-dire, au sens premier, nous rendre semblable. La société la plus libérale nous convie à lui ressembler, et la méfiance ou l'ostracisme ne sont jamais loin face à quiconque fait mine de résister. Ou alors, il faut fournir au groupe un prétexte qu'il ait accoutumé d'admettre. Ma passion de la mer était celui que j'avais trouvé. On s'en étonnait, on s'en amusait, on en était curieux. *Va bene !* C'était la cape me permettant l'esquive.

Je poussais ce goût de l'indépendance jusqu'à la dissimulation et au mépris. J'avais jeté au monde, comme un os à un chien, mon personnage d'excentrique ; je m'efforçai dans le même temps à une neutralité frisant la bêtise. Je relève ceci dans mes notes (j'écrivais aussi des maximes pour me gouverner) : *Toujours être d'une parfaite amabilité. Toujours abonder dans le sens du premier imbécile venu accroché à n'importe quelle conviction inepte. Pourquoi lui casser son joujou ? En feignant de penser comme lui, est-ce que je perds mon jugement ?* Je considérais comme un exercice de professer avec brio les opinions les plus étrangères à ma nature, du moment qu'elles flattaient dans le sens du poil le groupe où je me trouvais. Tout était bon pour que le sourire fût la plus infranchissable des barrières.

Journal (juin 1831). *À Monte-Cristo, les travaux avancent, effectués par des Espagnols qu'a recrutés Jacopo.*

Retrouvailles avec le patron de La Jeune-Amélie. *À présent qu'ils me savent puissant, ces braves hommes patibulaires me regardent avec un respect d'enfant et comptent sur moi, révèlent leurs fragilités. Ne pas me laisser suborner par cela...*

Ils m'ont amené un nommé Bertuccio, un Corse, qui a fait une peau *(c'est-à-dire tué son homme) pour affaire d'honneur, du côté de Perpignan. S'il retourne en France, c'est l'échafaud. Je puis le livrer et je le lui ai dit.*

J'ai dit aussi que je ne le ferais pas aussi longtemps qu'il me sera fidèle.

X

Deux mondes. – Le voile invisible. – Du banditisme en Méditerranée. – Piraterie. – Mammone, Fra Diavolo. – Les Vardarelli. – Les hommes deviennent ce qu'on leur dit qu'ils sont. – À quoi m'ont servi les bandits. – Le terrible Nourredine. – Le pauvre Nourredine. – Une autre époque.

Ainsi je refluais vers les rivages après m'être frayé passage dans la foule des villes ; ainsi Zaccone *l'entrepreneur* reparaissait-il sous l'habit de soirée du comte de Monte-Cristo, et sous Zaccone, Dantès le fugitif. À l'homme des Cascine et des loges de théâtre, vivant dans un luxe lourd sous les hauts plafonds peints du palais dei Grifoni, succédait le chef, le *padrino* comme disaient les Siciliens ; et à celui-ci encore l'ancien matelot de Morrel, jamais si heureux que debout entre les voiles et le vent.

Je vivais dans deux mondes et ne m'accommodais de l'un que parce que j'avais, en secret, la perspective de l'autre. Je ne me plaisais en la compagnie de mes marins que parce que je savais n'être pas condamné à leur vie ; je n'acceptai les contraintes du monde que parce que je pouvais les mépriser, disposant à son insu de la mer et des îles. Je m'avançais à la lumière dans une loge de théâtre ; mais je n'avais à faire que deux pas en arrière pour me replonger dans l'ombre, et je quittais la salle avant la fin des applaudissements.

La Méditerranée, monde de lumière, est un monde qui a ses secrets ; son âme est pareille à ses maisons aux murs blancs qui ne réverbèrent le soleil que pour mieux celer l'ombre fraîche des patios et des chambres. Partout le voyageur y frôle sans le savoir un invisible voile ; l'humble porte où son regard ne s'arrête pas ouvre à son insu l'accès à un autre monde. Au-delà de la Méditerranée des littoraux il y a celle des îles ; au-delà de celle des touristes, celle des natifs ; derrière la chrétienne, la musulmane ; derrière l'occidentale, l'orientale ; derrière celle des douaniers et des gendarmes, celle des corsaires et des hors-la-loi. Zaccone apparaissait dans la première, masqué, sans que l'on pût savoir qu'il devenait roi dans la seconde. Sa force était de se faire place à la fois dans l'une et dans l'autre, seul à connaître, de l'une à l'autre, la porte à pousser, le voile à soulever. Je savais franchir le seuil que les voyageurs ne franchissent pas : c'était un signe, un nom, un mot de passe ; c'était le rideau d'une arrière-boutique.

Aujourd'hui que la Méditerranée est quadrillée par les steam-boats, les avisos, les corvettes et autres escorteurs ; aujourd'hui que les régiments coloniaux font régner la loi civilisée sur les rivages africains ; aujourd'hui qu'il ne se trouve plus, comme le disait spirituellement un de mes jeunes amis parisiens, la moindre montagne sur laquelle il n'y ait un télégraphe, et la moindre grotte un peu noire dans laquelle un commissaire n'ait fait poser un bec de gaz, on ne se figure plus ce qu'était encore le *mare nostrum* à l'époque dont je parle. Et la littérature, qui a tant usé des brigands et corsaires, a un grand inconvénient : on ne sait jamais quelle part d'affabulation elle comporte. C'est pourquoi, à cette histoire qui ne sera sans doute jamais écrite (comment l'historien pourrait-il écrire ce que le gendarme n'a jamais verbalisé ?), il n'est peut-être pas tout à fait vain que je substitue ici ce que l'expérience d'un homme qui a parcouru en tous sens le monde latin et oriental à cette époque a pu lui faire toucher du doigt.

De l'omniprésence du brigandage dans le monde méditerranéen, chacun connaît les raisons couramment énoncées : la misère séculaire de pays comme la Corse, la Sardaigne, la Sicile, le sud italien, la Morée ; la géographie de ces pays, prodigue en montagnes, en ravins, en caps et en criques, en forêts, donc en cachettes ; le heurt entre les lois des États modernes et des traditions bien ancrées, dont un effet est par exemple de transformer en criminel un homme qui a vengé son honneur.

Les pirateries barbaresques, au récit desquelles mon enfance avait si souvent tremblé, relevaient, elles, d'une tradition multiséculaire : la vieille guerre entre nations chrétiennes et nations musulmanes. La galère de Molière hantait nos rivages. Dès les croisades, l'implantation de l'Ordre de Saint-Jean à Rhodes puis à Malte n'avait eu d'autre but que d'assurer la sécurité des Croisés, de leurs familles — et surtout des fonds récoltés par le Temple dans toute la Chrétienté. L'audace des barbaresques était encore telle qu'en 1827, le bateau régulier de Naples à Livourne avait été arraisonné et rançonné à deux pas des côtes italiennes, entre le mont Argental et l'île del Giglio.

À la fin du siècle dernier et au début de celui-ci, d'autres causes contribuèrent à un développement prodigieux de la rapine, des touristes détroussés sur les routes aux vaisseaux disparus du côté de Chypre ou de l'Égypte, et dont le contenu se retrouvait épars sur les marchés de Gênes, de Beaucaire ou de Valence. C'est que durant trente ans de guerres révolutionnaires et napoléoniennes, tout le monde l'avait encouragée.

De simples profiteurs, naturellement, tel le célèbre

Bacri, chargé par le dey d'Alger de fournir au Directoire quelques millions de quintaux de blé. Le blé quitta Alger, les bateaux furent attaqués par les pirates, les pirates agissaient de mèche avec Bacri qui revendit son blé ailleurs, mais continua de réclamer son dû à la France. Envenimée, compliquée d'intérêts, indémêlable à la fin, la « créance Bacri » allait devenir un des motifs invoqués de l'expédition de 1830, et le Marseillais Barthélemy aurait beau jeu d'ironiser sur cette grande opération militaire dans son épopée parodique de *La Bacriade*.

Les États ne se privèrent pas d'en rajouter. C'étaient les Anglais, fidèles à leur tradition de course, qui durant tout le blocus continental encouragèrent la contrebande en France, en Italie, en Sicile, à Malte et en pays ottoman. C'était Ferdinand de Naples délivrant à un saint homme, l'abbé Pronio, un brevet l'autorisant à soulever contre les Français les populations des Abruzzes et de la terre de Labour. Pronio prit pour lieutenants les deux plus sanguinaires bandits des Deux-Siciles, Mammone dit le meunier de Sora, et Michele Pezza dit Fra Diavolo, campé en ses montagnes d'Itri, qui commirent à l'encontre des Français et de leurs partisans d'inimaginables atrocités.

C'est ce Fra Diavolo qui inspira au musicien Auber l'opéra du même nom, qui eut un grand succès. Je devais vite m'apercevoir que les bandits plaisaient, séduisaient, fascinaient l'Europe touristique. Ne *visitait*-on pas vers 1830, à la prison de Civitavecchia, le fameux chef de bande Gasparone, ainsi qu'en témoignent notamment les récits de MM. Alexandre Dumas et Joseph d'Estourmel, ainsi que l'étrange *ferme des bandits* implantée au sud de Rome sous le pontificat de Léon XII, où tout individu recherché pouvait trouver asile à condition de n'en plus sortir ? *Le touriste recherche ce dont il a peur.* Cette découverte, m'a été fort utile, plus tard, quand il s'agit d'impressionner les Parisiens — qui ne sont jamais que des touristes rentrés chez eux.

C'étaient encore Joseph Bonaparte, Murat et Ferdinand, utilisant et persécutant tour à tout les premiers carbonari, gens de la forêt. J'ai eu le privilège de connaîtrc un vieux diable, un des rares survivants de la célèbre bande des Vardarelli. Gaetano Vardarelli était primitivement un combattant politique, rêvant de chasser de Naples et les Bourbons et les Napoléonides. Traqué dans la Calabre par l'impitoyable général Manhès, il passa au service du roi de Naples. Déçu dans ses ambitions à la Restauration, il regagna ses chères montagnes avec une centaine d'hommes et entreprit de faire régner pour son compte une sorte de féodalité improvisée. Intégrés plus tard à la gendarmerie du royaume, ils continuèrent leurs exactions. Finalement Vardarelli fut tué dans les Pouilles grâce à une trahison ; réfugiée à Foggia, sa bande fut cernée dans des caves, enfumée et massacrée.

Ainsi la politique fabriquait-elle les hors-la-loi. Je devais retrouver cela chez les klephtes de Morée, qui depuis leurs montagnes avaient combattu les troupes ottomanes, mais à qui le gouvernement du roi Othon refusait le statut de combattants, ou chez les marins de Chio chassés par les massacre turcs et devenus corsaires pour le compte de la liberté grecque d'abord, ensuite pour le leur.

Je ne crois pas que nous soyons près de sortir de cette mitoyenneté. Les hommes deviennent toujours ce qu'on leur dit qu'ils sont. Je l'ai constaté en moi-même, qui ai accepté et relevé comme un défi l'exclusion dont j'étais victime. Aujourd'hui (1855), on entrevoit en Sicile, parmi les rebelles à l'ordre napolitain, se glisser, émergeant du maquis, les figures les plus patibulaires ; Albert Mondego, qui a parcouru en tous sens l'Afrique du Nord, m'a parlé des *sénoussistes* de la Tripolitaine, lointains héritiers des Assassins du temps des Croisades, qui mêlent dans des proportions d'eux seuls connues fanatisme religieux, résistance à la colonisation et coups de main contre bateaux et villages.

Mots de passe, signaux, messagers : tout ce monde, du pirate au contrebandier, du contrebandier au pêcheur, du pêcheur au receleur et au voleur des villes, du voleur à la prison, de la prison à l'opposant politique, s'abouche et s'entraide par de secrets réseaux, sans jamais s'éloigner des rivages : la mer, c'est la fuite, ce sont les îles, moins bien contrôlées par les polices continentales.

Je suis allé à ce monde-là d'instinct. Le marin n'est jamais fort à l'aise sur le continent. Sa patrie est une ville, jamais une nation. C'est cela, je pense, qui m'avait rendu si timide dans mon approche de la continentale Florence. Le marin de Marseille est encore chez lui à Barcelone, à Tanger, à Scutari, à Saint-Jean d'Acre. Mais sitôt qu'il perd de vue, au fond de la rue, au bout du chemin, la ligne outremer, il est à l'étranger. Ses voyages lui démontrent la relativité des lois bien mieux que les ouvrages de Montesquieu, qu'il n'a pas lus. Il est porté à ne reconnaître que les lois coutumières de la mer. Si je me suis si bien fait accepter pour chef parmi ces gens, c'est que la loi que je voulais incarner était la leur.

Que cherchais-je auprès d'eux ? Probablement (mais sans me l'avouer, tant j'étais en proie à cet orgueil que révèle le culte de la solitude), probablement des semblables, des frères. Je n'oublierai jamais un bivouac en Morée, un peu plus tard, dans la sombre montagne où la ville morte de Mystra, sous la citadelle construite par les Francs de Villehardouin, étend ses palais détruits et ses monastères pleins de fresques mystérieuses. Une trentaine de klephtes étaient là ; on rôtissait de la viande, on se passait des gourdes de vin de Chypre. Le chef m'entretenait de l'état d'esprit des paysans d'alentour, je l'informais des plus récentes nouvelles d'Athènes. Puis nous fîmes peu à peu silence. On fumait dans des pipes de terre. Enveloppé dans mon manteau je humais l'odeur de résine et de viande cuite, je regardais la cime obscure des arbres, les étoiles par-delà la montagne sombre qui nous enveloppait sans nous enfermer. J'étais bien, mieux que je ne l'ai jamais été nulle part en ce monde.

J'en attendais aussi une protection et un pouvoir. Grâce à eux je pouvais disparaître, me cacher et s'il le fallait me défendre. Durant toutes ces années une demi-douzaine d'hommes furent attachés à surveiller ce qui m'environnait, afin de m'avertir si d'aventure quelqu'un paraissait trop s'intéresser à moi (ils n'identifièrent que quelques indicateurs de police, sans doute chargés de vérifier les activités de ce touriste un peu particulier. Même Fossombroni, je crois, me fit plus ou moins espionner).

Ils furent enfin de très efficaces agents de renseignements. Lorsqu'en 1837 Albert de Morcerf partit en Italie avec son ami Franz, j'en fus averti depuis Paris. De là à Florence et à Rome, ils ne furent pas perdus de vue un seul instant. Le marin qui incita Franz d'Épinay à venir chasser à Monte-Cristo était un homme à moi.

On pouvait se fier à ces hommes-là. Lorsque vous êtes l'ami d'un Luigi Vampa, c'est à la vie et à la mort.

J'y recherchais aussi, quoique je n'en aie pris conscience que progressivement, une esthétique, ou un symbole. Cela complétait *le personnage*. Lorsque vint le temps du retour et de la punition, je fis en sorte que l'on sût, à Paris, que l'étrange comte de Monte-Cristo passait pour être l'ami, voire le chef des bandits de Rome. Ma réputation avait son rôle à jouer dans la réalisation de mes plans. À cette société si commodément calée dans ses préjugés, son égoïsme, sa futilité, son ignorance, je voulais donner l'inquiétude, je voulais communiquer le sentiment que le monde ne se réduisait pas à ses idées médiocres, que quelque chose existait qu'elle ne voyait pas, et qui la regardait...

Juste retour des choses. M'avait-on vu, moi, Edmond Dantès, emmuré à vingt ans dans le château d'If ? Avait-on vu mourir mon père ?

*

C'était bien ce que j'avais prévu : depuis la prise de la Régence, Nourredine, roi des pirates, terreur du golfe de Gabès, allait de déboires en ennuis. La meilleure preuve en était qu'on le trouvait de plus en plus souvent, lui ou ses lieutenants, vers Malte et les îles siciliennes. Orgueilleux comme un gosse il ne voulait pas que ce soit dit, mais cela se voyait...

Dans le Manderaggio de Malte, Zio Toni en était convaincu et, impatient de cette intrusion dans *ses* eaux troubles, cherchait l'occasion de le neutraliser. C'est sur le dos de Noureddine que nous fîmes alliance.

De Monte-Cristo, où je retrouvai Jacopo, *Le Sindbad* cingla vers le sud, et ce fut dans l'île de Pantelleria que Nourredine fut notre hôte. Depuis quelques mois surveillé par les équipages de Zio Toni, il avait été attiré sur l'île afin d'y négocier la cargaison d'un vaisseau prétendument venu de la mer Noire, et intercepté au large de l'Italie. Nourredine comprit trop tard le piège : il était prisonnier.

Cependant que Florence se demandait où était passé le comte de Monte-Cristo, Nourredine à Pantelleria comparaissait devant Zaccone. Nous pouvions le livrer. Nous lui proposâmes une alliance qu'il fut bien obligé d'accepter.

Cette brute, redoutée de tous pour sa cruauté impitoyable, me fit sourire. Il ne comprenait positivement rien aux changements dont son univers était le théâtre. Il ne voyait pas que le temps était fini des hommes de sa sorte.

Il était comme un histrion qui continuerait ses tirades, quand le décor derrière lui est remonté dans les cintres, et qui invoque les antres sauvages et les bois profonds, les sorciers et les faunes, tandis que passe derrière lui le régisseur avec la recette. Lentement mais sûrement, l'Europe du Nord resserrait son étreinte sur la Méditerranée confisquée à ses riverains. Tout le disait, de l'archéologie fournisseuses de musées aux hôtels que les Anglais, dédaigneux des alberghi d'Italie, des kans grecs, des posadas d'Espagne, bâtissaient et exploitaient eux-mêmes dans tous les pays. La France continuait à rêver d'une Espagne à sa remorque, et courtisait le pacha d'Égypte, lui envoyant ses ingénieurs. L'obélisque de Louqsor gagnait la place de la Concorde. L'Angleterre fronçait les sourcils : appuyée sur Gibraltar et Malte, elle convoitait la route des Indes et rêvait d'un canal de la Méditerranée à la mer Rouge. L'Italie était autrichienne, la Grèce germanique ; le tsar poussait ses pions vers le Caucase et la mer Noire.

L'Espagne n'étant plus, l'Italie pas encore, l'empire ottoman crevassé et lézardé, qui pouvait endiguer cette lente et méthodique mise en coupe ?

Cela n'est pas achevé à l'heure où j'écris ces lignes. La bourgeoisie d'Occident est en train d'étendre ses mœurs et son industrie partout dans le monde. Il n'y a plus autour d'elle, de la steppe au désert, que des survivances, d'ailleurs désireuses de se fondre en elle le plus vite possible. La frénésie du moderne sévit de la pagode à la yourte. Le grand-duc reçoit l'agent de change, le maharajah en redingote joue au whist avec des chevaliers d'industrie, l'aristocratie suit les cours de la betterave, le firman des pachas autorise le chemin de fer ; la fumée du chibouque rêve de celle des hauts fourneaux. Les héros de ce temps s'appellent Morny et Achille Fould. *Il mondo va da sé…* Dois-je préciser que l'acier de M. Carnegie ne me fascine pas, et que je me sens d'une autre *trempe* ?

XI

Les derniers jours d'Ali de Tébélen. – Le lieutenant Mondego, le colonel Fabvier. – Les parias de la Grèce libre. – Grecs de Marseille. – Morandi, un philhellène. – « Mon ami Zaccone ». – Parga. – L'idée grecque et les tabatières. – Ce que le comte de Monte-Cristo doit aux touristes (suite). – « Je te livrerai l'homme, Haydée ».

En 1832, après une lecture attentive de la *Vie d'Ali de Tébélen* écrite par un certain M. Alphonse de Beauchamp, je partis pour la Grèce.

Voici l'histoire, déjà ancienne, qui m'y amenait. Le 28 octobre 1821, Khurshid Pacha, envoyé en Épire par le sultan Mahmoud afin de réduire la rébellion d'Ali de Tébélen, pacha de Janina, réussit par trahison à se faire ouvrir les portes de cette ville. Toutefois Ali de Tébélen continua sa résistance, d'abord dans la citadelle de Litharitza où il s'était retranché entouré de quelques centaines de fidèles, puis dans le kataphygion, le refuge fortifié qu'il avait dès longtemps fait aménager sur une île, au milieu du lac de Janina, et où seuls l'accompagnèrent des serviteurs et soldats éprouvés, ainsi que ses enfants et femmes. La première d'entre elles, fameuse, dit-on, par sa beauté, sa noblesse et sa piété, s'appelait Vasiliki. Une fois dans ce repaire où il avait fait entasser son or, il menaça, si l'on tentait d'y pénétrer, de faire sauter la poudrière qui en occupait le centre.

Or les ordres de Sa Hautesse Mahmoud étaient formels : la tête d'Ali de Janina devait orner les créneaux du sérail ; les trésors d'Ali de Janina devaient en remplir les coffres ; les femmes d'Ali de Janina devaient en peupler le harem.

Quelques semaines passèrent dans ce face à face sans que Khurshid, coupé de ses arrières par la révolte du Péloponnèse, que menaient Mavrocordatos à Missolonghi et Colocotronis à Tripolitza, parvînt à imaginer aucun moyen de déloger Ali.

Et puis de mystérieux événements se produisirent.

Une ambassade quitta un soir le kataphygion et rencontra l'état-major de Khurshid. On ne sait pas ce qui fut dit lors de cette entrevue, mais la nuit suivante les soldats prirent pied sur l'île, le kataphygion fut investi et Ali capturé sans que la poudrière n'ait été embrasée.

La tête d'Ali orna les créneaux du sérail ; son or en garnit les coffres ; ses femmes en peuplèrent le harem. Les uns dirent que si le kataphygion n'avait pas sauté, ce fut parce que l'esclave chargé d'y porter le feu recula de terreur devant le fatal geste. Les autres dirent qu'il y avait eu trahison. On s'étonnait tout de même que le renard de l'Épire eût aussi facilement livré l'accès à son terrier. Ainsi s'achevait en tout cas la carrière du pacha de Janina, commencée vers 1770, et qui, des premières expéditions sur sa ville natale, l'avait conduit, s'appuyant d'abord sur les nationalistes albanais et grecs, puis sur les Français de Bonaparte, puis sur les Anglais de Wellington, maîtres successifs des îles ioniennes toutes proches, à défier son maître le Sultan, comme l'a défié depuis, mais avec plus de succès, Méhémet Ali, pacha d'Égypte. Son sacrifice pesa lourd dans la balance en faveur de la liberté des Grecs*.

Durant toutes les luttes qu'il avait eu à soutenir pour édifier son royaume, Ali de Tébélen, soit comme allié, soit comme adversaire, avait pu apprécier l'organisation et la discipline des militaires français ou anglais. Comme il était riche, il n'eut aucune peine à acheter les services d'officiers de ces nations, démobilisés par la fin des guerres napoléoniennes. C'est ainsi que de 1818 à sa chute, il employa, en qualité de général instructeur, un officier français qui, voyant comme tant d'autres ses espérances de carrière ralenties par la paix de 1815, cherchait alors à vendre au plus offrant ce qu'il possédait de science militaire.

Cet officier, l'un des rares à échapper au massacre qui suivit la prise du kataphygion, était Fernand Mondego.

Et non seulement il sortit sain et sauf du désastre, mais il en sortit riche.

Dans l'espérance d'en savoir davantage sur ces mystères, j'avais imaginé de m'adresser à un protagoniste fameux de l'aventure grecque : le colonel Fabvier (dont je viens d'ailleurs d'apprendre la mort, voici quelques semaines). Officier durant les guerres de l'Empire,

* *Note d'Alphonse de Beauchamp.* Le comte se livre ici à une interprétation historique que l'on peut nuancer. De l'avis de plusieurs auteurs, Ali n'avait encouragé et soutenu la révolte des Grecs que pour détourner l'attention de Constantinople, pendant qu'il bâtirait son royaume au nord du golfe d'Arta. Mais, le Divan ne croyant pas aux chances d'une révolte des misérables *rayas* (les chrétiens), c'est au contraire la sécession d'Ali qui, en mobilisant les troupes du pacha de Morée, facilita la lutte des Grecs pour l'indépendance. Il avait compté se servir de la révolte grecque ; l'opinion romantique façonna l'image d'un martyr.

nommé colonel à Dresde en 1813, rallié d'abord à Louis XVIII, Charles-Nicolas Fabvier, vite rebuté par les excès des ultras, rejoignit l'opposition libérale. En 1823, lorsque l'armée française est envoyée rétablir l'absolutisme outre-Pyrénées, on le trouve sur la Bidassoa, avec quelques dizaines de demi-soldes, incitant les soldats à la désobéissance. Quelques coups de canon dispersent la maigre équipe. Fabvier, qui a par ailleurs trempé dans des complots de carbonari, part pour la Grèce où il se met au service de l'insurrection. En 1827 il participe à la défense d'Athènes contre les Turcs. Après 1830, Louis-Philippe le fait gouverneur de Paris puis pair de France.

J'écrivis donc à ce Fabvier. Je faisais mine de tout ignorer de Mondego ; je m'intéressais aux événements de Janina, où l'un de mes parents avait trouvé la mort dans des circonstances obscures. J'introduisais l'idée que peut-être M. de Morcerf pourrait aussi me renseigner.

La réponse de Fabvier fut éloquente dans sa réserve :

Monsieur,

Il est exact que j'ai eu l'honneur d'apporter mes modestes forces à la noble cause de la Grèce insurgée. Toutefois je ne sais rien directement des événements de Janina. Mon honorable collègue M. le général-comte de Morcerf pourrait peut-être, comme vous le dites, vous être utile, ayant occupé d'importantes fonctions auprès d'Ali de Tébélen, mais je ne conseille jamais à personne de lui faire des questions sur cette période de sa remarquable carrière. En revanche mon ami Morandi, qui est resté à Athènes, connaît bien les affaires de ce pays et je pense qu'il pourrait vous aider. C'est pourquoi je joins à cette lettre un mot à son intention.

En vous priant, etc.

Je lus et relus cette étrange réponse. Les lignes consacrées à Fernand disaient évidemment tout ce qu'elles n'osaient pas dire...

Je me persuadai qu'il y avait là quelque chose à exhumer, et résolus d'aller voir ce Morandi, dont Pellico, au reste, m'avait déjà parlé. Toutefois, j'avais ma légende à construire et me réservais d'aller en Grèce en mon temps et à ma façon. J'expédiai Jacopo dans l'Épire retombée sous la coupe ottomane.

Il écuma Janina, Souli, Parga, Metzovo, ainsi que les îles de Céphalonie, de Corfou et de Zante, où s'étaient réfugiés de nombreux combattants de l'indépendance. Son rapport me confirma que des rumeurs étranges couraient sur le compte de Fernand. On disait qu'il était reparti pour la France riche de quelque huit mille bourses, plus de trois millions de francs. C'était énorme, quelle qu'ait pu être à son égard la générosité du pacha.

L'évocation que me fit Jacopo de ces anciens combattants m'émut. La Grèce n'avait vu son indépendance reconnue par les puissances continentales qu'en acceptant, après la tentative de Jean Capodistria, qu'appuyaient les Russes, d'être gouvernée par un roi allemand, le jeune Othon de Bavière, c'est-à-dire en réalité par un conseil de ministres allemands à la solde de l'étranger. Othon avait apporté dans la corbeille un prêt de soixante millions destinés à remettre le pays en route. Mais les vieux klephtes qui au prix du sang lui avaient bâti son trône avaient pour la plupart été congédiés sans solde, le nouveau gouvernement d'Athènes préférant sa garde bavaroise. Toutes ces monarchies d'après 1815 avaient décidément un art consommé de montrer avec ostentation leur méfiance et leur mépris envers les peuples qu'elles prétendaient à gouverner...

Que firent ces pauvres grands cœurs indignés ? Ils retournèrent dans leurs montagnes du Péloponnèse ou de l'Acarnanie, où ils reprirent leur vie de partisans et de voleurs de poules. Cela pour les plus valides. Les autres menaient une vie misérable. Les îles ioniennes, demeurées anglaises, servaient d'asile à certains, souliotes et épirotes notamment.

Des îles, des réprouvés, des brigands : j'avais trouvé ma porte d'entrée.

À l'été 1832, *Le Sindbad*, que j'avais envoyé m'attendre à Ancône, appareilla pour la Grèce.

⋆

Je rêvais, à demi allongé à la proue, considérant les rives bleuâtres de la Dalmatie. J'avais auprès de moi des récits de voyageurs (Volney, Choiseul-Gouffier), *Les Orientales* de Victor Hugo, les *Vies* de Plutarque.

Sans doute poursuivais-je d'abord le souvenir d'un homme, et une vengeance, mais ces idées, présentes à mon esprit, prenaient place dans un plus vaste concert. J'avais traversé les régions de l'ombre, de la misère, du désespoir et de l'attente ; c'était à présent la vie entière qui m'était rendue. La Grèce, le combat de l'indépendance, les poèmes de Hugo, les mystères que j'allais peut-être exhumer : je saisissais le monde en sa beauté, en son histoire, en sa poésie, en ses énigmes. Je goûtais ce qu'il donne à tous : les paysages, l'air pur, les ruines, les grands événements ; j'avais saisi le fil de ce qu'il cache, les épisodes anciens de Janina, les millions de Fernand. J'étais une conscience abordant le monde dans toutes ses dimensions.

La Grèce, sans que j'y fusse allé, ne m'était pas vraiment étrangère. Dans les rues de Marseille le romaïque côtoyait en bon voisinage le provençal, aussi familier que l'odeur du goudron ou des épices, que l'horizon marin surgissant au bout d'une ruelle sale. Les noms des Serafino, Demichelis, Zacharios et autres Pacifico fleurissaient sur les enseignes, comme ils faisaient à Pise, Gênes, Bordeaux ou dans les échelles du Levant. En 1792 le drapeau blanc et bleu avait flotté auprès de nos trois couleurs sur le port de l'ancienne Phocée. Plus tard, les marins racontaient au moussaillon que j'étais, en me montrant les îles égéennes dans la brume azurée, comment les jeunes gens de ces rivages se faisaient traditionnellement pirates pour échapper aux conscriptions sur les galères du Grand Seigneur. La Grèce entrait ainsi dans une âme de douze ans ne faisant qu'une avec l'idée de liberté.

En ce temps-là déjà les habitants des îles ioniennes, gorgés d'espérances pendant l'occupation française qui suivit le traité de Campo-Formio, se soulevaient contre l'Anglais. Les Phanariotes de Constantinople, les Philomuses d'Athènes, l'*hétairie* fondée à Odessa par Ypsilanti disposaient partout dans le peuple les invisibles mèches de la révolte. Les montagnes de la Morée voyaient la veillée d'armes des klephtes :

Un klephte a pour tous biens l'air du ciel, l'eau des puits,
Un bon fusil bronzé par la fumée, et puis
La liberté sur la montagne !

J'avais raté le plus beau du combat. C'était durant la décennie 1820-1830 qu'à l'appel de l'archevêque Germanos s'étaient levés les héros, Petrombus, Tombasis, Canaris le brûlotier. À la proclamation d'Épidaure répondaient depuis Paris *Les massacres de Scio* par Delacroix. L'opinion européenne tout entière s'émouvait des atrocités turques. Byron à Missolonghi valait douze divisions. Les troupes françaises entraient en Morée après la bataille de Navarin. Et moi qui pensais ne plus croire en rien qu'en moi-même, je sentais mon cœur battre en découvrant à présent dans les livres ces événements dramatiques et lumineux.

Que mon lecteur ne se récrie pas si je parle longuement, si je m'attarde et fais quelques détours. Je ne suis pas sûr que mon obscure et hasardeuse vie, si vaine malgré ses démesures, vaille l'encre de ces Mémoires ; mais peut-être leur justification sera d'avoir prolongé le souvenir de ce qu'ils traversent, de cette jeune et pauvre Grèce, de ses montagnards, de ses soldats, de cette histoire si proche encore dont un jour s'éteindra, sans l'avoir racontée peut-être, l'ultime témoin... Non, que mon lecteur ne se récrie pas si je dédie ces pages à la Grèce que j'ai tant aimée. Et parmi ces noms qui vont peut-être disparaître, qu'il me soit permis d'évoquer celui du général Morandi.

En 1832 le général Morandi, vénitien de naissance, se consacrait pour le compte de la jeune monarchie grecque à la tâche — prométhéenne — d'organiser la gendarmerie dans ce pays exclusivement constitué de montagnes, de ravins et de ruines.

Républicain, carbonaro, Morandi représentait à la perfection le type de ces soldats perdus qui, à la chute de l'Empire, demeurés orphelins, s'étaient donnés corps et âme à la liberté où qu'elle surgît. Il avait participé en Italie aux soulèvements lombards et piémontais, ce qui lui avait valu de faire connaissance avec les *piombi* de Venise. Puis il s'était mis du nombre de ces « philhellènes » venus de toute l'Europe avec leurs mains et leur courage pour seules armes, à l'appel d'un million de Grecs que le sultan de Constantinople et le pacha d'Égypte se proposaient, si nécessaire, d'exterminer jusqu'au dernier.

À l'indépendance, Morandi, peu soucieux de regagner l'Italie où ne l'attendait que la prison, avait offert ses services au gouvernement du roi Othon.

Celui-ci, je l'ai dit, se méfiait de la Grèce, et des républicains plus encore. Mais on ne trouva pas inutile, on trouva même adroit, de recourir à un Morandi, bon militaire, et qui offrait bien des avantages : il connaissait le pays, il était aimé de ses habitants ; sa situation dans son propre pays donnait barre sur lui. On lui confia donc la gendarmerie.

Mission grosse de déchirements pour cet homme naïf, au cœur immense, quoique expérimenté et malin. Morandi se trouva placé devant ce dilemme : ou bien pourchasser ces pauvres diables qu'il aimait comme des enfants, klephtes redevenus brigands, marins de Canaris redevenus contrebandiers, armatoles mis à la retraite et devenus conspirateurs, Maniotes fiers et sauvages avec qui il avait partagé les hasards de la guerre, et qu'on lui désignait à présent comme gibier ; ou bien encourir les foudres du gouvernement qui le payait, étant entendu que l'extradition restait suspendue comme une épée au-dessus de sa tête.

Morandi s'était donné à la Grèce ; un Morandi ne se reprend pas. Il resta et s'engagea dans la politique épuisante consistant à apaiser d'une main le gouvernement (« J'en fais mon affaire »), tout en retenant de l'autre (« Soyez compréhensifs ») d'anciens frères d'armes que ce même gouvernement traitait comme des parias... Il joua le jeu, tentant de satisfaire les uns et de protéger les autres, n'ayant bien sûr à gagner que la méfiance et l'ingratitude de tout le monde. « Le vice fomente les guerres et la vertu combat » : Morandi, un peu raide et borné, incarnait cette vertu qui combat.

Comment il était traité à la cour d'Athènes, une anecdote le montrera. Un soir il trotte sur une route voisine, devant la calèche royale où Othon est en conversation avec un de ses ministres. Le cheval de Morandi bronche, tombe, se brise une jambe, et le pauvre général se retrouve à demi écrasé sous sa monture. Le roi interrompt un instant sa conversation pour presser le cocher ; la calèche contourne l'obstacle et continue sa route. Des gens accourent, dégagent Morandi, abattent le cheval. Morandi regagne Athènes à pied. Et le lendemain la Maison du Roi lui demande sèchement le remboursement de l'animal...

Morandi se trouvait donc depuis quelque temps dans cette position lorsqu'il vit plusieurs fois mentionné, dans les rapports provenant de la région comprise entre Patras et Navarin, le nom d'un certain Zaccone, Bartolomé Zaccone, habitant l'île de Zante.

Les rivages, toujours les rivages, étaient le séjour de prédilection de tout ce que comptait la Grèce d'opposants, de voleurs, d'anciens combattants n'ayant jamais rendu leur fusil. Tout cela communiquait avec les contrebandiers et, traversant la mer, s'acoquinait avec les patriotes italiens, ce qui occasionnait à Athènes, de la part du gouvernement viennois, les remarques les plus désobligeantes.

Or tout indiquait que ce Zaccone, en son île de Zante où la juridiction de Morandi ne s'étendait pas, mettait ouvertement son bateau à la disposition de quiconque se trouvait en délicatesse avec les pouvoirs civils et militaires grecs.

Curieusement, Morandi rassembla sans difficulté des informations sur ce personnage. Zaccone s'était rendu acquéreur d'une maison sur les rivages de l'île regardant la Grèce. Sa goélette était fréquemment amarrée au-dessous, dans la crique. Quelques hommes, Corses ou

Italiens, lui servaient de domestiques et de sentinelles. Sa trace se retrouvait ailleurs en Grèce. Certains prétendaient même l'avoir vu bivouaquer dans les ruines de Mystra...

Quel jeu jouait donc ce personnage, qui non content d'aider les opposants au régime, laissait traîner partout son nom comme s'il voulait qu'on le remarquât ? Morandi en était là, déchiré comme toujours entre la crainte des ennuis que pouvait lui causer ce protecteur de rebelles et la sympathie qu'il lui inspirait à part lui, lorsque un matin son secrétaire l'informa que M. le comte de Monte-Cristo, arrivé la veille au Pirée à bord du bateau *Le Sindbad*, sollicitait une audience.

Morandi le fit introduire et n'y alla pas par quatre chemins :

— J'ai déjà entendu parler de votre bateau, Monsieur le Comte !

Je souris :

— Il appartient à un de mes amis, Bartolomé Zaccone, de Malte.

— Eh bien, votre ami devrait se méfier. Il se mêle trop ouvertement de politique grecque, et s'il continue, je devrai faire un rapport au ministre d'Angleterre.

— Voudriez-vous dire, insinuai-je, qu'il manque à votre goût de... discrétion ?

Morandi me regarda longuement et enfin s'amadoua.

— C'est précisément ce que je voulais dire, répondit-il. Au reste ses activités ne me regardent pas : la gendarmerie grecque n'a pas à se mêler de ce que fait un Maltais en territoire britannique.

Je souris. Morandi s'en tenait bien sûr à son devoir de réserve, mais ses yeux me disaient que nous nous étions compris.

— Ce qu'il fait, repris-je, je vais vous l'apprendre.

Zaccone est passionné par l'indépendance grecque. Sa femme était apparentée à Colocotronis. Elle est morte l'année dernière en lui faisant promettre d'aider ceux qui avaient donné leur sang pour la liberté de sa patrie. Voilà pourquoi il s'est installé à Zante. Mais il souhaiterait aussi récompenser les soldats philhellènes de différents pays, et pour cela il cherche à connaître les noms de ceux qui le méritent et qui en ont besoin. Or une amie, la comtesse Guiccioli, lui a dit que vous étiez à même de nous informer à ce sujet...

— J'ai connu pas mal de monde, dit-il avec une concision toute militaire.

— Eh bien, Bartolomé s'intéresse à un soldat français dont il n'a pu trouver trace, fidèle compagnon d'Ali de Tébélen et qui n'échappa que par miracle aux janissaires turcs : il s'appelait Mondego.

Morandi se rembrunit.

— Mondego ? Fernand Mondego ?

— C'est cela.

Le verdict tomba comme un couperet :

— Mondego n'a aucun besoin de l'aide de votre ami.

— Pourquoi ?

— Parce qu'il est aujourd'hui général et comte de je ne sais quoi ! Fabvier l'a pour collègue à la Pairie de France.

— En ce cas... Mais on dit qu'il a été vraiment héroïque.

— Ah, on le dit ?

— Oui.

— Eh bien, Monsieur le Comte, parmi ceux qui ont vécu cette guerre, on ne le dit pas !

Il soupirait, avec le désarroi de ceux qui savent que l'histoire sera écrite, hélas, sans ce qu'ils pourraient dire. Tout homme qui a vécu des événements mémorables comprend vite qu'ils seront faussement racontés par des gens de bonne foi, loin de soupçonner l'étendue de ce qu'ils ignorent.

— Ce que l'on dit en Grèce, bougonna le militaire, c'est que Mondego est l'homme qui a livré Ali de Tébélen aux troupes régulières de la Porte. Pour prix de ce service il mit la main sur une partie du trésor, après quoi il partit pour Constantinople.

— Et qu'allait-il faire là-bas ?

— Le diable le sait ! À ce moment j'étais à Missolonghi. Nous avions appris la chute de Janina par le récit d'un de mes compatriotes, Careta, qui avait servi là-bas. Lorsque Khurshid Pacha mit la main sur Ali, Careta fut sauvé par Mondego, qui le fit avec lui embarquer à Parga, et, sur sa demande, débarquer près de Missolonghi. Mondego avait alors un laissez-passer établi par Khurshid Pacha...

— Et qu'est devenu ce Careta ?

— Il est mort. Le prince Mavrocordatos l'employa comme éclaireur ; il fut pris et décapité par les Turcs peu avant la bataille de Péta.

— Il était donc le seul témoin de cette affaire ?

— Oui. Mais il m'a révélé un détail plus étrange : à leur départ de Janina, Mondego emmenait une femme, voilée des pieds à la tête, ainsi que son enfant, une petite fille. Careta croyait que cette femme était Vasiliki, la femme d'Ali de Tébélen.

— Et qu'est-elle devenue ?

— Je ne le sais pas davantage. Voyez-vous, Monsieur le Comte, c'est avec regret que je vous dis ces choses. Quand on lit les écrits des Anglais ou des Français sur cette guerre, les poèmes de Béranger, on ne voit que le bon côté. Mais il y a eu aussi les aventuriers, ceux qui ne venaient là que pour chercher l'occasion de s'enrichir... Dites bien cela à votre ami Zaccone, continua-t-il en me regardant drôlement. Qu'il m'écrive, s'il le veut. Et qu'il s'arrange, autant que possible, pour que mes gendarmes ne me parlent plus de lui ni du *Sindbad*...

— Je vous le promets.

— Vous le connaissez donc tant que ça ?

— Assez intimement, oui.

— Et il vous écoute ?

— Religieusement.

Je souriais. J'ai su plus tard qu'à ce moment encore, nous nous étions parfaitement compris.

*

Le lendemain *Le Sindbad* mettait le cap sur Corinthe, où je décidai qu'il nous attendrait, Jacopo et moi, le temps que nous retournions en Grèce du Nord sur un autre bateau par le golfe de Lépante.

Je m'impatientais des deux ou trois jours qu'il nous faudrait pour être en vue de Parga, où j'espérais lire le prochain chapitre du feuilleton. Un marin, là-bas, dix ans plus tôt, avait pris à son bord Fernand Mondego accompagné du nommé Careta, de cette femme voilée et de sa petite fille. Où ce marin les avait-il conduits après avoir débarqué l'Italien ? Avait-il pu soupçonner qui étaient ces femmes ? Et dans ce cas, existait-il encore ? Avait-il fait part à quelqu'un de sa découverte ? J'avais fait le pari de fouiller en tous sens la vie de mes ennemis afin d'en percer les secrets, si secrets il y avait. Et maintenant j'entrevoyais la possibilité d'un de ces secrets. Je me jurai de ne pas repartir sans avoir, s'il le fallait, interrogé un par un les habitants de Parga.

Durant cinq semaines, Jacopo m'aida à mettre à contribution tout ce que l'illustre Zaccone comptait de protégés parmi les parias de l'Épire. Encore sous la tyrannie turque, les gens se méfiaient. Il fallut payer les témoignages. Mais ce qu'un homme ignore, un réseau le sait : on m'amena enfin à un ancien marin qui se souvenait de l'épisode.

Simple homme d'équipage à bord de ce bateau marchand, il n'était bien sûr jamais entré à la cour du pacha et ne put confirmer les affirmations de Careta. Mais il se souvenait bien de l'officier franc, qui avait continué le voyage jusqu'à Constantinople. Là, il l'avait vu, sur les quais de la Corne d'Or, s'enfoncer dans les passages du bazar égyptien en compagnie d'un marchand arabe fort connu, El-Kobbir, qui travaillait pour le Sultan, puis revenir avec lui au bateau et lui remettre les deux femmes.

— Ce marchand existe-t-il encore ?

— Je ne sais pas. Mais il n'était pas âgé de plus de quarante ans, et c'était un des gros marchands du bazar.

Je donnai cent écus à cet homme et quittai sa maison. Un des deux serviteurs qui nous accompagnaient fut chargé de retourner à Corinthe, d'où *Le Sindbad* devrait appareiller sans attendre pour Istiaia, dans le Nègrepont, que nous entreprîmes de rallier par voie terrestre.

Le voyage était assez long, de quelque générosité qu'on fît preuve pour en brûler les étapes ; j'y vis une admirable occasion d'apprendre à dompter l'impatience qui nous saisit lorsque des jours et des lieues s'interposent entre notre pensée et son but. Je m'imposai l'exercice de ne plus penser une seule fois à Mondego ni au marchand El-Kobbir.

La Grèce était un désert ocre, de torrents à sec, de montagnes ravinées coupées quelquefois de plaines fertiles. Les derniers Turcs avaient quitté les acropoles et les châteaux des Francs, laissant derrière eux les minarets dominer villes et villages. On rencontrait de loin en loin des vestiges antiques, blanchis comme des ossements, où croissaient gattiliers et lauriers-roses. Seuls les gilets rouges des paysans mettaient quelque couleur dans le tableau.

Les lambeaux d'un peuple habitaient un pays de ruines. Un gouvernement allemand était censé forger une nation en soudant des brigands maniotes, des marins de Chio, des négociants rentrés de Belgrade, de Marseille ou de Londres, dans un pays sans routes, démembré par la montagne et la mer, où voisinaient sans jamais s'être compris l'ordre dorique, les créneaux francs et les dômes des mosquées ; un pays abruti de sujétion, de misères et de massacres, qui n'avait jamais été uni quand il était indépendant, ni indépendant quand il était uni. Et c'était cette pauvre contrée peuplée d'un million d'âmes à peine qui avait mobilisé l'Europe, parce qu'elle était chrétienne, parce qu'elle voulait être libre, parce qu'elle était l'antique mère des arts, des pensées et des lois.

Si peu d'influence que j'accorde aux grands idéaux dans les affaires humaines, je ne laissais pas d'être ému par l'évocation de ces grands souvenirs. Je connaissais les faiblesses et les limites de l'enthousiasme philhellénique. La légende héroïque, les enfants massacrés dans les bras des mères, la poitrine bombée du pallicare généreux, les chibouques et les caftans des vieux pachas barbus, popularisés par Eastlake, Scheffer ou Bonington, procuraient aux marchands de Paris, de Londres ou de Genève des motifs d'assiettes peintes, de pare-feu et de tabatières. L'artiste est une abeille : dix ans de massacres et de souffrances avaient fourni à Delacroix des rouges, des ors, des femmes nues, à Hugo des rimes nouvelles, « icoglan », « caïque » ou « sultane ». Missolonghi, Navarin, Chio, Canaris : il faut se demander ce que l'immense élan de sympathie des poètes occidentaux vers la Grèce doit à ces noms évocateurs, si bien venus dans leurs alexandrins, et que le vers français, depuis *Bajazet,* cherchait sans le savoir.

Je n'ignorais pas non plus tout ce qu'on pouvait brandir pour décourager l'enthousiasme. Je n'ignorais pas les combattants grecs mettant aux postes les plus dangereux les philhellènes étrangers. Je n'ignorais pas (et pour cause) les aventuriers à côté des héros. Je savais les misérables dissensions entre les notables de la diaspora, inspirateurs de l'insurrection, et les militaires qui l'avaient faite. La Grèce n'avait pas encore gagné la partie, après les grands moments d'unanimité du congrès d'Épidaure, que la discorde civile allumait ses feux. Là comme ailleurs, l'ambition, le calcul et les rapacités salissaient les plus beaux courages. La douce patrie de Dionys Solomos n'échappait pas aux règles humaines. Et ce n'était évidemment pas la cause de la liberté qu'avaient voulu défendre le tsar, le roi de France et celui d'Angleterre. Le premier guignait la mer Noire ; les deux autres n'étaient là que pour l'empêcher d'opérer seul. Il y aurait une inconcevable naïveté à penser que des ingérences de cette sorte puissent être jamais dictées par un souci moral ; lorsque Metternich, jugeant les Grecs assez libres pour son goût, avait dit halte, on s'était volontiers rangé à cet avis prudent.

Je savais tout cela : mais il y avait eu, et elle me touche encore, l'idée de la nation grecque ; idée sans espérance et presque sans racines autres que dans le rêve, et qui pourtant, en ces temps-là, était apparue mystérieusement due à la souffrance de l'homme, comme une condition à remplir avant que de parler de liberté où que ce fût dans l'univers. Après tant d'années de révolution et de guerre, les trônes rétablis, les prisons remplies, les revanches consommées, les déceptions bues, l'homme n'allait-il pas désespérer de pouvoir infléchir son destin ? Il fallait, pour que l'on pût croire que la liberté était de ce monde, que ce petit peuple écrasé de corvées, d'humiliations et de rapines se levât contre l'énorme et cruelle Turquie, il fallait qu'il dérangeât les plans de M. de Metternich, qu'il secouât l'attentisme méfiant des chancelleries, qu'il unît en dépit de tout des monarchistes chrétiens avec des jacobins athées, ceux-ci parce qu'athées et jacobins, ceux-là parce que chrétiens et monarchistes. Il fallait que l'on pût y croire, il fallait qu'il fût prouvé qu'une idée pouvait naître, grandir et bousculer les petites raisons, les scepticismes ennuyés ; cette idée vint alors ; il est beau que l'Histoire soit allée la planter sur la terre d'Œdipe, de Socrate et de Léonidas !

Je ne rencontrai guère en Grèce, hormis les paysans, que d'obligeants consuls, des archéologues, des peintres et des touristes. Ces derniers ne trouvaient pas en Grèce la Grèce qu'ils désiraient. Je ne sais quelles turqueries de bordel se mêlaient dans leur imagination aux souvenirs de la grandeur lacédémonienne, de l'agora, de Salamine. Ils s'attristaient qu'il n'y eût rien à voir à Sparte, et paraissaient mystérieusement déçus que le Pélion ne fût en somme qu'une montagne. Les visiteurs de la Grèce dans les années 1830 avaient ouï parler d'Ibrahim Pacha, des klephtes ; ils avaient admiré des tableaux et lu des livres ; ils conservaient je ne sais quel espoir de retrouver le pays en l'état. Si Canaris, le Cincinnatus grec, avait voulu se faire visiter comme Gasparone, il eût gagné sa vie bien mieux qu'en reprenant son premier métier. Nombre de Grecs avaient compris cette illusion, dont ils tiraient parti avec la finesse et l'audace que donne la pauvreté. Des bergers, sachant quel point de vue les voyageurs aimeraient à dessiner dans leur album, faisaient métier de les y conduire. D'autres, avec quelques pieds de colonne ou quelques marbres gravés, faisaient vivre une famille : c'était le sanctuaire d'un oracle, et les arbres d'alentour les restes d'un bois sacré. Des jeunes gens qui n'avaient peut-être jamais vu l'ombre d'un cimeterre se postaient sur les chemins, un vieux fusil à l'épaule, avec la fustanelle, le bonnet rouge et l'air mystérieux. Aux voyageurs qui les interrogeaient ils désignaient le ravin proche et, dardant sur les femmes leurs beaux yeux de danseurs professionnels, racontaient d'imaginaires embuscades et comment un combattant, invariablement leur oncle, avait ici même versé son sang pour la liberté. Le Touriste est vraiment un des types les plus curieux qu'ait produits cette imbécile époque ; mais je me contenterai de renvoyer le lecteur à M. Mérimée, qui a dit ce qu'il y avait à en dire dans son ingénieux petit roman *Colomba.*

Moi, je mêlais ces réflexions à d'autres, faites en Italie, et dans le même temps je lisais Byron :

Son silence formait un thème pour le bavardage des autres. Qu'avait-il été ? Qu'était-il, cet inconnu ? Haïssait-il les hommes ? On eût dit qu'un chagrin vigilant contraignait cette âme à haïr, parce qu'elle avait trop aimé. Il y avait en lui un mépris vital de tout...

Byron avait consacré l'essentiel d'une œuvre abondante à peindre sous les traits de personnages fictifs l'image exagérée qu'il s'était formée de lui-même ; que ce fût extravagance ou cabotinage, cela réussissait fort bien en librairie. Il posait qu'il était Manfred ou Lara et on s'empressait à le croire. Je vois un signe patent de décadence de la noblesse dans le fait que d'authentiques gentilshommes comme Chateaubriand ou lui aient été les inventeurs de cet histrionisme, si bien fait pour s'accorder au goût niais du bourgeois, lequel est toujours peu ou prou en train de faire la *réclame.* Encore avaient-ils du génie ; mais nous verrons le temps des faux poètes, des faux penseurs, des faux peintres, attifés de l'oripeau des vrais. Quoi qu'il en soit je retenais cette béate disposition des gogos à croire aux effets de cape : peu à peu le comte de Monte-Cristo prenait tournure.

*

En décembre 1832, moyennant une émeraude de quatre-vingt-six carats, l'une des plus belles de mon trésor, je devins le maître et seigneur d'une petite fille de douze ans, pâle, muette et toujours effrayée : Haydée, princesse de Tébélen, fille du pacha de Janina, vendue en 1822 pour la somme de mille bourses à El-Kobbir, marchand accrédité du sérail, par l'officier Fernand Mondego.

En ma possession également l'acte de cette vente, les pièces prouvant sa naissance et sa filiation, et le firman par lequel Sa Hautesse Mahmoud cédait pleine et entière propriété de la jeune fille « au seigneur franc comte de Monte-Cristo ».

Mettant à profit la confiance que lui accordaient et les Turcs, et Vasiliki, Fernand avait fait quitter le kataphygion à celle-ci et à sa fille ; après quoi il s'était rendu à Constantinople pour les vendre ; si bien que Sa Hautesse avait payé mille bourses ce qu'elle aurait dû avoir pour rien. Je n'en revenais pas de ma chance. Cet épisode, qui mettait dans son aventure grecque une rapacité, une scélératesse pures de tout scrupule, allait me fournir et le moyen de l'abattre, et une raison de plus de ne pas hésiter...

Je n'en saisis d'ailleurs toute l'importance que plus tard, lorsque j'eus mesuré mieux le retentissement de l'affaire grecque dans l'opinion publique française. Le forfait du Catalan prenait place devant une toile de fond déjà largement déroulée. Durant toute la guerre, Turcs et Égyptiens avaient couramment emmené en esclavage les prisonniers qu'ils faisaient en Grèce, et le vicomte de Chateaubriand avait, à l'époque, soulevé des tempêtes à la Chambre en posant la question d'une participation française à ces trafics. Il l'avait fait avec une grande prudence, mais du ton aussi d'un homme qui, s'il ne peut tout dire en public, sait du moins à quoi s'en tenir. « Des vaisseaux chrétiens, demandait-il, ont-ils transporté les enfants des Grecs aux marchés d'Alexandrie ? Des bâtiments de guerre construits à Marseille pour le pacha d'Égypte ont-ils escorté ces convois de chair humaine vivante, ou ces cargaisons de mutilations triomphales qui vont décorer les portes du sérail ?... Je veux croire, Messieurs, qu'aucun navire français n'a taché son pavillon dans ce damnable trafic, qu'aucun sujet des descendants du saint roi qui mourut à Tunis pour la délivrance des Chrétiens n'a eu la main dans ces abominations ! » C'était jeter un effroyable soupçon sur certains enthousiasmes philhelléniques, et sur une aventure dont Fernand, en 1830, allait se faire une cocarde. Raviver ce scandale, le concentrer sur lui, apporter des preuves, lui porterait un coup dont il ne se relèverait pas.

Je n'étais ni ne suis solidaire de l'humanité ; les indignations lyriques de nos écrivains sur les hypocrisies de la politique étrangère me laissaient froid bien autant qu'aujourd'hui : on dirait que ces gens-là ne savent pas à quoi s'en tenir sur l'homme (ou le feignent, pour poser aux Justes). Peu m'importait ; avoir reconstitué les agissements de Mondego, réuni les preuves et le témoin ; les détenir seul, à l'insu de tous ; être en mesure, au jour choisi par moi, de les produire à la lumière, en plein Paris, était, serait, pour le naïf Edmond Dantès, une éclatante, une prodigieuse revanche. Moi, Edmond Dantès, fils de Louis Dantès l'ouvrier des savonneries ; moi, Dantès, le prisonnier sanglotant, misérable du château d'If ; moi, l'évadé de 1829, timide, furtif, inquiet, j'avais été au fin fond du monde, dans les lointaines contrées où s'était déroulée l'histoire contemporaine, et jusque dans les plus ténébreux détours du mystérieux sérail, exhumer ce nouveau trésor : le secret qui détruirait Fernand Mondego. À présent ce secret était à moi et à nul autre ; ma puissance n'était plus un rêve. Il me restait à espérer que le Sort me livrerait bientôt Villefort et Danglars de façon semblable.

C'est une chose étrange, et qui je pense n'a pas été vécue par beaucoup d'hommes, d'être le maître absolu d'une créature humaine, sans contrôle, à l'insu du monde entier. Haydée m'appartenait, personne ne le savait. J'allais désormais être pour elle la main qui nourrit, la voix qui rassure, la volonté qui décide. Un père, quelque autorité que la société lui reconnaisse, est entouré, contrôlé par une famille, par un voisinage, par les lois. Le droit même de vie et de mort, quand il en dispose, il ne peut en user sans en rendre compte. Moi, j'aurais pu dans une totale impunité m'emparer de cette enfant et la jeter à la mer.

La vérité est que j'étais maladroit et presque timide devant cette situation. C'est une chose difficile qu'un enfant avec ses grands yeux scrutateurs et farouches, ses silences, ses terreurs aussi. Et puis, enfant par l'âge et l'arriération du sérail, elle était jeune fille déjà par sa grâce, sa beauté orientale, le nez et les sourcils assez forts, les yeux éclatants dans le visage mat, la bouche boudeuse. Je ne savais rien de ce qu'il faut savoir. Elle ne parlait guère que la lange turque et je dus trouver des femmes grecques capables de la comprendre. Très vite se reforma entre elles ce climat spécial du gynécée, ce règne féminin où l'homme, même s'il est le maître, n'a que certaines entrées.

Journal (15 janvier 1833). *Première ébauche de conversation, par le truchement de ses femmes. Je lui ai demandé :*

— Sais-tu qui était ton père ?

— Oui.

— Sais-tu comment il a péri ?

— Je sais qu'il a péri.

— Sais-tu qu'il fut livré par le même homme qui vous a vendues ?

— Ma mère le pensait.

— As-tu le désir de te venger ?

— Oui.

— Ce jour viendra. Je connais l'homme. Je te le livrerai.

Elle me regardait, incrédule, étonnée, méfiante.

— Je te le jure, Haydée.

Elle n'a rien laissé paraître, mais avant de laisser retomber derrière moi la tenture qui isole sa partie de la cabine, je me suis retourné — et j'ai eu le temps de surprendre, avant qu'il ne se détourne, un regard qui n'était plus tout à fait le même.

Il faut donner à chacun ce qu'il désire.

XII

Spleen. – Ma vie en 1833. – Mercedes. – Conventions des romans. – Lorettes et esclaves. – Note de la princesse Haydée : la Nevita. – *Les cartes géographiques. – Voyageurs illustres. – Partir, revenir. – Du bon usage du temps. – « Pas encore. »*

En février 1833 je m'aperçus que j'étais libre depuis quatre ans déjà. Depuis quatre ans je parcourais l'Italie, la Grèce, la Méditerranée, entrant dans les villes puis revenant aux rivages, franchissant à reculons l'invisible rideau, le *voile de Maïa* qui sépare deux mondes, l'un invisible au sein de l'autre. Depuis quatre ans je participais de nouveau à la vie diurne, pleine de couleurs, de visages, de paysages, de paroles et d'événements. Depuis quatre ans je nouais des relations avec mes semblables, lisais les journaux, visitais les collections d'art, assistais aux spectacles, apprenais à connaître les règnes, les classes, les mœurs.

Je n'avais pas pris garde encore à cet anniversaire ; il se fit remarquer de la façon la plus inattendue, en abattant sur moi une vague amère, froide, de découragement et d'inquiétude. J'allai m'enfermer dans les grottes de Monte-Cristo, désormais aménagées à ma convenance, et cherchai à comprendre cette inexplicable mélancolie. L'intuition me murmurait que c'était là le résultat prévisible de la vie que je menais ; mais ma raison n'en saisissait pas la raison. Ce malaise dérangeait les idées que je m'étais faites ; je ne pouvais pas ne pas reconnaître qu'il avait déjà à plusieurs reprises tenté de m'envahir, et qu'à chaque fois, fuyant dans l'action, je l'avais repoussé. Il est vexant d'être la dupe des autres, il ne l'était pas moins de l'être de moi-même. L'instinct, cet éclaireur, tentait de m'avertir que je faisais fausse route ; l'intelligence ne voulait pas en convenir et se sentait prise en défaut.

J'aurais dû m'attarder, interroger mieux cette voix qui cherchait à se faire entendre. Mais si l'on admet aisément s'être trompé quelques mois, remettre en cause quatre années d'acharnement suppose une déconvenue plus grave. Ces quatre ans me piégeaient déjà et me dictaient leur loi. Je ne savais pas que j'avais de toute façon rendez-vous avec ce *spleen*, que je pouvais bien le chasser, qu'il reviendrait. Je me voulais maître et souverain en moi-même. Je ne croyais qu'en la discipline, en un but que l'on se donne et que l'on poursuit. Je ne savais pas que la mécanique humaine est plus compliquée, et nous impose quoi que nous fassions ses pesanteurs, ses caprices, ses mutineries.

J'éperonnai ma volonté ; je me persuadai une fois de plus que ma vie était en ordre, et que tout était comme il devait être.

J'avais quelques raisons de le croire. Ma position dans le monde était assurée. Mon argent travaillait, en partie — en partie seulement — placé dans les banques et les Bourses de plusieurs États. Je ne dépensais pas la moitié de ce qu'il rendait : ma fortune croissait lentement et sûrement.

Je m'intéressais à l'irrigation dans la maremme ; dans

les collines toscanes je chassais au faucon. J'usais le moins possible de mon titre : lorsque le comte de Monte-Cristo ferait irruption dans Paris, il faudrait qu'il semblât sorti de nulle part. C'était Zaccone qui agissait. Dans la même visée je me montrai moins à Florence. Il y avait alors une Europe cosmopolite qui n'était pas bien grande : le lord anglais, le seigneur magyar, le prince romain fréquentaient les mêmes bals et les mêmes théâtres, prenaient les eaux dans les mêmes villes, l'argent chez les mêmes banquiers. Dans ce monde-là, chacun à tout instant était occupé des autres, soit pour les évaluer, soit pour se montrer à eux ; pour peu qu'on y entrât on était très vite connu de Vienne à Londres et de Naples à Paris ; j'avais fait mon apprentissage, obtenu un blason : Zaccone ni Monte-Cristo n'avaient intérêt à s'attarder.

Mieux que mon récif toscan, les îles ioniennes s'accordaient à cet impératif de discrétion. À Zante, je préférai plus tard Céphalonie, où j'avais confié Haydée à des religieuses orthodoxes. C'était la religion de sa mère, elle n'en voulait pas connaître d'autre. Elle avait gardé à son service une des femmes que je lui avais procurées au retour de Constantinople. Elle s'attacha par la suite à une préceptrice, descendante d'une famille vénitienne, que j'avais recrutée à Corfou.

Obsédé par le besoin de pouvoir disparaître, je me procurai un pied-à-terre à Tunis : une maison à la romaine édifiée naguère par un gros marchand d'épices, au milieu de jardins, à quelque distance de la ville. Le bey me connut sous le nom de Jacoby. Je venais du Liban. Le cheval anglais que je lui offris eut l'honneur de lui plaire, d'autant plus qu'un de ses pur-sang venait de disparaître de ses écuries. Sa Grâce me donna en échange la vie d'un pauvre nègre soudanais, Ali, convaincu de complicité dans ce vol. On lui avait déjà coupé la langue ; j'évitai que sa main ne suivît, puis sa tête. Je pensai que ce serviteur muet siérait bien au comte de Monte-Cristo, et puis j'avais eu pitié de lui.

Plusieurs lieux, plusieurs noms, plusieurs domaines, plusieurs masques, un seul homme. Il y avait le tuteur d'Haydée ; le fantasque nabab qu'appréciait Vittorio Fossombroni ; le maître de Jacopo et de Bertuccio (ce dernier promu intendant de ma maison pour soulager l'ancien matelot de *La Jeune-Amélie*, désormais voué aux transports, ainsi qu'aux relations avec *nos amis*) ; il y avait le protecteur de Vampa et de Nourredine, l'allié de Zio Toni ; il y avait l'amateur d'art, le millionnaire. D'autres encore.

Je démultipliais le secret : Jacopo ne revit plus Haydée, Bertuccio ne revit plus les contrebandiers qui me l'avaient amené ; mes hommes de Zante ignoraient Florence, mes hommes d'Italie ignoraient la Grèce. Seul Zaccone savait tout de Zaccone, et poursuivait sa sauvage carrière de chasseur de trésors — de trésors d'un genre particulier, sans valeur pour quiconque d'autre que pour lui.

Je m'efforçais, ainsi que Shakespeare le conseille, de ressembler au monde afin de mieux le tromper.

Je m'adonnais au tir et au stoïcisme. Cela se ressemblait à bien des égards.

J'eus une retraite de divans, de fontaines et de miroirs dans la presqu'île de Gallipoli où, durant quelques mois de 1833, je m'appliquai à la débauche. L'ascèse également m'intéressa, quelques semaines, dans les cellules du mont Athos. De l'une à l'autre il n'y avait que deux journées de voile.

Probablement me faut-il répondre ici à une question que se posera l'éventuel lecteur, et plus sûrement la lectrice. Non, je ne souffrais plus quand je pensais à Mercedes. Le souvenir de l'amour qu'on m'avait pris ne me justifiait qu'abstraitement : j'y puisais le droit d'être impitoyable, mais pas sans mauvaise foi, car je ne souffrais plus. Cela, j'en suis bien conscient, risque de décevoir. La littérature en ce siècle est devenue populaire, et il se trouve — on peut d'ailleurs se demander pourquoi — que cela ne va pas sans conventions des plus voyantes. Dans le roman qu'on pourrait tirer de ma vie, le héros revenant après vingt-cinq ans d'absence aimerait comme au premier jour son ancienne fiancée. Porteur d'un chagrin romantique et d'une misanthropique amertume, il ne la reverrait pas sans frémir. Tout serait comme au premier jour, la douleur en plus. Je suis obligé de décevoir. Je pensais à mon père, oui. Il me manquait. Il me manque toujours. Il manque à Edmond Dantès. Rien ne réparera pour moi la mort de ce vieil homme abandonné, désespéré. Mais la réalité est ce qu'elle est, je n'y puis rien : lorsqu'à Paris je revis Mercedes, je constatai qu'elle avait vieilli, voilà tout.

Ce large Suisse à cheveux blancs
Qui ment sans cesse à votre porte,
Philis, est l'image du Temps...

Le temps avait passé, j'étais ramené à 1815, à Marseille, à nos premiers serments... Cela, oui, me rendit mélancolique, à cause des années enfuies, mais ce n'est pas l'amour, ça, sinon l'amour de soi... Ce qu'on a cru aimer, on s'en passe, la vie nous l'enseigne. On se dit : ce n'était que ça ? La femme qui un peu plus tard devait quitter le monde et se retirer seule dans un couvent de Marseille était, plus que quiconque, la victime de cette histoire ; mais cette vie gâchée, sans espoir ni compensation, ne m'inspira que de la pitié.

Non, vraiment, il n'y a pas lieu de pleurer sur mon sort. J'en reviens, j'en reviens toujours aux lignes de 1830 par lesquelles j'ai voulu que ce récit commençât : *Non, je ne pleure pas...* Plus tard, le comte de Monte-Cristo a souffert, mais pour d'autres raisons. Durant ces années-là, Zaccone, tout à l'action, dévorant le monde enfin livré à lui, aura joui de sombres délices, sans regretter le juvénile et tendre bonheur, un peu fade, que la vie avait promis puis retiré au pauvre Edmond Dantès.

On doit se demander par conséquent quelle était (et quelle est) la place des femmes dans ma vie. Pour moi aussi cette question a mis longtemps à se clarifier. Des années durant je n'ai su à quelle sorte de femmes me vouer. Partout je voyais Jacopo lutiner bouquetières ou servantes avec une gaieté, une bonne humeur, une gentillesse qui lui valait nombre de succès, et son visage s'éclairer lorsque, devinant quelque bonne fortune, je lui donnais congé jusqu'au lendemain. Je n'aurais pu en user de la sorte. J'avais, comme on dit, passé l'âge, étant entendu que cet âge-là est moral. Le temps avait creusé en moi, trop tôt, de trop profondes cavernes. J'avais mille ans, et à mille ans, on ne court plus la prétentaine. Pas davantage je ne me voyais dans l'emploi de ces cavaliers servants que les Italiennes, avec la complicité du mari, promenaient partout comme un caniche. Le joli rôlet pour Zaccone, que celui de sigisbée !

Restaient les courtisanes, les danseuses, ou ce que Paris appelle les lorettes. Que dis-je ? Paris a inventé les lorettes, le monde les lui envie sans en connaître le secret, elles en sont l'âme légère, gouailleuse, interlope et charmante à la fois. Eh bien ! J'ai apprécié les lorettes, que me firent connaître mes jeunes amis parisiens, même si je ne suis pas resté à Paris assez longtemps pour les fréquenter beaucoup. Avec ces filles-là on paie, assez cher même, mais elles ont le génie de ne jamais donner à ce commerce l'allure répugnante de la basse prostitution.

Elles ont de la gaieté, souvent de l'esprit, un art consommé d'éviter les complications sentimentales en mettant quand même du sentiment à tout : c'est adorable, libertin, faussement naïf, supérieurement civilisé. Un seul *hic* : c'est bête et bavard. Elles me trouvaient bizarre elles aussi, comme Létizia, et elles me le disaient — comme si leur opinion avait quelque titre à m'intéresser.

Mais à quoi bon entrer dans les détails ? Je suis un homme perdu pour les femmes, voilà l'essentiel. Si ces pages sont parvenues à figurer de moi une image un tant soit peu ressemblante, m'imagine-t-on en amant, en époux, en Hercule assis au rouet d'Omphale ? Ni Circé ni Armide ne m'enchanteront dans les magiques jardins de leurs îles : c'est moi le maître de l'île, et du jardin !

Au fond il n'y a guère qu'en pays musulman, Turquie, Égypte, Perse, que j'ai trouvé ce qui me convenait : la soumission, le silence et le raffinement. Rien ne vaut une esclave, messieurs, vous vous en doutez tous, moi je vous l'affirme, ne nous racontons pas d'histoires. Lorsque le cœur s'amollit, la favorite prend du grade. Je vieillirai entre des servantes-maîtresses, qui me voleront mes sous, comme le vieux Rouget de M. de Balzac, dont la Roxane se nomme Brazier.

NOTE DE LA PRINCESSE HAYDÉE

J'interromps cette page, il le faut, je dois à la mémoire de celui que j'ai accoutumé d'appeler mon père de ne pas le laisser, sans rétablir la vérité, se salir ainsi en des lignes insincères, dictées par le seul et évident désir de choquer. Byron (l'anecdote est connue, je crois), un jour qu'il était en train d'écrire, leva la tête en souriant et dit à

Mme Guiccioli qui était près de lui : « Je viens d'écrire des mots cruels contre l'amour. » « Barrez-les ! » l'implora la pauvre femme, les larmes aux yeux. « Impossible, répondit le grand poète en ricanant de plus belle : cela gâterait ma strophe. » Je déplore, j'ai déploré — vainement, hélas — chez mon père cette même obstination diabolique à mépriser, à déprécier l'amour, alors que je sais bien, moi, ce que recelait son cœur en fait d'amertume et de solitude ! Et que signifiait donc, sinon, cette mélancolie du quatrième anniversaire ? Quant à son séjour à Paris, j'y étais près de lui, j'ai quitté la France ensuite avec lui, et mes yeux, et mon cœur étaient assez attentifs, je pense, à l'homme qui m'avait sauvée, qui m'avait vengée, pour ne pas me tromper beaucoup sur l'état de son âme...

Enfin, puisqu'en aucun endroit de ces pages il n'a voulu en faire mention, il faut bien que j'écrive ici le nom de Maria Nieves Manoeli, alors connue sous le nom de la Nevita à la scène, où, sans atteindre à la gloire de premier plan d'une Pasta ou d'une Malibran, elle tint durant quelques années une place honorable, avant que son mariage avec M. de Chalonnes ne mît un terme à sa carrière.

J'étais près de lui à la Fenice, durant le carnaval de Venise, en 1835, où la Nevita tenait le rôle d'Imogène dans *Le Pirate*. Fût-ce la proximité de son prénom, Nieves, avec celui de Mercedes ? Fût-ce l'analogie entre sa propre histoire et celle que raconte le livret ? Fût-ce tout simplement la voix non point parfaite, mais si tendre et vibrante, de la Nevita dans la magnifique aria du premier acte *Lo sognai ferito* ? Le fait est que ce soir-là mon père était pâle quand il me rendit les jumelles, et que plus tard sa voix, dans la loge de la chanteuse, frémissait d'intonations inédites...

D'après ce que j'ai pu savoir ou deviner, les relations entre le comte et la Nevita durèrent deux années, jusqu'à son départ pour l'Orient. Il la revit ensuite, à la fin de 1837, puis au printemps 1838, peu avant son séjour à Paris. C'était l'époque où elle se résolut à accéder aux désirs de M. de Chalonnes, honnête gentilhomme tourangeau établi aux rives du lac de Garde, qui depuis fort longtemps lui faisait une cour discrète et assidue.

Hélas ! Pourquoi fallut-il que se séparassent ces deux destinées que tout devait unir, un même sentiment de l'exil et de la solitude (Mlle Manoeli était originaire d'Espagne), la perception réciproque d'une âme supérieure et fragile, la commune exigence de vivre noblement, le même rejet de ce qui est bas et vulgaire, une identique propension à l'admiration du beau, le mutuel attrait enfin des âmes, des corps, des êtres ?

J'ai retrouvé une lettre, une seule, de Nieves Manoeli à mon père. Il n'eût pas aimé que je la donne ici, mais pas plus en somme que je n'aime qu'il se soit dépeint sous de laides couleurs, qui lui ressemblent si peu.

La lettre est de l'automne 1837 ; mon père, après notre voyage en Inde et en Palestine, se disposait à regagner l'Europe. Tout n'est pas raconté dans ces lignes, mais qu'importe ? Tout y est supposé, inscrit en filigrane, tout y est dit...

Vous allez donc revenir, ami, mais je crains bien, je me désespère plutôt, que pour moi vous n'ayez jamais cessé d'être loin, dans les étapes et vers les destinations d'un voyage où j'étais toute disposée à vous suivre, sans que jamais vous n'ayez fait un signe pour m'y inviter. Ce n'est pas, bien sûr, de l'Orient que je parle. En ces pays vous vous trouviez déjà bien avant que d'être parti, et n'y serez-vous pas encore après votre retour ?

J'ai espéré que là-bas, en Orient, se trouvait ce vers quoi vous menait l'aiguille d'une boussole qui ne se tournait vers moi qu'occasionnellement, pour revenir bientôt, comme libérée, à son premier pôle ; j'ai espéré, dis-je, que vous alliez enfin conclure là-bas cet entretien intérieur auquel je n'ai jamais été admise, quand votre esprit, votre cœur, votre âme en étaient sempiternellement occupés. Mais vos lettres, hélas, m'assurent sans le dire que je me suis vainement bercée de cet espoir.

Qu'est-ce qui vous a toujours empêché de me faire confiance ? Que craignez-vous donc ? Allais-je forcément vous détourner d'un but que je ne connais pas, mais que je poursuivrais avec vous de toutes mes forces si je savais qu'une fois atteint, il vous rendrait à moi ? Hommes, l'amour d'une femme est-il donc si redoutable ?

J'avais cru pouvoir être un rivage, et trouver mon havre. Hélas, vous ne le croyez pas, vous, ou bien je ne suis pas celle-là...

Mais peut-être suis-je injuste, peut-être l'impatience et l'éloignement me trompent-ils... Il faudra, mon ami, que votre retour m'apporte des nouvelles de vous, je veux dire des nouvelles de votre cœur farouche, de votre cœur souffrant, je le sais, mais qui ne veut pas guérir. Il le faudra, m'entendez-vous ?

Savez-vous au moins que j'ai vingt-cinq ans depuis hier ?

Mlle Manoeli épousa M. de Chalonnes au début de l'année suivante, cependant que le comte se trouvait à Rome où je l'avais suivi. Je ne l'appris qu'ensuite, à Paris, un jour que je risquai une question à ce sujet. Comme je la nommais de son nom paternel, le comte me fit cette réponse lasse, fataliste, désabusée :

— Il ne faudra plus parler de Mademoiselle Manoeli,

mais de Madame de Chalonnes... Encore que vous n'aurez sans doute plus besoin d'en parler.

C'est ainsi : mon père rencontra — retrouva, devrais-je dire —, une fois dans sa vie, une femme digne de lui ; doucement, inflexiblement, il l'écarta, la découragea, la poussa vers un autre, le bon, le paisible, l'aimant, le dévoué M. de Chalonnes, au mépris non seulement de ce qu'elle souffrit, ce qui serait banal, mais de ce qu'il souffrit lui-même. L'étrange, l'atroce courage ! Mais cela je le sais trop bien, je l'ai vu et senti, pour le laisser blasphémer l'amour ainsi qu'il le faisait avec une douloureuse joie.

SUITE DU RÉCIT DE M. DE MONTE-CRISTO

...En somme, ce qu'on appelle l'amour répond à deux pulsions de l'homme : la crainte de la solitude, les désirs des sens. La première m'était étrangère et j'assouvissais les autres, voilà tout.

J'avais d'autres pensées. Je regardais les cartes géographiques. En esprit je m'embarquais sur la mer Rouge, j'allais saluer La Mecque. J'allais à la rencontre des Bédouins de Koweït et de Mohamédia. Je traversais la Perse, le Khorassan, l'ancienne Bactriane, je m'enfonçais dans les solitudes de l'Amou-Daria. Puis je gagnais un autre Orient, l'Orient asiatique, les monts Célestes, Karakorum l'ultime sentinelle au bord du désert de Gobi...

J'aimais les explorateurs, les orientalistes, les archéologues. Je songeais à cet Antoine-Barthélemy Clot, mon compatriote, parti en 1825 servir Méhémet Ali en qualité de médecin (c'était le temps où le pacha d'Égypte recrutait des capacités). On m'en avait parlé, je l'ai rencontré plus tard. Comme la plupart des Européens en Orient, il s'était égyptianisé, costume rouge brodé d'or, tarbouch. Sa lutte victorieuse contre le choléra lui avait valu le titre de Clot-Bey qu'il portait avec orgueil. Je rêvais aussi de marcher sur les traces de Boutin, qui prépara sous l'Empereur les plans de l'expédition d'Alger ; il devait connaître parmi les plus lointaines tribus arabes une mort mystérieuse. On dit qu'une femme partit plus tard à sa recherche.

Sans doute un atavisme marseillais s'exprimait-il ainsi en moi. Marseille a donné le jour à de grands, d'admirables voyageurs, tels ce Venture de Paradis, interprète issu du corps des « enfants de langue » de Colbert, esquisse de l'école des langues orientales où Venture fut plus tard professeur, avant d'aller mourir à Saint-Jean-d'Acre, durant l'expédition d'Égypte ; ou encore Anthoine, l'ancien maire de la ville, qui s'en fut au fond de la mer Noire, vers Cherson et Taganrok, explorer les voies du commerce avec la Russie, renouant l'ancien fil entre la Crimée et le Nord, Novgorod, Riga, Pétersbourg, le monde hanséatique...

J'envisageais ces points de la carte qui semblent des extrémités du monde, comme à Ulysse les colonnes d'Hercule : le cap septentrional au-delà des tribus samoyèdes, adeptes du chamanisme ; Behring ; l'Himalaya, Lhassa ; l'île Socotora, au bout de la côte des Somanlis où les mosquées sont nègres. *Ubi deest orbis :* où s'absente le monde...

C'étaient là métaphores géographiques d'un autre désir, d'une inquiétude plutôt, qui contrecarrait mon impatience de vengeance. « Retour » a été un des mots de ma vie, parmi d'autres : rivages, innocence, secret. Mais que signifie revenir si l'on n'est pas allé où nul ne va, si l'on n'a pas vu l'envers des choses ? Peut-on fustiger l'ignorance, l'oubli, la futilité, si l'on n'a pas, humblement, fait pieds nus le chemin de la connaissance ? Revenir à Paris, punir les méchants, éblouir cette vaine ville du noir éclat de mon mystère : quel petit amusement, quel vaudeville !

Je me disais quelquefois que c'était déjà quelque chose que d'être revenu du fond de la citadelle blanche, là-bas, au large de Marseille ; mais en d'autres moments, je sentais qu'il me fallait exiger davantage, que rien de grand, de fort, de puissant ne se fait sans être allé d'abord au bout de soi, au fond du monde. Seule la connaissance, qui est souffrance, qui est patience, nous donne le droit d'exercer le mépris et la pitié.

Accomplir ce chemin, c'est laisser passer le temps, c'est laisser l'oubli nous engloutir. Ce n'est pas en gagnant du temps qu'on se rend maître de lui : c'est en le méprisant.

Alors Zaccone, le veneur, souriait d'un sourire fauve en ramenant Haydée, ou quand ses agents, revenus de Paris ou de Toulouse, lui faisaient leur rapport sur Villefort ou Danglars ; et il s'impatientait comme le carnassier à l'affût.

Monte-Cristo approuvait brièvement ; puis, plein de songes et tourné vers la mer, murmurait : « Pas encore. »

XIII

Les affaires de M. Ouvrard. – L'Espagne en 1823. – Le couvent de Saint-Onufrio. – Danglars dans le sens du vent. – La créance Marlin. – Le massacre d'Antécythère. – Comptabilité et vanité. – Une bourrade de trois millions. – Danglars est perdu.

J'avais entrepris dans le même temps de m'intéresser à Danglars, et à sa carrière en Espagne, en particulier lors de l'expédition française de 1823, époque à laquelle, en tant que munitionnaire, il jeta les bases de sa fortune.

Les affaires de fourniture aux armées, à ce moment-là avaient tout entières tourné autour d'un homme : Ouvrard.

Je ne sais s'il faut présenter ici ce financier célèbre, qu'on retrouve, inlassable, dans toutes les antichambres de tous les puissants, que ce soit sous la Convention, le Directoire, le Consulat, l'Empire ou les deux Restaurations, équipant des armées, organisant des emprunts, rédigeant des mémorandums, gagnant des millions, perdant des millions, en faveur ou en prison, mais toujours à l'affût et resurgissant, ange gardien ou Tentateur, à chaque nouvelle guerre et à chaque changement dans l'État. Fils d'un papetier de Clisson, utilisé et détesté à l'égal d'un

Fouché ou d'un Talleyrand par tous les régimes successifs, Ouvrard demeurera un personnage typique de ce temps, petit-fils spirituel du *Paysan parvenu*, curieux composé de Beaumarchais et de Figaro, de John Law et de Scapin. Toujours ruiné et toujours riche ; généreux et intrigant ; franc comme l'or et rusé comme un renard ; songe-creux comme Balzac et cynique comme Vautrin : bien malin qui dira si Ouvrard fut un financier hardi et novateur, aux vues profondes, ou un escroc de haut vol bien insuffisamment puni par quelques séjours en prison — séjours dorés, d'ailleurs, où, portant à son plus haut degré la technique dite *de la pistole*, il tenait table ouverte, mobilisant les meilleurs traiteurs de la rue de Buci à la rue Quincampoix. De ce mélange d'affairisme et de haute politique, de rapacité et de dévouement, lui seul savait sans doute la recette exacte, mais il a emporté ses secrets dans la tombe, et ce ne sont pas ses *Mémoires* qui en éclairent beaucoup le labyrinthique royaume.

J'avais lu et entendu sur son compte les choses les plus diverses. Je l'avais aperçu lors de mon premier séjour à Florence. Il venait alors de sortir de la Conciergerie où il avait passé cinq ans, toujours occupé à tramer des affaires faramineuses, rédigeant recommandations et placets, achetant et vendant sur les places de Londres, de Vienne et de Paris. Je lui fus présenté en 1835 à Rome, via dei Banchi, dans les bureaux de Thomson et French dont j'étais devenu un des gros clients. Après s'être intéressé à la Grèce, il était entré en correspondance avec Bolívar pour creuser un canal du lac Nicaragua au Pacifique. Entre temps, de concert avec le roi de Hollande et Dom Miguel de Portugal, il s'était fait l'argentier de la tentative de reconquête du pouvoir par la duchesse de Berry. Il a mené un nombre infini d'entreprises de ce genre ; elles réussissaient quelquefois ; mais plus que l'argent, c'est l'intrigue qu'il aimait. La duchesse de Berry, une fois en prison à Blaye après son arrestation par la police de M. Thiers, se trouva fort inopinément enceinte. Comment épargner cette ultime avanie aux Bourbons et aux légitimistes ? On répandit qu'elle s'était secrètement remariée durant ses derniers temps de liberté. Restait à trouver ce mari fantôme : Ouvrard s'en chargea. Scapin se mua en Célestine et dénicha un Italien, le comte de Lucchesi Palli, qui pour trois cent mille francs accepta et ce mariage et cette paternité ; en sorte qu'à son retour en Sicile, les Palermitains ne l'appelèrent plus que « saint Joseph ».

Ouvrard tentait alors d'intéresser Thomson et French à l'établissement d'une ligne de bateaux à vapeur entre Livourne, Civitavecchia et Ostie. Je lui proposai de l'introduire auprès de Fossombroni à Florence, et c'est ainsi que nous entrâmes en relations. Après quoi je me mis en devoir de le faire parler de l'Espagne.

Il y eut (et à ma connaissance, il subsiste) un grand mystère concernant son rôle dans l'expédition de 1823, et les nombreux ennuis qu'il en retira après l'avoir, de l'avis général, sauvée du ridicule.

La France, en manque de gloire militaire, et mandatée par le congrès de Vérone, s'était alors résolue à aller remettre de l'ordre en Espagne, où depuis deux ou trois ans le roi Ferdinand VII n'était plus que l'otage des libéraux, cependant que les légitimistes s'étaient regroupés dans le nord du pays autour de la régence dite d'Urgel. De jour en jour le pays marchait vers la guerre civile et, les deux partis ayant des alliés en France, l'agitation s'étendait au nord des Pyrénées.

Cette « croisade pour les moines » n'était pas du goût de l'opposition française, ni même de Villèle, chef du gouvernement, qui redoutait les dépenses et l'échec possible — nul n'avait oublié le sanglant désastre de la guerre menée là-bas par Napoléon. Mais Villèle avait été fait par la Congrégation, qui tenait la plupart des membres de son gouvernement ; l'intervention fut résolue *.

Imprévoyance ? Sabotage organisé ? Ce ne fut qu'à son arrivée à Bayonne que l'armée — près de cent mille hommes, commandés par le duc d'Angoulême et le maréchal Soult — s'avisa que tout lui manquait, fourrages, voitures, chevaux d'artillerie, toiles de tente, munitions. Les magasins militaires étaient à peu près vides et nul ne s'était soucié de savoir ce que mangeraient les soldats une fois en pays étranger.

Comment se tirer de ce mauvais pas ? Dans l'épouvante de l'heure, on appela Ouvrard.

L'Espagne intéressait Ouvrard, qui rêvait de recouvrer là-bas de vieilles créances. Il se rend à Bayonne, examine tout, prend tout en charge. Quinze jours ne se sont pas écoulés que l'armée, enfin pourvue du nécessaire, peut se remettre en marche. Ouvrard, lui, est déjà en train de préparer le terrain dans la Navarre.

Le déroulement de l'expédition est connu. Les premiers adversaires que rencontre l'armée sont des libéraux, cent cinquante demi-soldes campés sur la Bidassoa, qui exhortent leurs camarades à la désobéissance aux accents de « Demi-tour ! », chanson de Béranger. Le

* *Note d'Alphonse de Beauchamp.* Appartenait à cette ténébreuse machine de pouvoir, face cachée du parti ultra, le marquis de Rivière, un moment préfet des Bouches-du-Rhône après Waterloo, celui-là même à qui M. de Villefort transmit *innocemment* la requête de Morrel en faveur d'Edmond Dantès. Par la suite, M. de Rivière fut ambassadeur à Constantinople, d'où il devait rapporter la Vénus de Milo ; il y était en poste lorsque Fernand Mondego négocia la vente d'Haydée et de sa mère.

général Vallin les disperse à coups de canon : quarante morts. Sept ou huit mois plus tard, quasi sans coup férir, l'armée est à Cadix, où elle libère Ferdinand VII après la prise du Trocadéro qui a fait trente-cinq morts — cinq de moins que la traversée de la Bidassoa.

Chateaubriand, ministre des Affaires étrangères, suffoque d'émotion : « L'armée, au souffle de la guerre, se ranima de ses cendres : des soldats, on en trouvera toujours dans la terre de Clovis, de Charlemagne, de saint Louis, de Louis XIV et de Napoléon ! » Le maréchal Oudinot, qui en a vu d'autres, est moins lyrique : « Ce qui m'inquiète dans tout ceci, c'est que ces gens-là croient avoir fait la guerre. » Cependant le roi espagnol déchaîne la répression. On pend, on fusille, on supplicie. Le général Riego, chef militaire libéral, est exécuté, dépecé, et ses membres exposés en place publique.

Ouvrard, fastueusement installé à Madrid dans l'hôtel d'Abrantès — écuries pour deux cents chevaux, remises pour soixante voitures —, a de quoi pavoiser. N'est-il pas l'artisan de cette victoire ?

C'est précisément à ce moment que ses ennuis vont commencer.

Ce qui n'était depuis Bayonne que rumeurs se mue en accusations précises, orchestrées et répercutées avec un bel ensemble par tous les directeurs et intendants des bureaux de la Guerre, soutenus par leur ministre le maréchal Victor, duc de Bellune, et complaisamment écoutés par Villèle. Pour les uns, Ouvrard aurait acheté les fournitures au rabais, en persuadant les vendeurs que le gouvernement ne paierait pas, puis revendu à l'armée au prix fort. Selon d'autres au contraire, Ouvrard aurait acheté bien au-dessus des cours normaux, gaspillant ainsi les deniers publics. D'après d'autres encore, il aurait préparé l'affaire de longue date, accaparant à l'avance les fourrages et les chevaux de toute la Gascogne. Certains affirmèrent plus tard que cette hargne de l'administration dissimulait en fait un énorme scandale. Dans les mois précédant l'intervention, Ouvrard aurait fait acheter par des prête-noms les réserves mêmes de l'armée, afin de les lui revendre ensuite. Dans ce but, des pots-de-vin auraient été versés aux directeurs des bureaux et même au duc de Bellune, dont la rapacité était proverbiale. Je ne sais (personne ne sait) ce qui est vrai. Tout ce qu'on peut dire est que l'intervention d'Ouvrard, si elle ne révélait pas la malhonnêteté des bureaux, en révélait l'impéritie. C'est ce qu'on ne lui pardonna pas.

Le fait est que l'expédition allait coûter deux cents millions au lieu des cent prévus. L'ineffable M. de Chateaubriand aurait beau s'exclamer « Qu'importe ! », il importa beaucoup. Les finances allaient mal, M. de Villèle se voyait obligé de demander des crédits supplémentaires et de convertir la rente, ce qui ressemblait fort à une banqueroute organisée. Il fallait un coupable. Il fallait qu'il ne fût point dans les ministères. On trouva Ouvrard.

On gela les paiements qui lui étaient dus, on dénonça des contrats passés. Il plaida, gagna. On découvrit enfin une créance Marlin, qui prouvait qu'Ouvrard avait touché deux millions de l'armée sans que celle-ci n'ait vu la couleur des fournitures demandées. Et c'est ainsi qu'on put faire entrer à Sainte-Pélagie l'homme qui quatre ans plus tôt, lorsqu'il avait marié sa fille au neveu du duc de Richelieu alors président du Conseil, avait vu défiler à Saint-Roch toute la France titrée et officielle, à commencer par la famille royale.

Voilà ce que je savais ; mais ce que je désirais savoir, et qu'Ouvrard pouvait sans doute me dire, c'est ce qu'avait pu faire Danglars en Espagne, où il n'avait pas pu intervenir dans les fournitures aux armées sans en passer par lui, d'une façon ou d'une autre.

Ouvrard m'en parla en effet — au-delà de mes espérances — lors d'une promenade que nous fîmes ensemble à l'ancien couvent de Saint-Onufrio à bord de mon cabriolet.

À nos pieds s'étendait la Ville, de part et d'autre du Tibre miroitant. Parmi ce paysage d'aquarelle, ces cyprès et ces pierres, ces statues brisées qu'ombrageait un pin parasol, devant le chêne vénérable où Torquato Tasso avait rêvé les lances des chevaliers, les murailles de Solyme et les sortilèges d'Armide, nous parlâmes d'argent, de bon et saint argent.

L'ingratitude du gouvernement français avait laissé à Ouvrard une grande amertume. Je pense qu'il avait bel et bien fait danser l'anse du panier ; mais enfin c'était grâce à lui que l'expédition avait réussi. À soixante ans maintenant, désabusé, rejeté, mis en quarantaine par ces mêmes ministres, nobles, financiers qui l'avaient courtisé naguère, il se voyait contraint de courir l'Europe, de solliciter, de dépenser des trésors de ruse et d'humilité pour que l'on consentît à ne pas lui claquer la porte au nez. Incidemment je plaçai le nom de Danglars et fis mouche.

— Danglars ? Vous avez dit Danglars ? Mais c'est lui, et lui seul, le principal responsable de tous mes malheurs ! Oh, c'est un dangereux coquin, et rusé de surcroît. Je ne me méfiais pas de lui, il a humé le vent et tout manigancé sans que son nom soit prononcé une seule fois.

— Peste ! Moi qui comptais justement m'adresser à lui pour quelques affaires que je compte mener en France...

— Ne faites pas cette erreur, comte ! Ne faites pas cette erreur.

C'était parti : il me raconta tout. Je précise que je n'ai jamais cherché à vérifier le bien-fondé de ses affirmations. Il me suffisait qu'il détestât Danglars et m'offrît son concours.

Voici quelle était son interprétation des événements. Si, à l'issue de la guerre d'Espagne, il était devenu pour le gouvernement l'homme à abattre, ce n'était pas pour avoir gagné trop d'argent ou révélé les fautes de l'administration. Ouvrard avait formé de grands projets, très écoutés par Ferdinand VII, pour réorganiser les finances espagnoles, reprendre en main les colonies américaines, bref, remettre en état les affaires de ce pays. À cette fin, il se proposait de lancer un emprunt de plusieurs centaines de millions. Or, d'une part Villèle préférait une Espagne affaiblie et dépendante ; d'autre part les Rothschild, alliés du gouvernement et, comme on sait, « banquiers des monarchies », voyaient avec humeur cet aventurier marcher sur leurs plates-bandes.

On avait donc entrepris de faire pression sur lui, en le menaçant de dénoncer les contrats et de ne pas le payer s'il persistait dans ses entreprises espagnoles.

C'était le moment où le cabinet Villèle amorçait la difficile manœuvre de conversion de la rente, que soutenaient le baron James à Paris et son frère Nathan à Londres. Pour montrer qu'il était de taille à se défendre, Ouvrard entreprit de faire jouer en Bourse contre cette conversion, en provoquant des mouvements de vente.

Gros risque : il fournissait une deuxième raison de l'abattre, coûte que coûte.

On découvrit alors, providentiellement, cette créance Marlin dont j'ai déjà fait mention.

Marlin était un des nombreux petits trafiquants partis en Espagne sur les pas de l'armée, dans l'espoir de rafler quelques miettes du gâteau : Ouvrard, en effet, sous-traitait fréquemment des marchés. De retour à Paris, ce Marlin attaqua Ouvrard devant les tribunaux. Ce dernier, prétendait-il, lui avait confié des achats au profit de l'armée, pour une somme de deux millions de francs. L'armée avait versé les deux millions à Ouvrard. Ouvrard n'avait rien versé à Marlin. L'armée, n'ayant pas vu venir les fournitures commandées, se retournait contre Marlin. Marlin se retournait donc contre Ouvrard, brandissant une reconnaissance de dette signée de celui-ci.

Ce fut ce papier qui l'envoya en prison.

Je laisse ici la parole à Ouvrard :

— En réalité, je n'avais pas sous-traité avec ce Marlin, que je ne connaissais pas, mais avec Danglars, alors établi à Barcelone et qui était venu installer ses quartiers à Madrid. C'est à lui que je délivrai reconnaissance de dette. Lorsque je lui remis cet argent, car je le lui remis, il me rendit ce document accompagné d'un reçu. Mais à mon départ de Madrid, la voiture contenant mes papiers fut arrêtée par des brigands et pillée. Or, Dieu sait comment, c'est cette reconnaissance de dette envers Danglars qui resurgit entre les mains de ce Marlin, lequel l'avait endossée.

— Comment expliquez-vous cela ?

— Le plus simplement du monde : c'est Danglars qui avait commandité l'attaque de la voiture. La police de Madrid, avant de délivrer les visas, demandait à tout voyageur sa date de départ et son itinéraire. Et il était de notoriété publique que les indicateurs de la police étaient le plus souvent les rabatteurs des voleurs de grand chemin... Danglars remit ainsi la main sur son reçu et sur la reconnaissance de dette. Mais il se méfiait. Je pouvais redevenir ou demeurer puissant. Moyennant un accord entre eux, il préféra que ce soit Marlin qui m'attaque. Je suppose qu'il lui revendit la créance pour trente ou cinquante pour cent de sa valeur, à charge pour lui de récupérer le reste devant les tribunaux... Mais comme il avait déjà été payé, et comme d'autre part l'armée n'avait pas reçu le ravitaillement correspondant, il faut considérer que ce furent quelque trois millions qu'il se mit ainsi dans la poche.

— Mais pourquoi la Justice n'est-elle pas remontée à la source ?

— D'une part je ne pouvais rien prouver. D'autre part le gouvernement voulait ma peau. La créance Marlin servit à ça. On se moquait bien des deux millions perdus. D'ailleurs, au même moment, Danglars jouait de concert avec les Rothschild dans l'affaire de la conversion de la rente, et Dieu sait si tous les secours étaient alors bons à prendre ! Par la suite il rendit bien d'autres services à Charles X, moyennant quoi il put s'établir à Paris, obtint la Légion d'honneur et le titre de baron — ce qui n'empêche pas aujourd'hui M. le député Danglars de poser au tribun du peuple.

Bien. J'en savais assez. Je crus pouvoir me dévoiler :

— Dites, vous ne l'aimez guère...

— J'en ai vu d'autres.

— Sans doute... Mais il est temps pour moi de vous avouer que je ne vous en parlais pas par hasard. Supposons que quelqu'un — je ne dis pas moi, mais quelqu'un — souhaite jouer quelque mauvais tour à M. le baron Danglars, député populaire ; seriez-vous prêt à l'y aider ?

Son regard de vieux crocodile somnolent s'alluma un très court instant.

— Vous avez quelque chose à me proposer ?

— Moi, non. Mais un de mes amis, le cavalier Zaccone, originaire de Malte. En 1826 il voulait reformer l'Ordre, et pour cela appuyer la Grèce contre les Turcs, moyennant quoi la Grèce lui eût rétrocédé soit l'île de Rhodes, soit la Crète...

— Je connais cette affaire. On m'a sollicité pour cela, à l'époque. Mais je ne connais pas votre M. Zaccone.

— Zaccone se trouvait alors à Paris, où, par l'intermédiaire du comité philhellène, il demanda l'aide de M. Danglars. Ce dernier était intéressé à l'entreprise par la promesse de contrats dans les installations portuaires à réaliser sur l'île. Il s'engagea à prêter deux cent mille francs pour l'achat de canons, afin d'équiper une petite flotte alors constituée sur l'île d'Antécythère. Mais au moment crucial, il informa son correspondant d'Otrante, qui devait servir d'intermédiaire, qu'il ne payerait plus. Le temps que Zaccone soit averti, retourne à Paris et le supplie vainement, les galères turques surprirent dans l'île les Chevaliers et leurs alliés grecs, qui attendaient leur équipement. Tous furent égorgés ou emmenés en esclavage. Depuis lors, M. Zaccone est comme vous : il n'aime guère Danglars. Permettriez-vous qu'il entre en correspondance avec vous ? La question est de savoir comment on peut s'attaquer à ce puissant personnage.

— On ne le peut pas sans argent.

— Zaccone en a. Grâce à l'amitié de Méhémet Ali, il est rentré depuis deux ans en possession des biens de sa famille, émigrée en Égypte au moment de la prise de Malte par les Anglais. Soit dit en passant, M. Ouvrard, le pacha Méhémet, qui s'y connaît en hommes, serait charmé de faire votre rencontre.

— Mmh... Combien votre ami peut-il perdre dans l'opération ?

— Combien faut-il perdre pour qu'elle réussisse ?

— Deux ou trois millions.

— Pas de problème. Mais comment les perdre efficacement ?

— Il faudrait que j'explique à votre ami ce qu'est un banquier.

— Expliquez-le-moi : je transmettrai.

— C'est fort simple. Être banquier, c'est être à tout instant créancier et débiteur. Le banquier a un pied sur l'argent qu'on lui confie — et qu'on peut lui redemander —, un pied sur l'argent qu'il avance ou investit — et qu'il peut perdre. C'est d'ailleurs le même argent. Que ces deux rebords de falaise s'écartent sous lui et c'est la chute dans l'abîme, entendez dans la banqueroute.

— Mais s'il est prudent, il dispose de réserves pour faire face à ce cas extrême ?

— En principe, en principe ! Mais il est bien rare qu'il soit en état de garantir plus du cinquième ou du quart des sommes qu'il fait travailler. Il pense que des affaires qui marchent compenseront toujours celles qui ne marchent pas. Ensuite il y a une contradiction de nature entre un métier qui consiste à faire travailler l'argent et la prudence qui voudrait qu'on le laissât dormir. Mais surtout il faut considérer l'aspect psychologique des choses. Primo : on s'habitue très bien à vivre au-dessus de l'abîme. Secundo — et c'est essentiel : l'homme est un être de vanité.

— La vanité ?!

— Oui. Votre, notre Danglars, lorsqu'il ouvre boutique à Paris, les Rothschild, les Lefebvre, les Laffitte toisent de bien haut ce munitionnaire enrichi, ce petit comptable marseillais qui prétend leur tailler des croupières. Pour s'imposer, il n'a qu'un moyen : réussir quelques-uns de ces coups énormes qui assoient la notoriété d'une maison de banque, et amorcent la pompe de cette irrigation précieuse, indispensable, qu'on appelle la confiance. Aussi prend-il des risques ; il met tout dans la balance, ce qu'il a et ce qu'il n'a pas ! Engrenage fatal : il ne pourra plus jamais s'arrêter. Le premier recul, le plus léger signe d'essoufflement fera s'effondrer un crédit si difficilement établi, posé en équilibre sur sa pointe ! Alors vient le temps de l'artifice, de l'apparence sauvée à tout prix et à chaque minute, en un mot : de l'esbroufe. Les naïfs croient que ce métier repose sur des colonnes de chiffres, sur les rigoureuses délices de la comptabilité en partie double. Illusion ! Aucun métier plus que la finance n'est tributaire du caquet public, de la poudre aux yeux. L'homme d'argent est un amuseur de foire, dont l'obligatoire sourire est tellement imprimé dans la musculature de sa face, qu'il en devient sinistre ! Votre Danglars, M. Zaccone, notre Danglars se trouve six fois par an dans une position telle qu'une bourrade le jetterait à terre.

— Une bourrade de deux à trois millions ?

— Tout juste. Disons cinq, pour être pessimiste.

— Mais pourquoi ses rivaux ne la lui donnent-ils pas, cette bourrade ?

— Parce que si la guerre entre banquiers commence, elle n'a plus aucune raison de s'arrêter ! Mieux vaut s'entendre.

— Et le moyen d'administrer cette bourrade ?

— Limpide. Votre ami confie ces cinq millions à Danglars. Au même moment, un complice secret — pourquoi pas vous ? Ou un ami à moi, Paulée ou Vanlerberghe... — bref, un complice le convainc de les engager dans une affaire qu'il lui peint de mirifiques couleurs...

— Un service de bateaux à vapeur de Livourne à Ostie...

— Par exemple. Et ceci en lui soulignant que Maisonrouge ou Hottinguer sont d'accord, ce qu'ils lui donneront à croire si je le leur demande... Halte là ! M. Danglars n'hésitera pas, qu'on se le dise. Voilà vos cinq millions partis. Mais ces millions, vous allez ensuite les lui réclamer plus tôt que prévu, au moment même où votre allié, lui, prétendra les avoir engagés. Que fera Danglars ?

— Il les prendra ailleurs.

— En effet. Et par exemple sur les dépôts d'autres clients, qu'il croit moins pressés que vous d'en disposer. D'autres clients que vous allez vous empresser d'informer, distraitement, que M. Danglars vous a demandé un délai. « De combien ? — Hélas, je n'en sais rien. — Comment cela ? — M. Danglars est en difficulté, voilà tout. — Danglars ?... — Lui-même. — Oh diable ! » Et voilà une rumeur qui se répand et s'enfle, bientôt approvisionnée par ses rivaux, ses ennemis politiques, ses victimes ; l'inquiétude naît, M. Danglars s'emploie à rassurer, son sourire se crispe encore plus sur sa face prospère, et c'est aussi inquiétant que s'il ne souriait plus ! Qu'il perde alors cent ou deux cent mille francs sur une autre affaire, une fausse nouvelle du télégraphe (cela se trompe, un télégraphiste)... Et alors c'est la ruée sur sa caisse ! La confiance est partie. Le voilà qui déshabille Pierre pour habiller Paul, Jean pour habiller Pierre, mais il a beau se multiplier, il lui manque toujours vos cinq millions. Le crédit d'un banquier est un tricot qui perd ses mailles sitôt que l'une est déchirée. Et voilà comment Danglars se retrouve nu comme ma main.

— Ne lui reste-t-il aucune ressource ?

— La fuite.

— À l'étranger ?

— Bien entendu.

— Dans quel pays ?

— N'importe. Celui où il estimera avoir quelques chances de se refaire..

À cet instant, j'eus une illumination.

Je vis, comme dans une lanterne magique, une créance payable chez Thomson et French, à Rome. Je vis

Danglars franchissant l'octroi de Paris. Je vis, embusqués via dei Banchi, les hommes de Vampa. Je vis le palais Mondragone ou quelque autre endroit retiré, et Danglars à ma merci. Je me penchais vers lui, je murmurais : « Souviens-toi d'Edmond Dantès... »

Je ne crois pas en la Providence, mais je sus alors ce que c'est qu'être la Providence : c'est lorsqu'entre nous-même et nos prévisions, le Temps n'est plus qu'une formalité.

XIV

Jubilation. – Voir ou être vu. – Un homme qui ne sait pas prendre pied sur le rivage. – Du comte de Monte-Cristo considéré comme création littéraire. – Commodité mondaine. – M. de Blacas. – Le cabinet de Louis XVIII en février 1815. – Aménagement intérieur de ma berline. – Échapper au monde. – Gérard de Villefort.

Nous nous quittâmes, Ouvrard et moi, dans la complicité sans phrases des gens d'affaires qui se sont compris. Je le regardai partir, tout de même, avec étonnement : ce comte de Monte-Cristo, ce Zaccone, ce supposé massacre d'Antécythère, cette proposition d'alliance pour abattre Danglars, n'avaient pas paru l'étonner. Cela tombait sur lui comme la pluie sur les vagues. Avait-il cru à tout cela ? Ou bien, selon sa propre expression, en avait-il vu d'autres, et se moquait-il éperdument de mes motifs, du moment qu'ils s'accordaient aux siens ?

Je ne saurais dire en tout cas de quel plaisir m'emplissait ce genre de rencontres, au cours desquelles je jouais mon jeu sans que le partenaire, même s'il avait des doutes, pût deviner quel il était vraiment. J'ai parlé des mots qui résument une vie : il faudrait ajouter à la nomenclature, en ce qui me concerne, celui de jouissance ou de jubilation, plus vive d'être contenue. Jeune homme, j'avais vécu entièrement exposé à tous, lisible à livre ouvert, dans un monde qui se cachait à moi. Mes passions, mes amours, mes bonheurs, étaient patents, connus. C'est étrange à dire, mais je ne me souviens pas de quoi que ce soit alors que j'aie caché, qui ait pu ressembler à un jardin secret, à un domaine interdit. On sait ce qu'il m'en coûta. Avoir désormais renversé le jeu, demeurer incompréhensible alors même que les passions des autres, que je servais afin qu'elles me servent, se dévoilaient à moi, me procurait des plaisirs dont je ne me blasais pas.

Beauchamp, plus tard, m'a deviné : il fut l'exception confirmant la règle. À Paris, à Rome, au Caire, à Damas, en Espagne, à Vienne, des centaines de personnes de toutes conditions, consuls ou bandits, civils ou militaires, résidents et touristes, auront connu ou côtoyé Zaccone ou Monte-Cristo ; pas un qui ait su ce qu'il faisait là, sa provenance et sa destination. Il me plaisait de supposer qu'ailleurs, plus tard, en d'autres lieux, sur des terrasses de châteaux, dans des hôtels ou des ambassades, sur des ponts de bateaux, certaines de ces personnes oisives et itinérantes qui composent la classe la plus charmante et la plus vaine de l'Europe s'aviseraient ensemble de m'avoir rencontré, et que je donnerais matière à des conversations tissées de on-dit et de conjectures, achoppant à des faits impossibles et pourtant avérés, à d'irrémédiables contradictions.

Je voulais être, j'étais celui qui paraît, disparaît, sans rien donner de lui que ce qu'il veut donner : des apparences invariablement fallacieuses, truquées. Je m'avançais masqué dans les villes des hommes, j'affrontais le commerce de mes semblables ; la mer ensuite me reprenait, mouvante, infinie, lointaine. Toute ma vie suivait ce rythme à deux temps, débarquer, repartir.

Quelque allégresse cependant que me procurât cette existence, il me faudrait bien de la conviction ou de l'aveuglement pour ne pas y voir à la longue, en filigrane, la figure d'un échec. Un homme qui ne sait pas prendre pied sur le rivage où vivent les hommes et leurs communautés : sous l'habillage des circonstances et des dates, c'est ce qui demeure de mon histoire, et que mon secret triomphe parisien ne saurait me dissimuler. Les autres m'avaient jadis rayé du nombre des vivants et voué à la solitude ; qu'ai-je fait d'autre que de proroger cet arrêt ? Souvent j'ai songé à l'interprétation que le sens commun, le regard distrait que nous promenons la plupart du temps sur la vie, donnent des actions humaines. Nous attribuons un sens et un nom aux mouvements de l'instinct, du cœur, du désir ; mais le nom n'est pas la chose, et toute interprétation au fond peut-être retournée. Le prédateur est asservi à sa proie, le vent qui violente l'arbre s'y déchire ; les conquêtes de Napoléon sont peut-être une fuite, et celles de dom Juan. Le sage vante la sagesse, et c'est un orgueil. Tel qui s'enfuit veut qu'on le cherche ; tel veut peut-être la persécution pour prouver que l'homme est méchant.

Fossombroni m'avait rendu, en me suggérant l'acquisition d'un titre de noblesse, un service dont peu à peu je mesurais tout l'intérêt. D'esthétique, il devint moral. Zaccone avec tout son argent n'avait l'air que d'un riche : le comte de Monte-Cristo fut un seigneur. Zaccone n'eût été que suspect, Monte-Cristo fut mystérieux. L'habit fait le moine : je voulus être à la hauteur de ce nom sonore. Zaccone m'avait communiqué de l'entregent, de la hardiesse ; Monte-Cristo me conféra de la hauteur. Le hasard de cette offre, la lecture de Byron, l'observation des touristes, la nécessité de mettre entre Dantès et moi autant de barrières que possible, le désir d'en imposer par quelque apparat : tout cela m'avait amené, en somme, à inventer un personnage, et je ne crois pas que les romanciers procèdent autrement qu'en agrégeant ainsi, peu à peu, des contraintes et des réminiscences, des détails fournis par le hasard, des traits nécessités par l'effet à produire. Où je les ai dépassés tous, c'est que mon personnage exista réellement. Wilmore n'avait été qu'une défroque ; tout était authentique, au contraire, dans Monte-Cristo, sa princesse grecque et son esclave nubien, sa fortune et ses voyages. Il est équitable d'ajouter que j'ai créé un personnage, et Balzac plusieurs milliers.

Plus prosaïquement, « comte de Monte-Cristo », c'était bien commode. Hormis quelques réfractaires définitifs, le monde avait fini par se résigner aux « baron » Danglars et autres « comte de Morcerf » ; on ironisa sur Monte-Cristo (il m'arriva d'ailleurs de prendre les devants) mais on l'accueillit. Certaines portes furent ouvertes à Monte-Cristo, qui fussent demeurées fermées à Zaccone.

Et par exemple celle de Pierre Jean Casimir, duc de Blacas, dont je fis connaissance en 1836, peu avant sa mort et mon départ pour l'Orient.

*

Ancien émigré, fidèle entre les fidèles des Bourbons de France déchus, il avait été le favori de Louis XVIII avant d'accompagner Charles X dans l'exil, à Holyrood puis au Hradchin. À soixante-deux ans, épouvanté, débordé, mais fidèle au devoir, il lui avait fallu clopiner derrière la duchesse de Berry au cours de la désastreuse équipée tentée pour chasser Louis-Philippe du trône et soulever la Vendée en faveur du jeune duc de Bordeaux, son fils.

Secrétaire d'État et ministre de la Maison du Roi pendant la première Restauration, figure éminente de la Cour jusqu'en 1830, il savait tout des personnages et des intrigues de ce temps ; je m'étais souvent dit qu'un homme comme lui pourrait bien avoir quelques révélations à me faire sur la fortune de mes ennemis, et peut-être même sur les circonstances qui entourèrent mon incarcération.

C'est à Milan que j'eus l'occasion de faire sa connaissance. Charles X venait de mourir à Gorizia ; le vieux gentilhomme tentait d'oublier le malheur des temps en renouant avec la passion des objets d'art et des antiquités qu'il avait jadis contactée à Naples. Jacopo se mit dans ses pas. Dès la première semaine de séjour, je sus que M. de Blacas convoitait une magnifique série d'intailles, jadis offerte par les Médicis à un Visconti, et que mettaient en vente des descendants collatéraux. L'aimable vieil homme en offrait quelque huit mille écus. Je fis doubler l'offre, la collection m'échut. Dès le lendemain, je la fis porter chez M. de Blacas, et le soir même, à l'entracte de *Lucia di Lammermoor*, je me fis annoncer dans sa loge de la Scala.

— Je vous dois des excuses, lui dis-je une fois les présentations faites. Je n'ai appris que ce matin que vous aviez avant moi manifesté le souhait d'acquérir les intailles de la collection Visconti. Mon fondé de pouvoir a renchéri par une offre qui, venant d'un homme qui n'avait pas daigné se déplacer pour les voir, a pu paraître arrogante à un collectionneur éminent comme vous l'êtes. Du moins cette faute grossière de mon domestique a-t-elle son avantage, puisqu'elle me vaut l'honneur de vous saluer. Les intailles sont à vous. Ce n'est pas là un bien grand sacrifice, ajoutai-je en levant la main comme il ouvrait la bouche pour se récrier ; j'en possède déjà bon nombre et m'intéresse davantage aux monnaies anciennes.

Ému jusqu'aux larmes, l'excellent M. de Blacas perdit ses dernières préventions contre ce « comte de Monte-Cristo » (il n'était pas facile de lui en faire accroire, en fait de blasons) se confondit en remerciements, m'étreignit les mains dans les siennes, qu'il avait petites, potelées et couvertes de bagues, et me fit offrir dans la semaine un assez bel ensemble d'auréi datés de la réforme de Dioclétien ; puis, comme je manifestais la plus vive curiosité pour ses collections (j'avais pris le temps de m'instruire auprès d'un antiquaire) je fus son invité à Kirchberg, près de Vienne, où il vivait parmi camées grecs et romains, porcelaines craquelées, laques du Japon, magots de la Chine, un peu comme mon pauvre père parmi ses fleurs.

J'y fus à l'été.

M. de Blacas n'a pas eu de chance en politique. Ses maladresses durant la première Restauration, son refus obstiné et aveugle de prendre au sérieux les projets de retour de Napoléon, dont tout le monde l'avertissait et contre quoi il eût été si aisé de se prémunir, attachèrent pour longtemps le qualificatif affreux, trouvé par l'affreux Talleyrand, de « fléau de la monarchie » à cet homme qui se serait fait tuer pour son roi. Mais toute la question est de savoir à quel poste se faire tuer. Blacas était un maître des cérémonies, pas un politique. Lorsqu'il s'était agi d'arranger à Naples le mariage du duc de Berry avec la princesse Marie-Caroline, il avait fait merveille. Du temps où je l'ai connu, ce petit homme jadis replet, qu'on disait arrogant, flottait dans sa peau et dans ses certitudes. Il convenait avec modestie de ses limites. Il me raconta en riant cette affaire de mariage napolitain. Il avait demandé à un peintre local d'exécuter le portrait de la jeune fille afin de l'expédier à Paris. Marie-Caroline n'était point jolie ; mais le peintre (maladresse, ou carbonarisme ?) en fit une horreur grotesque et digne de Goya. M. de Blacas, consterné, dut expédier cette croûte. Pour imparfaite qu'elle fût, la future duchesse de Berry plaisait d'ailleurs aux hommes, et le malentendu devait se dissiper à son arrivée à Marseille.

J'appréciai M. de Blacas. Il transportait avec lui les manières, la civilité, l'étroitesse d'esprit à la fois attendrissante et fatigante de la vieille noblesse française, la recluse du Faubourg Saint-Germain. J'ai appris à avoir de l'indulgence pour ces gens. Ils avaient vécu dans la société du XVIIIe siècle, admirable de civilisation, d'intelligence, de bon goût, de mesure ; et sans doute, gorgés de privilèges, énervés par la captivité dorée de Versailles, en avaient-ils trop négligé les injustices. Mais que lui avaient substitué ceux qui prétendaient la détruire au nom de la Raison ? D'abord la terreur, le sang, la haine, la guerre ; et puis, après 1830, le médiocre règne des affaires, de la politique, de la démagogie, du batelage. Un demi-siècle de discordes et d'horreurs menait au sacre des Danglars de tout poil. Il y avait bien là de quoi devenir réactionnaire, à tout le moins sceptique.

D'ailleurs M. de Blacas n'avait plus rien d'un *ultra* dans ce que le mot suggère de fielleux. Il reconnaissait les erreurs du régime qu'il avait servi, plaignait « les malheurs de la France » avec des airs penchés de vieux prêtre, et, au soir de sa vie, déplorait l'exécution du maréchal Ney presque aussi sincèrement que celle du duc d'Enghien.

Né en Provence, Blacas connaissait sur le bout du doigt le nobiliaire de cette région. Comme je l'interrogeai, de l'air le plus poliment curieux, sur les moments troublés qu'il avait eu le privilège de traverser en témoin direct du pouvoir suprême, il entreprit de me raconter des anecdotes.

— Des carrières se sont décidées en un moment, m'expliquait-il, sur des coups de chance inouïs. Tenez, un Villefort, par exemple, l'actuel procureur général à Paris : voilà un homme que le passé de son père aurait pu condamner à une éternelle médiocrité, et qui a tout gagné en un quart d'heure.

— Et comment cela ?

— Eh bien, je vais vous le dire, puisque j'ai assisté à ce quart d'heure. Durant la première Restauration, ce jeune homme, dont nous sûmes plus tard qu'il était le fils d'un bonapartiste recherché par toutes les polices du royaume, est substitut à Marseille. Le hasard d'une arrestation lui fait découvrir le complot destiné à tirer Buonaparte de l'île d'Elbe. Il saute en voiture, brûle les étapes, force les portes, surgit dans le cabinet de Sa Majesté où je me trouvais précisément avec M. Dandré, qui était à la Police. « Sire, l'Usurpateur se dispose à débarquer ! » Dandré venait précisément d'expliquer au Roi que tout était calme et qu'il n'y avait rien à craindre. Sa Majesté écoute Villefort par pure bonté, tend déjà le bras vers sa sonnette pour le faire reconduire... Et l'on apporte à cet instant une dépêche du télégraphe annonçant le débarquement de Golfe Juan. Le pauvre Dandré se décompose, pleure presque, Villefort a la délicatesse de dire un mot en sa faveur ; le Roi détache la croix de la Légion d'honneur qu'il portait à son habit et l'épingle sur celui du jeune magistrat. La scène a duré un quart d'heure. Dans ce quart d'heure, la carrière de Villefort était faite. Eût-il quitté le bureau cinq minutes avant l'arrivée du message, qu'il était à tout jamais oublié. Il est vrai qu'il avait aussi de puissants protecteurs.

— N'est-ce pas lui qui épousa une demoiselle de Saint-Méran ?

— Ah, vous savez cela. Mais ce que vous ignorez peut-être, c'est que M. de Saint-Méran, dont le nom est un des plus respectés de la noblesse de Provence, avait pour ami M. de Servieux, le chambellan de Monseigneur le comte d'Artois, c'est à dire de Sa Majesté Charles X. Et l'appui de M. de Servieux, c'était en ce temps-là l'appui des Chevaliers de la Foi.

J'avais dressé l'oreille. Caderousse (mais à propos de Danglars, et non de Villefort), m'avait parlé de ce M. de Servieux.

— Et qu'est-ce que les Chevaliers de la Foi ? demandai-je.

— Eh mon Dieu...

Il sourit, comme attrapé lui-même par ce qu'il allait dire :

— ...Ni plus ni moins, au fond, que les carbonari de la Légitimité ! La Société des Chevaliers de la Foi fut créée sous l'Usurpateur. Après Waterloo, quoiqu'elle fût plus dévouée au comte d'Artois qu'à Louis XVIII, elle eut dans les gouvernements une influence considérable. Si vous n'avez jamais ouï parler des Chevaliers de la Foi, peut-être n'en va-t-il pas de même de la Congrégation. Eh bien, c'est à peu près la même chose. Et je me souviens très bien que le jeune Villefort, dont les origines faisaient faire la grimace à plus d'un, passait à la Cour pour une âme damnée des congréganistes. En tout cas il était protégé, très protégé, continua rêveusement Blacas ; sans doute en raison des événements de Toulouse...

— Toulouse ?

— Oui.

— Et que s'était-il donc passé à Toulouse ?

— Ces histoires-là vous intéressent donc bien ?

Je recourus à mon personnage d'original :

— L'homme m'intéresse, Monsieur le Duc ! Non pas l'histoire, mais l'homme. Je suis un collectionneur d'humanité. Les révolutions de l'histoire n'ont d'autre intérêt à mes yeux que de faire jaillir de l'homme ce qu'il a en lui d'extrême, dans le bien comme dans le mal... Elles nous valent ces figures inouïes, César, Cromwell, Robespierre, Napoléon... Votre Villefort, sans les égaler, me paraît tout de même une assez jolie pièce. Son éclat de 1815 prouve un homme remarquable. Comment mit-il à profit cette première victoire sur le destin hostile ?

— Oh, bien simplement. Après la parenthèse des Cent-Jours, n'est-ce pas, il sut rappeler au Roi le service qu'il avait failli rendre, et fut donc nommé à Toulouse. C'était un poste difficile, hautement politique. Le légitimisme toulousain se montrait, c'est le cas de le dire, plus royaliste que le Roi. Le gouvernement, jugé trop modéré, n'était pas obéi, et le général Ramel, gouverneur militaire nommé par Sa Majesté, mais qui avait le grand tort d'avoir servi l'Empire, fut assassiné. Forfait qui éclaboussait beaucoup de monde... À la place où il était, Villefort sut, disons, tempérer par quelque adresse politique la rigueur parfois encombrante de la Justice.

— Je vois...

— Et comme il y avait là-bas M. de Villèle, qui fut plus tard président du Conseil, le jeune Villefort fut nommé à Versailles à trente ans, quand on n'y arrivait raisonnablement qu'à cinquante !

— M. de Villèle lui devait donc beaucoup ?

— Je vous l'ai dit : la mort du malheureux Ramel compromettait beaucoup de monde. On a souvent dit par la suite — je ne sais ce qu'il faut croire — que Villefort avait tout simplement sauvé la carrière de M. de Villèle.

— Et la Révolution de Juillet ne l'a pas abattu ?

M. de Blacas eut un sourire amer.

— Villefort n'était pas homme à se laisser abattre par

les événements. Quoique devant tout à la Légitimité, il sut donner des gages quand il était temps.

— Mais dites-moi, Ce M. de Servieux dont vous parliez n'a-t-il pas aussi quelque rapport avec un banquier... un nommé Danglars ?

Blacas hocha longuement la tête, avec un soupir qui en disait long.

— Hélas ! M. de Servieux avait une fille, qu'il avait mariée au chevalier de Nargonne, et qui se trouva veuve vers 1825. On murmurait que durant l'ultime absence de son mari, consul de France au Caire, elle avait donné naissance à une petite fille, qui fut aussitôt mise en nourrice à la campagne. Au moment du veuvage de cette dame, Danglars venait de rendre service au gouvernement, en couvrant un emprunt d'État pour six millions de francs. Il ambitionnait d'être accepté par la bonne société. Il prit Mme de Nargonne et l'enfant, à laquelle il donna son nom. Pour que tout cela n'eût pas l'air trop bancal, Servieux lui obtint la croix et le titre de baron. Que voulez-vous : il fallait bien que le trône se fît des alliés... quitte à mésallier !

⋆

Échapper au monde... S'unir au monde. De retour de Kirchberg, allongé dans ma berline de voyage sur les routes autrichiennes — Salzbourg, Radstat, la Carinthie, le Frioul, Udine, Trieste — je repensais au paradoxe de Goethe.

Cette berline, soit dit en passant, était un chef-d'œuvre, équipé à mon usage dans les meilleurs ateliers de Milan. Une lampe à pétrole, nantie d'un système d'aération, permettait de l'éclairer. La partie droite était aménagée en couchette, sous laquelle se trouvait un coffre à secret ;

à gauche, se faisant face, le tableau des cartes et la petite bibliothèque ; entre les deux, une table de travail amovible. Tout cela feutré, rembourré, magnifiquement assourdi, amorti, suspendu*.

Échapper au monde : filer ainsi, étranger, inconnu, parmi les montagnes endormies où grondaient des torrents, m'arrêter dans des auberges où l'on ne faisait que m'entrevoir, Jacopo me précédant à bord d'un premier équipage.

S'unir au monde : traquer le passé de Villefort dans les propos de l'innocent Blacas ; préparer un futur périple oriental dans un récit de voyageur ; savourer les aphorisme bizarres de M. de Lichtenberg, penseur allemand que personne ne connaît, et dont j'avais fait exécuter une traduction à mon usage sur le conseil d'un libraire viennois.

De temps à autre, levant d'un doigt le rideau de la portière, j'observais à la clarté de la lune l'environnement des monts, des rochers, des sapins, des sources, des bergeries. Je songeais à ces immenses chaos de pierres, d'eau, de végétation où les villes sont si peu, terrées dans l'obscur creux des vallées...

Échapper au monde. S'unir au monde.

Je pouvais à présent reconstituer ce qu'avait dû être, pour le jeune substitut marseillais, l'épisode de mon arrestation.

En un sens, je le plaignis.

Voilà un jeune homme ambitieux et brillant, qui se

---

* *Note de la princesse Haydée.* On comprend qu'en comparaison du merveilleux engin de déplacement dont il nous entretient avec tant de tendresse, l'affection émue et profonde d'une simple femme ait pu paraître bien peu de chose au puissant et solitaire comte de Monte-Cristo.

dispose à entrer dans une des familles les mieux en vue du nouveau régime. Une telle alliance est non seulement le gage d'un avenir prometteur, mais encore, pour lui dont le père est un des notables de l'ancien pouvoir, une chance inespérée. J'imagine comment, dans les beaux salons de l'hôtel Saint-Méran, sous les apparences d'une parfaite et cordiale courtoisie, on lui fait sentir la poigne à laquelle il s'est livré, comment il doit par paroles et par actions multiplier les preuves de bonne volonté grâce auxquelles on lui pardonnera son déplorable père. J'imagine les hommes, protecteurs mais sévères ; les femmes, feulantes de haine*, prises de suffocations à la moindre mention d'un bonapartiste encore vivant. Voilà le climat qui l'entoure. Et quand enfin vont se concrétiser ses espérances, qui trouve-t-il en travers de son chemin ?

Son père. Ce diable de père qui, à cinquante-cinq ans, joue au conspirateur avec perruque, fausses moustaches et faux papiers. Un père qu'il n'a pas choisi, et auquel, après tout, les puissants du jour n'ont rien à envier quant à la férocité politique. Le *libéral* papa Noirtier, héroïque opposant à l'absolutisme royal, à la censure et au cabinet noir, n'a-t-il pas été un zélé serviteur de l'Empire, c'est-à-dire d'un régime sous lequel le respect des libertés publiques s'incarnait dans la sinistre, hâve et implacable figure de cet oratorien défroqué, mitrailleur de Lyon, qui s'appelait Joseph Fouché ?

---

* *Note d'Alphonse de Beauchamp.* Qu'on ne voie pas dans cette remarque un trait de misogynie. Durant la réaction monarchique, les femmes les mieux élevées de l'aristocratie firent preuve d'une férocité exempte de toute retenue. Nous avons sur ce point des témoignages irréfragables, entre autres ceux de Lamartine et de Benjamin Constant. Certaines n'arborèrent-elles pas de petites potences en guise de pendants d'oreilles ?

Et pour que le fils n'ait pas à payer les opinions du père, pour que le mort ne saisisse pas le vif, pour que les légitimes espérances de Gérard de Villefort ne soient pas compromises, que faut-il ?

Il faut sacrifier un homme. Un homme dont l'innocence, aux yeux même du jeune magistrat, ne fait à peu près aucun doute, mais qui a eu le malheur de savoir ce qu'il devait ignorer.

Oui, je plains le jeune homme qui s'est trouvé dans ce cas. Il n'a pas demandé à naître, après tout, il n'a pas choisi la donne. On m'objectera qu'Edmond Dantès non plus : nul plus que moi n'est disposé à en convenir. Mais enfin nous en sommes à Villefort. Aucun homme ne demande à naître : aussi longtemps que durera l'humanité, un homme, chaque homme, tout homme pourra trouver dans ce fait un argument pour le pire. La vie nous assujettit tous à cet infernal paradoxe d'avoir à soutenir, du plus jeune âge au plus avancé, un incessant fardeau d'efforts, de peines, de patiences, que dans le meilleur des cas quelques bonheurs momentanés nous permettent de déposer un instant, et qu'alourdira de jour en jour, fatalement, un poids croissant d'espérances déçues, de désirs inassouvis, de chances manquées, de regrets inutiles. Si la foi en Dieu, l'amour des autres, le stoïcisme ou la simple faiblesse font qu'une partie des hommes accepte la règle de ce jeu truqué où l'on ne peut que perdre, que reprocher à celui que ni la mollesse, ni la philosophie, ni l'amour ni la foi n'ont fait s'y résigner ? Vous qui n'avez pas su ce que le traître, le scélérat, le simple égoïste, ont souffert, qu'avez-vous à dire sur l'égoïste, le scélérat, le traître ? Ils n'ont pas demandé à naître : la justice humaine achoppera toujours sur cet argument. Villefort a souillé son âme à tout jamais pour réussir. Mais je sais, moi, ce que cet homme orgueilleux, sévère, implacable, redoutable, et secrètement dévasté, que j'ai connu plus tard à Paris au sommet de ses félicités, a enduré pour avoir fait ce choix.

Le petit trot des chevaux, les cahots de la route, me berçaient. À demi allongé sur la couchette, laissant tomber Lichtenberg, je songeais à ce jeune homme dont m'avaient tant intimidé l'habit noir, le diamant, les manières élégantes et les ongles soignés... Fût-ce parce qu'à présent j'étais devenu plus fort ? Je m'aperçus bientôt que je ne songeais plus à lui de la même façon.

Il convient de s'attarder à ce moment rêveur et secret, au fond d'une voiture, à la nuit tombée, sur une route du Tyrol. Je n'envisageais plus Villefort de la même façon. Son image — celle d'un homme à abattre, à détruire — s'était toujours présentée à mon esprit, jusqu'alors, comme celle d'un homme puissant, contre lequel il me faudrait mobiliser toutes mes forces ; si bien que, concentré sur mon effort, je ne me préoccupais plus de lui. On ne réfléchit pas à ce qu'est une cible : on la vise. Mais à présent, Dantès avait grandi. La réussite de mon enquête en Grèce, le pacte conclu avec Ouvrard, l'habitude d'être riche et de commander, les armoiries peintes sur mes portières, avaient peu à peu fait de moi un autre homme ; la silhouette de Villefort, naguère terrible, nimbée des rayons de cette foudre qu'on appelle la Loi, avait sans que j'y songe, et en proportion inverse, perdu de son éclat, de sa superbe, de sa sévérité. Du coup je pouvais songer à lui d'une façon nouvelle. Je pouvais, oubliant ma rage, me transporter en lui.

Et je sentis alors se couler en moi je ne sais quel sentiment... Fraternité serait trop fort : proximité, plutôt. Villefort cessait de m'être étranger. C'était comme si je me regardais en lui comme dans un miroir, ou comme si je pouvais être son miroir. Comme si pour la première fois il m'apparaissait face à face et à ma hauteur, comme un égal.

Une fois de plus j'étais surpris devant mon propre sentiment. Je ne reconnaissais plus rien, depuis cette berline dont j'avais éteint la lumière, dans la pâle clarté de la lune sur les monts. Je découvrais pour la deuxième fois quelque chose que jusqu'alors je n'avais jamais compris : c'est que nous ne sommes pas seulement faits de ce que nous affirmons. Il y a en nous quelqu'un qui parle, par moments, et qui en sait plus que nous, ou qui sait autre chose.

Villefort était un homme comme moi. J'étais même plus vieux, et plus mûr, en cet instant, qu'il ne l'était ce jour de 1815 où il avait ordonné mon incarcération.

Et Villefort avait un père, comme moi. Dont il était sommé de payer les dettes : comme moi.

Je sais que je surprends. Mes relations avec mon père n'étaient pas celles du jeune magistrat avec le sien. Nos positions dans la société n'étaient en rien comparables. Et après ?

Villefort payait les opinions de son père. Il payait le milieu où il était né. Il payait — on lui faisait payer — sa naissance. Moi, je paysais l'innocence de Louis Dantès, la candeur et la probité qui m'avaient fait, par exemple, exécuter les ordres de mon capitaine ou de l'Empereur déchu, quand j'eusse pu jeter à la mer la maudite lettre, ou m'empresser d'oublier les prières du mourant. Tout le poids d'une éducation m'avait fait agir ainsi, pour ma perte.

Tous les deux nous étions prisonniers d'un jeu qu'il nous fallait jouer, et qui se refermait sur nous comme un piège.

Cela n'excusait pas Villefort, bien sûr : mais si moi, sa victime, je n'avais pas le droit d'être compréhensif, qui le serait ?

Je crois toujours que si à cette minute, cette surprenante minute, Gérard de Villefort se fût trouvé devant moi, je lui eusse proposé la paix, j'eusse espéré, désiré de lui la même lucidité fraternelle et miséricordieuse.

Je revoyais Blacas, vieux courtisan rabougri, amendé par l'âge, inclinant à la douceur et au pardon à mesure qu'il allait vers la terre. J'entendais ces propos qui m'avaient surpris sur l'exécution du maréchal Ney, je méditais la manière indulgente et désabusée qu'il avait de narrer cette époque. De combien de crimes, de trahisons, d'ignominies n'avait-elle pas été le théâtre ? Vingt ans plus tard, tout seul dans la nuit parmi des montagnes, un homme traînait avec lui toutes ces rancunes vieillies, ces haines enterrées, déterrées.

Villefort. Le crime, la vengeance ; et le doute.

Je soupesais ce châtiment que je préparais avec tant d'âpreté, de volonté, de cruauté, dont je faisais l'œuvre implacable de ma vie. Je ruminais ces enquêtes, ces voyages. Je refis sur la carte les parcours géographiques de ma vie depuis six ou sept ans. L'Italie, la Grèce, l'Italie, cette brusque remontée vers les montagnes, l'Autriche.

Je songeai pour la première fois à la figure que dessinent, du début à la fin de sa vie, les pas d'un homme.

XV

Je resserre mon étreinte. – L'ascension toulousaine de M. de Villèle. – Les Verdets. – L'assassinat du général Ramel. – Je suis un homme qui déterre. – Le nommé Fleurant. – Mademoiselle de Coublac. – L'horrible trésor. – MTC. – « Dieu, grand témoin des faits mystérieux. » – Tout est prêt. – « Pas encore. »

Je redescendis de ces hauteurs à mesure que la route plongeait vers les vallées ; arrivé dans la plaine, j'étais déjà tout à la suite du programme.

Les allusions de M. de Blacas m'avaient convaincu qu'il y avait quelque chose à chercher à Toulouse. Je ne souhaitais pas m'y rendre moi-même : l'esthétique voulait que je ne misse pas un pied en territoire français avant l'heure du châtiment. Et comme il était temps aussi de suivre de plus près les faits et gestes présents de mes prochaines victimes, afin d'aviser aux moyens de faire irruption dans leur vie, je revins en Italie décidé à resserrer, de loin, mon invisible étreinte.

Je hâtai la constitution, déjà esquissée, d'une équipe d'agents sûrs et fidèles capables d'agir en France. Une partie d'entre eux aurait pour mission de surveiller Danglars, Morcerf et Villefort à Paris, afin de me renseigner sur leurs activités et leurs fréquentations. C'était là le plus facile : il suffisait de bien les payer.

J'eus davantage de mal à trouver quelqu'un qui pût travailler à Toulouse : celui-là devrait prendre des contacts, interroger des témoins. Il me fallait un homme adroit, dévoué et Français de préférence. Enfin mes « bons cousins » carbonari (quoique désabusé, j'en connaissais encore bon nombre) me procurèrent un nommé Larriau, originaire du Béarn et qui, compromis à Paris dans les activités d'une société politique illégale, s'était réfugié à Turin où il essayait de se faire oublier.

L'homme était intelligent, capable, et aux abois. Je le mis à ma merci en lui procurant de l'argent et un passeport. J'inculquai à ce néophyte les règles d'une clandestinité sérieuse et bien organisée. Enfin je lui proposai une mission à Toulouse. Nous nous rendîmes en Espagne, où je l'accompagnai jusqu'à Lérida. Je l'attendrais, caché derrière les Pyrénées...

J'avais bien fait mon choix : trois semaines plus tard, Larriau me racontait par le menu la carrière toulousaine de Gérard de Villefort.

J'en donne tout de suite le tableau. Avertissons le lecteur : il ne comporte pas l'essentiel. L'essentiel — l'extraordinaire, l'effrayant, l'inimaginable — n'allait m'être donné qu'ensuite, depuis Paris. Que l'on veuille bien patienter. Cela prendra mieux son relief si l'on a l'idée de ce qu'était, à la Restauration, la politique à Toulouse.

*

En 1808, le préfet de la Haute-Garonne, en application du mot d'ordre de ralliement des royalistes au régime impérial, proposa et obtint la nomination de M. de

Villèle, membre éminent de la noblesse toulousaine, comme maire de la commune de Morville où il possédait un domaine. La bienveillance gouvernementale ne devait pas s'arrêter là : peu après, le même M. de Villèle entrait au Conseil général du département.

Je l'ai dit en parlant de Marseille : cette politique fut un échec, les royalistes profitant généralement de ces bonnes façons sans pour autant abandonner leurs convictions d'un demi-pouce. Les distinctions que Villèle accepta de la main de l'Usurpateur ne l'empêchèrent pas d'adhérer, dans le même temps, à la société secrète des « Chevaliers de la Foi ».

En avril 1814, Wellington, qui depuis l'Espagne chassait devant lui l'armée napoléonienne commandée par le maréchal Soult, la rejoignit près de Toulouse et la défit. Une fête somptueuse fut organisée au Capitole pour le général anglais par les soins des royalistes de la ville. Le duc d'Angoulême, mandaté par Louis XVIII, entra dans la ville après lui. M. de Villèle avait jeté le masque et s'était montré dans ces solennités. Aux Cent-Jours, il se retira à Morville, où il se consacra à l'animation d'un « comité royal secret ».

La cité gasconne, cependant, ne se livrait pas de bonne grâce à l'Empereur revenu. Elle se déclara centre de résistance ; l'énergique et aventureux baron de Vitrolles — encore un Marseillais — prit le gouvernement civil et créa une sorte de milice royaliste composée des fils de l'aristocratie, auxquels la couleur de leur uniforme valut l'appellation de « Verdets ».

Le gouvernement impérial n'entendait pas laisser durer longtemps la plaisanterie. En avril, Vitrolles fut arrêté et emprisonné à Vincennes, mais, en juin, l'Empire tomba pour la seconde fois.

Cette fois la coupe était pleine. Les Verdets ressortis de

l'ombre firent régner la terreur. Aux fils de famille rapidement lassés s'était substituée, dans leur rang, la lie de la population. Au demeurant les ultras toulousains, n'ayant plus confiance en le débonnaire Louis XVIII, avaient décidé de n'en faire qu'à leur idée. Toulouse envisagea même, dit-on, de devenir la capitale d'un royaume sécessionniste, dont le duc d'Angoulême aurait pris le sceptre, et qu'aurait appuyé l'Espagne moyennant la cession du Roussillon.

Pour rétablir l'ordre, Louis XVIII envoya alors à Toulouse le général Ramel, excellent soldat qui après avoir servi l'Empire, s'était rallié au nouveau gouvernement.

Les enragés locaux ne devaient lui pardonner ni l'un ni l'autre.

L'été fut agité. On arrachait les arbres de la liberté, on arrêtait des dizaines de bonapartistes. La population excitée par les Verdets contestait les fonctionnaires nommés par Louis XVIII, le maire M. de Malaret, le préfet Rémusat et bien entendu le général Ramel. Enfin, pour bien marquer qui commandait, le duc d'Angoulême nomma Villèle maire de la ville, à la place de Malaret destitué.

Et le 15 août, le général Ramel, qui venait de refuser aux Verdets leur intégration à la Garde nationale et prétendait même les dissoudre, fut assassiné par eux lors d'une échauffourée. Lardé de coups de couteau, couvert de crachats et d'insultes, il devait agoniser une nuit entière dans la chambre où on l'avait transporté, entouré de ses bourreaux qui s'acharnaient sur lui.

La carrière de Villèle se joua dans cette période. Fouché, puis Decazes, tous deux ministres, soupçonnaient les Chevaliers de la Foi d'être les véritables instigateurs du meurtre, et jugeaient que Villèle, présent à deux rues de là, était bien loin d'avoir fait pour l'empêcher tout ce qui eût été en son pouvoir. Dix jours plus tard néanmoins Villèle était élu député de la ville.

La période qui suivit fut étrange. Nul ne faisait rien contre les Verdets. Il fallut plusieurs mois et des ordres exprès du gouvernement auprès du préfet et du procureur du roi, pour qu'aient lieu les premières arrestations. Il faudrait encore un an pour qu'au début de 1817 la Chambre des mises en accusation du tribunal de Toulouse soit enfin saisie de l'affaire.

Or qui était le procureur du Roi, dès le début de 1816 ? Gérard de Villefort.

Qui avait fait traîner le dossier durant un an ? Qui avait envoyé au tribunal (d'ailleurs soumis à des menaces et à des pressions multiples) des accusés si peu convaincants que l'on ne prononça contre eux que des peines infimes ? Villefort.

Vers 1836 à Toulouse, si j'en crois Larriau, l'opinion des témoins dignes de foi était la même que celle de Blacas : le procureur du Roi, dans cette affaire, avait sauvé la carrière de M. de Villèle ; intervention qu'il avait su monnayer habilement par la suite.

On disait aussi que Villefort, en agissant de la sorte, cherchait à protéger un des chefs les plus enragés des « Verdets » : le chevalier de Coublac, beau-frère d'une jeune veuve, Marie-Thérèse de Coublac, elle-même égérie du parti royaliste... et maîtresse du fringant magistrat.

Bien : c'était donc devenu une habitude, chez le procureur de Villefort, que de rendre la justice au mieux de ses intérêts personnels. Tout cela m'intéressa — ne fût-ce qu'en me convainquant que M. de Villefort, comme Danglars, comme Fernand, avait confirmé sa scélératesse. Relaps comme les deux autres, il n'avait pas plus qu'eux de titres à la pitié ni au pardon. Mais d'un autre côté, la pêche était maigre : ce n'était pas avec cette histoire vieille de vingt ans — de laquelle je n'avais pas même une preuve — que je pourrais faire beaucoup de tort au procureur général. J'allais méthodiquement ruiner Danglars, j'allais déshonorer Morcerf. Qu'imaginer contre Villefort ?

La réponse — atroce — me fut donnée un mois plus tard.

*

Je suis un homme qui déterre. Qui creuse, et qui déterre. Me voilà ramené à ces étranges cohérences de la vie, dans un règne souterrain où nous ne descendons pas, mais dont l'existence ne fait aucun doute pour qui sait observer.

J'étais sorti du château d'If dans le linceul d'un mort. J'avais rapporté au jour un trésor enfoui dans les grottes de Monte-Cristo. J'avais arraché Haydée au harem de Topkapi, labyrinthique séjour d'ombres vivantes.

Cela continuait. Ce jour-là aussi, je faillis croire en la Providence. Ce que je déterrai, *stricto sensu* ou presque, concernant Villefort, fut aussi extraordinaire sous le rapport de l'horreur, que l'avait été le trésor des Spada sous le rapport de la chance.

Ruiner Danglars serait amusant. Faire du général-comte de Morcerf, pair de France, grand officier de la Légion d'honneur, un objet d'opprobre, d'horreur et de scandale, serait savoureux.

Mais ce que je découvris pour abattre Villefort était cent fois au-delà. Je n'en revenais pas. J'hésitai presque à m'en servir. J'hésitai surtout à le croire.

Ce que je trouvai à jeter en travers de sa route était

pour ainsi dire mon double, un autre moi-même, enterré vivant lui aussi par M. de Villefort, et comme moi miraculeusement sauvé.

Un double, la principale différence étant qu'il s'agissait d'un nourrisson de quelques heures.

Voici l'affaire.

Villefort, je l'ai dit, était à ce moment-là surveillé, à Paris, par des gens à moi. Or, peu après avoir commencé ce travail, ils s'aperçurent qu'ils n'étaient pas seuls à rôder autour du procureur. Un homme, un nommé Fleurant, âgé d'une cinquantaine d'années et sorti un an plus tôt du bagne de Toulon, en faisait autant. Dès que le fait me fut signalé, j'ordonnai d'acheter cet homme à tout prix afin de savoir ce qu'il faisait là. Quelques menaces et vingt-cinq mille francs le convainquirent de travailler pour nous, et voici ce que nous apprîmes.

En 1817, ce Fleurant était à Toulouse et faisait partie des fameux Verdets. Après l'assassinat de Ramel, auquel il avait pris part, il fut chargé, avec quelques autres, de détourner autant qu'il se pouvait, par l'intimidation ou toute autre méthode, les foudres de la loi. Rien n'était de trop : Villefort passait pour bien disposé, mais il fut décidé de le conforter dans ses bons sentiments par une terreur salutaire.

Trois lascars, dont Fleurant, l'attendirent un soir, à la nuit tombée, à la sortie du tribunal et le suivirent. À leur surprise, le magistrat ne se rendit pas chez lui, mais gagna, à quelque distance de la ville, une discrète maison de campagne que l'un d'entre eux connaissait pour y avoir été domestique : elle appartenait aux parents de cette Mme de Coublac, maîtresse de Villefort.

Intrigués, les trois espions sautent le mur, se dissimulent derrière des massifs non loin de la maison... et, après une assez longue attente, voient resurgir le procureur, portant dans ses bras une forme enveloppée d'un linge blanc.

Villefort se hâte vers une remise, ressort muni d'une bêche, dépose son paquet blanc, creuse un trou derrière un fourré, y dépose la chose, rebouche le trou et disparaît dans la maison.

Aussitôt, Fleurant court vers le lieu de l'inhumation, débarrasse la terre encore fraîche et découvre un enfant. Il le croit mort, et manque hurler de terreur lorsqu'un cri plaintif s'échappe de l'infime créature. Épouvantés, oubliant pourquoi ils sont là, les trois hommes retournent en ville et déposent l'enfant devant l'orphelinat paroissial, enveloppé dans le drap où ils l'ont trouvé, lequel est brodé des initiales MTC. Puis ils disparaissent dans la nuit.

Fleurant ne devait jamais perdre de vue cet enfant. Un an plus tard, un de ses complices, un Corse, vint le réclamer à l'orphelinat, sa femme et lui ayant décidé de l'adopter, en rémission de leurs péchés sans doute... Fleurant, alors installé dans les Pyrénées, les revit quelquefois. Il avait par la suite entendu parler, à Toulouse, de la liaison de Villefort avec Mme de Coublac. Il tenta vainement de convaincre le Corse de monnayer ce secret. Les initiales MTC — Marie-Thérèse de Coublac —, leurs deux témoignages, n'avaient-ils pas de quoi faire réfléchir la jeune femme ?

Mais le Corse s'y refusa obstinément. L'enfant, lui, rebaptisé Benedetto, ne savait rien.

C'est à la mort de ses parents adoptifs que Fleurant expliqua tout au garçon devenu un jeune homme. Mme de Coublac, remariée, avait depuis des années quitté la ville. Fleurant ne savait pas où la trouver, mais ne pouvait-on obtenir « réparation » du puissant procureur général ?

Le jeune Benedetto, convaincu, déclara à Fleurant qu'il

lui donnait carte blanche. Et c'est ainsi que nous retrouvâmes Fleurant à Paris, cherchant le moyen le plus discret d'entrer en contact avec l'honorable M. de Villefort.

Dieu seul, ce grand témoin des faits mystérieux...

lisais-je à cette époque dans les nouveaux poèmes de Victor Hugo. Je ne sais s'il existe un grand témoin, mais je crois en revanche que la mémoire du monde est complète. Il y a toujours quelqu'un qui a vu et qui sait.

Fleurant avait vite compris qu'il était moins risqué et plus lucratif, pour Benedetto et lui, de se faire nos auxiliaires. Il consentit à venir vivre à mes frais en Italie avec le jeune homme ; à rédiger un témoignage circonstancié sur l'affaire (il pouvait donner sur Toulouse, sur Villefort, sur la maison de campagne, nombre de détails probants, et possédait en outre le linge marqué MTC) ; à attendre enfin la suite de mes ordres.

Moi, je réfléchissais. L'âme de Villefort me passionnait de plus en plus. En même temps elle m'échappait, changeait de forme devant moi comme un monstre mythologique. Je ne savais plus que penser.

On fait jeter en prison pour le reste de ses jours un pauvre diable compromettant : on est un scélérat prudent, avisé, *raisonnable.*

Par contre, on ne croit pas son propre enfant mort, quand il ne l'est pas. Et l'on ne se hâte pas d'aller l'enterrer nuitamment dans le jardin, avec une bêche. Ou alors on n'est plus un scélérat : on est un fou.

On est un fou, mais personne ne le sait. On poursuit une carrière habile dans les couloirs, pleins de chausse-trapes, où l'on circule entre la Justice et le Pouvoir. On se glisse au premier rang des honneurs et des charges, on est une notabilité, on survit à une révolution... Et personne ne s'avise qu'on est un fou, capable d'enterrer hâtivement un enfant endormi ou évanoui, en prétextant qu'il est certainement mort...

Au reste, dissimuler une faute aussi vénielle — un enfant adultérin — au prix d'un crime aussi odieux n'était-il pas un autre signe, non moins éclatant, d'aberration mentale ? Comprendre Gérard de Villefort m'avait semblé un luxe, quelques mois plus tôt, dans les montagnes de l'Autriche ; à présent, n'était-ce pas une nécessité ? Celui qui voulait voir et savoir ne devait-il pas scruter cela, autant et davantage que la politique à Toulouse ?

J'ai par la suite interrogé des médecins. Je suis descendu dans d'abominables geôles, dites « maisons de fous », en comparaison de quoi les visions de l'enfer dantesque sont des vitraux naïfs. J'ai vu là des êtres enchaînés, tout nus, et qu'on battait parce qu'ils avaient essayé de tuer ; j'ai croisé des regards pires que ceux des bêtes, car l'œil du fauve ne contient pas d'horreur, et celui du singe n'est pas grotesque ; j'ai entendu des cris terribles, j'ai vu des contorsions, des langues dardées hors de la bouche, des sourires de démons ; j'ai vu une femme se briser les dents sur des barreaux de fer ; j'ai vu un homme qu'on empêchait de se polluer faire saigner ses bras que retenaient des courroies de cuir. Il y en avait aussi de doux comme des agneaux. Et cela avait parlé dans des salons, cela avait été un honnête boutiquier, cela avait siffloté en flânant sur un mail. Il faut voir le revers du monde. Il faut pousser les portes. Nous ne sommes pas là pour être innocents. Je ne crois en rien sauf en cela. C'est toute ma métaphysique. Les médecins m'ont dit :

— Oui... L'homme que vous décrivez peut exister. On a connu des cas similaires.

— Mais qu'en dites-vous ?

— Qu'il est fou.

— Pourtant il vit comme vous et moi, il parle, raisonne, salue son voisin...

— Cela n'empêche pas.

Je n'étais guère plus avancé. Ces médecins étaient des geôliers, une vague expérience était tout leur savoir, une insensibilité acquise, leur viatique. Moi, en revanche, il me semblait apercevoir dans l'âme de Villefort une logique mystérieuse. Par deux fois (au moins) cet homme s'était débarrassé d'un personnage encombrant ; il avait emmuré le premier au château d'If, enseveli le second sous la terre. Il me semblait que dans une occasion comme dans l'autre, ce n'était pas seulement l'innocent qu'il enterrait, mais en même temps sa faute elle-même ; c'en était l'objet et la preuve. Seulement voilà : en cadenassant ainsi l'un et l'autre, Villefort s'enfermait avec eux pour toujours. Il devenait sa propre geôle, il devenait ces murs et cette terre tassée qui, curieusement, apparaissaient en filigrane dans son nom. À l'intérieur, ignorée de tous comme je l'avais moi-même été dans mon cachot, à l'intérieur s'agitait son âme criminelle, en compagnie de ses victimes. Cela me paraissait expliquer la sévérité, quasi proverbiale, du magistrat : en requérant avec une férocité froide, implacable, redoutablement efficace, contre bandits et assassins, n'était-ce pas lui-même qu'il poursuivait en eux, et sa propre condamnation qu'il réclamait, préconisait, implorait ?

Je n'ai rien dit de lui. Je ne l'ai pas compris. Je ne me suis toujours pas expliqué cet homme qui, une nuit, se hâte vers le jardin pour enterrer l'enfant, vite, vite... Il y a dans certains êtres une ombre épouvantable, une crypte de nuit. Comment Dieu, s'il existe, peut-il vouer sa créature à de telles misères ?

Moi, j'allais faire exploser cette âme, j'allais allumer la mèche de cette bombe. Par deux fois la tombe allait s'ouvrir. Par deux fois un revenant allait se dresser devant lui et lui dire : « Villefort, je suis ton crime. Je suis Benedetto, ton enfant. » « Villefort, je suis ton crime. Je suis Edmond Dantès. »

*

Tout était prêt.

Mes ennemis étaient dans ma main sans le savoir. Ouvrard à Londres, Fleurant et Benedetto en Italie, n'attendaient qu'un signe. Haydée vivait près de moi.

J'ai oublié de mentionner que je n'avais pas perdu de vue Gaspard Caderousse. Depuis la nuit passée en 1829 dans son auberge, un homme avait été payé pour me rendre compte de ses activités. Ce misérable, je l'ai dit, ne m'intéressait guère, mais je voulais l'avoir à portée de main, à tout hasard. En 1833, veuf de sa seconde épouse, il vint s'établir à Paris, où, sur recommandation de M. de Villefort, auquel il sut peut-être rappeler un épisode obscur de sa carrière marseillaise, il fut recruté comme agent de police en civil, autant dire indicateur. L'énormité de ses provocations, les liens trop visibles qu'il noua avec souteneurs et apaches, le firent vers 1836 chasser de cette place : le préfet Delessert entendait nettoyer la police de ce genre d'éléments. Depuis lors il vivait à la barrière Saint-Denis, rabatteur pour les cambrioleurs, usurier, proxénète, courtier en chantages... Il pouvait servir.

Tout était prêt. J'étais entouré et servi remarquablement par des hommes mûrement choisis. J'avais pris l'habitude du monde, Paris ne me faisait plus peur. J'avais vieilli, mûri, agrandi l'espace intérieur de la mémoire et des songes. Le double masque de comte de Monte-Cristo et de Bartolomé Zaccone, les années passées, l'oubli, mon visage marqué par le temps, les souffrances, l'endurcissement du cœur, tout me servait : qui se souvenait encore du pauvre Edmond Dantès ? Qui le soupçonnerait derrière Monte-Cristo ? Les agissements de Mondego-Morcerf en Grèce, les points faibles du crédit et des alliances de Danglars, le hideux secret de Villefort : il me restait à me rendre à Paris, à m'y faire connaître et accepter, et, tenant secrètement tous ces fils dans ma main, à actionner les mécanismes qu'ils commandaient ; je verrais tomber devant moi, l'un après l'autre, ces trois puissants personnages. Ainsi Edmond Dantès, fils d'un petit ouvrier des savonneries, aurait-il écrasé le procureur général, le banquier, le pair de France. Ainsi étais-je en passe d'accomplir le serment fait à mon père, cent fois, dans la solitude du cachot, puis encore une fois à Marseille, en 1829, cependant que la famille Morrel se livrait à la joie de voir revenir son bateau : « Ils se souviendront de nous ! »

Pauvre père. Je revoyais mon enfance, ce bonheur mélancolique du veuf et du petit garçon. Je sentais sa chaude et rude main enveloppant la mienne, j'entendais encore les histoires qu'il me racontait, les refrains qu'il fredonnait pour m'amuser ou me bercer, les petits surnoms tendres qu'il me donnait et que seul au monde je connais, que je garderai jusqu'au dernier souffle, n'ayant pas de fils à qui les redire. La tendresse. Toute la tendresse que j'aie eue dans ma vie. Mon vieux bonhomme aux fleurs. Ah, j'allais broyer. J'allais supplicier. Non, je ne pleurais pas !...

C'est alors que s'éleva au fond de moi une voix qui me redit : « Pas encore. »

XVI

L'avertissement. – Le veneur et sa proie. – Le dessin que forment nos pas. – Renoncer. – Mon voyage en Orient. – Le mont Liban. – La trajectoire du gypaète.

Pour clore joliment le chapitre, cette image d'une voix qui s'élève n'en est pas moins inexacte. En réalité ce fut plutôt le pressentiment ou l'avertissement, inquiétant parce qu'irraisonné, que quelque chose n'allait pas comme il aurait dû.

Oui, tout était prêt, je n'avais plus qu'à agir. Mais qu'est-ce qui, dans la perspective ainsi disposée, me rabaissait donc, me diminuait, me réduisait ?

C'était comme si mes projets, loin d'être le fruit de ma liberté, de ma puissance et de ma volonté souveraine, m'assujettissaient maintenant à eux et me dégoûtaient, un peu comme des manigances auxquelles on a accepté de se prêter en sachant bien qu'on ne se grandit pas.

Je me trouvais pour lors à Naples, avec tout mon monde. J'avais logé Haydée à la villa du Palmier, du côté de Mergellina, et je lui racontais les amours et la destinée tragique de Luisa San Felice, qui l'avait habitée. Jacopo et Bertuccio, avertis de mes intentions, tenaient tout préparé, n'attendant que mes ordres — et je n'en donnais pas.

Nous allions déjeuner au lac d'Agnano en calèche, ou admirer le Vésuve sur la route de Torre del Greco. *Le Sindbad* nous menait à Nisida ou Ventotene. Nous fûmes examiner les découvertes de Pompéi. Toute cette ville oubliée avait attendu des siècles, sous la terre, les hommes d'aujourd'hui. Les paysans d'alentour, sans savoir pourquoi, n'avaient jamais cessé d'appeler ce lieu *la Citta.*

Une lueur parvint bientôt dans mes perplexités : « Tout cela est à la hauteur de Zaccone, pensai-je ; pas à la hauteur du comte de Monte-Cristo. »

Oui : ces plans, ces intrigues, ces fils déjà tendus et qu'il ne restait qu'à actionner, tout cela exprimait Zaccone, l'homme d'action, l'aventurier, le veneur. Cela correspondait à un homme de la même trempe qu'Ouvrard, par exemple, ou même que Fernand Mondego, résumé, dominé par ses buts concrets et terrestres ; un chien ayant découvert un cadavre de bête, et qui trotte, l'échine horizontale.

Zaccone tenait sa proie. À son horizon se trouvait Paris où il n'était jamais allé, Paris dont il lisait les journaux et cherchait à connaître les usages, Paris où il s'appliquait à imaginer et à suivre l'existence de ses ennemis. Et c'était en fin de compte Paris qui tenait Zaccone au bout d'une longe et le tirait. Mon centre n'était pas au centre de moi-même. Dante évoque *la fretta — che l'onestade ad ogn'atto dismaga* : la hâte — qui à tout acte ôte sa dignité. Il y avait quelque chose de cela, sauf que ce n'était pas une question de hâte. D'appétit, plutôt. Je me souvenais de Faria : renoncer d'abord à ce que l'on désire.

Je songeai de nouveau à la figure que dessinent dans l'espace les pas d'un homme. Je suivais du doigt sur la carte mes allées et venues depuis 1829, ces trottinements de chien qui flaire, ces volte-face de mouche sous la lampe ; le gribouillis que forme aux yeux de Dieu une créature en croyant vivre... Qu'est-ce qu'un acte, me demandai-je, accompli dans l'oubli de l'univers, augmenté par celui qui agit aux proportions mêmes de la vie et du monde ? Réponse : une usurpation. Mon appétit de vengeance avait cette fixité hideuse de la plupart des passions, qu'on les appelle cupidité, gourmandise ou luxure, si bien représentées par les naïfs sculpteurs gothiques au chapiteau des églises. Nos convoitises nous tirent et nous ploient vers la terre. Ne convenait-il pas au comte de Monte-Cristo, qui se voulait supérieur à tout, de se redresser, de s'agrandir à la dimension du monde, et de voir ce qui subsisterait des siennes ?

Dire que je n'avais rien *voulu* de tout cela !

Mais en somme, quel homme a voulu ce qu'il est ? Celui-là même qui dès l'enfance en a eu la prescience, celui qui s'est vu homme d'État ou soldat fameux, poète ou entrepreneur, pourquoi le veut-il ? Lui-même l'ignore. Fait-on jamais autre chose que de riposter ? Nous naissons en un lieu et dans une condition que nous n'avons point élus. Les bonheurs et les malheurs de notre enfance, les exemples et les perspectives que nos éducateurs tracent à nos yeux — ceux qu'ils peuvent eux-mêmes concevoir — nous orientent déjà. Lorsque l'on a vingt ans, on se retourne sur l'enfance et l'on s'aperçoit que les jeux sont faits en partie. L'homme alors entreprend de modeler sa vie, par la soumission ou par la révolte, avec énergie ou dans la paresse, avec méthode ou dans l'impatience. Mais les vertus ou les défauts dont il témoigne alors, qu'est-ce qui les a implantés en lui ? Dieu ? Sa nature ? Pourquoi est-il attiré par les voyages, ou la débauche, ou les mathématiques ? Pourquoi est-il hésitant ou volontaire, audacieux ou timoré ? Il n'a pas voulu cela.

J'avais dépassé quarante ans, la vie m'avait donné un trésor et des ennemis. Fallait-il que je fisse miens l'un et les autres, que j'acceptasse d'être résumé à cela, d'être cela ? Et cependant, pouvais-je encore renoncer aux richesses et à la haine ? Étais-je capable de tout perdre ? Aurais-je pu trouver le courage de disparaître, de laisser ma fortune, de déchirer mon passeport et mes lettres patentes, d'oublier Paris, d'aller à Smyrne ou Odessa reprendre la vie de simple marin ?

Nos désirs sont nos chaînes, l'homme que nous haïssons est notre maître.

Il me sembla enfin qu'il fallait abandonner mes projets, au moins provisoirement, par hypothèse, par exercice ; qu'avant d'agir, l'ultime préparatif auquel je devais me livrer consistait à lâcher prise, à m'éloigner ; qu'il me fallait partir sans craindre le temps ni l'oubli. Lorsque entre moi-même et ce but médiocre que le hasard m'avait proposé, j'aurais mis des mers et du temps, des lieues et des jours ; lorsque j'aurais offert à mon esprit toutes les diversions, donné au renoncement toutes les chances, ouvert à l'oubli toutes les portes ; lorsque j'aurais brisé, maté mon impatience (je songeais au geste des pêcheurs lorsqu'ils ont pris un poulpe, et qui le jettent dix fois, vingt fois, de toutes leurs forces, sur le pont du bateau, pour attendrir sa chair) ; lorsque j'aurais relâché l'étreinte de fer que j'avais appesantie sur le Vouloir et sur le Temps ; lorsque j'aurais beaucoup vu, beaucoup appris, contemplé encore les mers, le ciel nocturne, la solitude des déserts et des montagnes ; alors, si vraiment persistait en moi le même désir, s'il demeurait évident, certain, indiscutable que ma vie passait par là, je reviendrais pour accomplir mes projets.

Du moins aurais-je ajouté au dessin une boucle vaste et

nette, témoignant du désir d'aller loin, de prendre du champ, d'embrasser large. Je me le devais. Cela était à la hauteur du comte de Monte-Cristo.

Mes plans de voyage étaient faits d'ailleurs, puisque, je l'ai dit, ce n'était pas la première fois que ces idées tentaient de se faire place en moi.

Mes ordres vinrent : nous partions pour l'Égypte.

*

Je ne ferai pas ici le récit de ce voyage. Il existe assez de Voyages en Orient, tous plus ennuyeux les uns que les autres. Un voyage n'a d'intérêt que relié à l'histoire d'une âme. Ce qui a de l'intérêt (encore est-ce là un postulat métaphysique, jamais démontré) c'est qu'un homme grandisse, acquière un peu plus de lucidité, de compassion et, pour finir, de calme.

Débarqués à Alexandrie, nous gagnâmes Le Caire, puis Suez où nous embarquâmes sur la mer Rouge. Nous, c'est-à-dire Haydée, Jacopo et moi-même. Haydée allait avoir seize ans. Depuis que je l'avais ramenée de Constantinople, j'étais allé la voir le plus souvent possible à Céphalonie. À présent elle m'interrogeait sur le pourquoi de mon arrivée dans sa vie. « Pour que tu puisses venger ton père, lui répondais-je, et moi le mien. » Elle haussait les épaules : « Mais tu m'as tout donné... » disait-elle, comme si cette vengeance, superflue, n'avait rien à voir avec le sujet qui la préoccupait. Je savais bien, et ne pouvais guère lui dire, ce qu'elle me donnait à moi. Elle apportait à ma vie un surcroît de nécessité. Je lui devais le traître Mondego, général de Morcerf. Je m'étais persuadé que je vengeais mon père, et parfois que je rendais justice à tous les humiliés et les martyrisés ; tout cela valait ce que vaut une chancelante croyance ; l'innocente Haydée la raffermissait. Je me devais à elle, j'avais fait de sa vie mon affaire : il fallait que je vive. Il y a dans un être dont le bonheur ne tient qu'à nous, et qui sans nous pleurerait au milieu d'un monde immense et froid, quelque chose qui nous empoigne le cœur au fond de la poitrine. Va, je t'ai bien aimée, petite sœur d'exil et de solitude ; et tu m'as consolé souvent.

Nous vîmes La Mecque, Aden, Djaffar. À Goa, je retrouvai le souvenir de l'abbé Faria, je contemplai dans l'ancienne ville abandonnée les vestiges de l'âge d'or portugais. Je vis Calcutta et les bouches du Gange. Je levai les yeux vers l'Himalaya émergeant comme une musique de gloire, inaudible à l'oreille humaine, par-delà la fertile plaine bengali. Au-delà se trouvait le mystérieux Thibet, les monastères des Lamas. Je gagnai le Pendjab, Lahore, l'Afghanistan. Nous traversâmes ensuite la Perse, rejoignîmes la Palestine. Lorsque nous séjournâmes au monastère du Carmel, j'avais compris que je mourrais désespéré de n'avoir presque rien vu, presque rien connu, presque rien compris, presque rien aimé. Comme le monde est grand ! Ce que nous appelons vivre et connaître, c'est effleurer la vie en quelques points, comme la tangente effleure le cercle, comme l'oiseau touche à la branche. C'est accoster au rivage et repartir. Nous ne sommes pas les habitants du monde : nous n'en sommes que les hôtes de passage.

À l'automne 1837 nous étions à Beyrouth, et je me demandais si nous remonterions au nord vers Alep, Erzeroum, Trébizonde. Je pourrais alors entreprendre le franchissement du Caucase, gagner Astrakhan, remonter la Volga, m'enfoncer dans l'énorme Russie. Si j'entreprenais d'ajouter ce second volet au voyage, un an, deux ans encore passeraient. Il était temps qu'enfin je me décide, et je me le répétais chaque matin pour n'y plus songer de la journée. J'en étais au même point qu'au début de mon voyage, avec en plus un sentiment d'urgence ; je ne pouvais pas éternellement remettre ma décision, et je me sentais incapable de la prendre.

Je ne comprenais pas — ou ne m'avouais pas — que les dés étaient jetés, que neuf années de ma vie ne pouvaient pas, ne pouvaient plus avoir été dispensées en vain, que j'en étais désormais l'otage et l'esclave.

Tout en examinant les cartes et mes songes, je me laissai convier à une chasse, sur les contreforts du mont Liban, par le consul d'Espagne avec qui j'avais lié amitié.

Mon hôte chassait avec des gypaètes d'Égypte, qui se prêtent à cet usage comme le faucon en Occident. Il nous fallut une journée de cheval pour gagner le théâtre de notre chasse. Après avoir dormi sous des tentes dressées par nos serviteurs druzes, nous réenfourchâmes nos montures.

Je regardai longuement, ce jour-là, la demi-douzaine d'animaux que nous utilisions. L'oiseau libéré de son chaperon de cuir s'envole, virevolte un instant et paraît s'ébrouer ; puis, en deux ou trois longs coups d'aile souples, il s'élance dans une vaste trajectoire courbe, repère sa proie dans le même temps et, sans plus attendre, tombe sur elle comme une pierre. Je comparai le dessin de mes voyages à cette ligne simple, élégante, accomplie comme sans y penser. Il n'hésite pas, le gypaète, il ne se demande rien. Il fait ce que l'instinct et le dressage, qui chez les hommes s'appellent nécessité, lui ont dicté.

Allez : il fallait en sortir. Marseille, la dénonciation, la prison, mon père... C'était peut-être bien peu mais c'était ma vie, que je le veuille ou non. Paradoxalement mes liens avec l'humanité s'appelaient Danglars, Morcerf,

Villefort. Partout ailleurs je n'étais qu'un touriste. C'était presque de l'humilité que de m'y résigner.

Le temps était venu de bander l'arc contre les Prétendants. Je renonçai à la Russie et pris place sur un vaisseau marchand de Bordeaux, *L'Alouette*, qui partait de Beyrouth.

NOTE D'ALPHONSE DE BEAUCHAMP
1860

— « Un navire marchand de Bordeaux, L'Alouette, *qui partait de Beyrouth... » Est-ce là tout ?*

— Mon Dieu, oui : le livre s'arrête là.

— Mais que fit-il ensuite ?

— De qui voulez vous parler ? De l'homme qui poursuivait sa vengeance, ou de celui qui écrivait ses Mémoires ?

— De l'un et de l'autre.

— Eh bien, le premier se vengea, l'autre cessa d'écrire. Voilà !

— C'est un peu court ; on reste sur sa faim...

Cette conversation eut lieu un soir de l'été 1860, sur la terrasse d'un agréable château des environs de Paris, dont le parc en pente douce s'achevait, passée une colonnade servant de pergola à des roses-pompon, dans les eaux pures de la Bièvre, bordées d'une ligne de fayards.

Ce château appartenait à ce même Franz d'Épinay qui, au début de 1838, avait été le premier d'entre nous à faire la connaissance du comte de Monte-Cristo, dans le palais souterrain de l'île dont il avait emprunté le nom. Lorsque le comte vint à Paris, Franz était tout au projet de mariage qui existait entre lui et la fille du procureur de Villefort, mariage qui devait (on racontera cela) trouver le plus inattendu et le plus infranchissable des obstacles. Cette affaire l'éloigna quelque temps des salons, et il se soucia peu de ce qui faisait parler le monde.

Il n'en allait plus de même vingt ans plus tard, durant ce séjour que je fis dans sa propriété de campagne. Je tâchais alors de donner au livre du comte la suite et la fin qui lui manquaient. Je mesurais la perte irréparable causée à cette œuvre par l'éloignement, puis par la mort de son vrai, de son seul auteur. Venant après les pages qu'il m'avait dictées, mes pauvres renseignements, mes laborieuses mises au point faisaient pâle figure.

Assailli de questions par mon hôte et ami, j'avais fini, sous la promesse de la discrétion la plus absolue, par lui donner le manuscrit existant. C'est après l'avoir refermé qu'il m'adressa les questions reproduites ci-dessus. Je lui donnai à lire les pages du journal que le comte avait rédigé durant son séjour parisien, et dont il comptait se servir comme guide pour sa narration. Franz les lut et voulut savoir la suite. De questions en suppositions, de conjectures en controverses (car Franz avait ses points de vue et les exprimait sans ambages), trois soirées furent consacrées à évoquer ce fascinant personnage.

Or, comme les jours suivants je tentais de me remettre à ma rédaction, dont les feuillets me tombaient des mains aussitôt que j'essayais de les relire, tant ils me semblaient rendre ennuyeux un sujet passionnant, il m'apparut soudain que cet auditeur, jetant à tout moment son grain de sel dans l'histoire qu'on lui conte, sous forme de commentaires, de questions imprévues, d'hypothèses, ne lui apportait pas peu de vivacité et d'intérêt. Cette suite que je ne parvenais pas à écrire, nous l'avions en définitive composée, Franz et moi, sur la terrasse de son château, en sirotant du vieux xérès. Ce qui échappait à ma plume besogneuse, notre entretien l'avait saisi : l'écho des jours, le bruit lointain des voix, les clartés et les pénombres, la vie ! Le comte de Monte-Cristo y passait, lointain mais pareil à lui-même ; tel qu'étaient passés Danglars, Mondego, Villefort dans ses conversations avec Morandi, Ouvrard ou le duc de Blacas.

Je n'hésitai pas : j'entrepris de retranscrire ces conversations, avec les inévitables arrangements de la mémoire et du style écrit. J'en adressai le texte à la princesse Haydée, héritière du comte ; elle n'y trouva rien à redire. Ce dernier point lui mérite votre hommage, lecteur : on a tant vu d'héritiers abusifs, coupant, censurant, brûlant sans pitié ce qui ne donnait pas de leur « grand homme » l'image pieuse, hagiographique, convenable, qui leur paraissait seule digne d'être véhiculée ! À sa suite, elle voulut « préférer la vérité à la bienséance et l'humain à la convention ». On verra qu'elle y eut, en quelques points, un indéniable mérite.

Tout ce que le lecteur apprendra ici du comte de Monte-Cristo provient d'elle. Il avait choisi, avant l'interruption de notre travail, les titres et les épigraphes. Le journal parisien, tel qu'il l'a laissé, figure ici en son lieu et place. Pour le reste, deux hommes, un soir d'été, sur la terrasse d'un château, parlent d'un mort, et s'interrogent sur cette chose conjecturale qu'est une destinée.

LIVRE IV

LE COMMERCE DES HOMMES

C'est alors que passa le nuage noirci,
Et que la Voix d'en haut lui cria : c'est ici !

VICTOR HUGO

XVII

Année 1838. – La comédie à Rome et le drame à Paris. – Journal du comte de Monte-Cristo (mai à juillet). – Les Champs-Élysées. – Esquisses parisiennes. – Projets de mariages. – Un officier nommé Fernand. – Le télégraphe. – Benedetto. – Les pères et les enfants. – Edmond Dantès, « celui qui est mort au château d'If ».

— Or donc il s'arrêta d'écrire, ou plutôt de dicter.

— Oui. L'automne s'avançait, je savais qu'il se proposait de passer l'hiver à Brousse et en Cappadoce, où il s'intéressait aux investigations des archéologues dans la cité secrète de Kaimakli, étrange catacombe formée de galeries et de salles souterraines, creusées voilà bien des siècles, et dont les immenses et ténébreuses ramifications servaient de repaire aux bêtes et aux voleurs. Nous consacrâmes un ultime après-midi de travail à établir les grandes lignes des deux derniers livres. « Voilà, conclut-il : nous reparlerons de tout cela au printemps, Beauchamp, si vous le voulez bien... » J'approuvai, non sans l'intuition que c'étaient là de ces paroles de convenance qui permettent, lorsqu'on sait qu'on ne se reverra pas, de faciliter les adieux. J'ai dit en préface à ce livre ce qu'il en fut, et l'échéance repoussée jusqu'au fatal départ de 1857.

— Mais pourquoi ce revirement ?

— Judicieuse question. Je ne sais si l'on peut y répondre. Je crois que si l'on y répondait, on saurait qui fut le comte de Monte-Cristo. *Ma misi me per l'alto mare aperto...*

— En ce cas, parlons donc de la vengeance.

— Vous y avez assisté comme moi. Il vint à Paris, où il demeura sept à huit semaines. À l'issue de ce délai, Caderousse était mort, le comte de Morcerf était mort, le baron Danglars était ruiné, le procureur de Villefort était interné.

— Et vous pensez vraiment que cette série d'événements fut son œuvre ?

— Péremptoirement !

— On ne l'aurait pas cru animé de telles intentions.

— Non, n'est-ce pas ? Et c'était sa ruse suprême. Souvenez-vous de votre visite à l'île de Monte-Cristo, de l'enlèvement d'Albert par le bandit Vampa... Il nous avait donné la comédie à Rome ; il donna le drame à Paris avec la même nonchalance distraite. Un engrenage allait se mettre en mouvement, qui en quelques semaines, sans qu'ils parviennent un seul instant à en prévoir ou prévenir les effets, allait broyer quatre hommes ; cela en présence même du machiniste, qui, dans le même temps qu'il actionnait les leviers depuis sa maison des Champs-Élysées, donnait au monde le spectacle de la plus tranquille et insouciante frivolité. Tout le monde fut berné. On avait cru voir se dérouler trois drames : il n'y en avait qu'un. On se croyait spectateur : on était figurant ou même protagoniste. On croyait voir : on était vu. La scène était Paris, et un seul homme, caché en son sein aux yeux de tous, se donnait à lui-même ce spectacle : c'était l'auteur ! Faut-il vous en rappeler les étapes ? Le 20 mai il est à Paris. Le lendemain il apporte chez le banquier Danglars un crédit illimité ouvert en sa faveur par la maison Thomson et French, de Rome, crédit sur lequel il se fait sur-le-champ verser la somme d'un million : encombrante clientèle que le gros baron, justifiant les prévisions d'Ouvrard, ne veut point décliner... Peu de jours après, Danglars perd sept cent mille francs dans le krach d'une maison de crédit hongroise où il était de concert avec Baring.

— Et cela aussi est l'œuvre du comte ?

— Je puis vous l'affirmer. L'action (vous avez oublié ces détails, si jamais ils vous ont arrêté) s'était effondrée à la suite de malversations dont le secret fut découvert ; son partenaire anglais, quoique averti à temps, ne l'avait informé de rien. Ce silence était le résultat des intrigues d'Ouvrard, que nul ne risquait de soupçonner. Pourquoi le vieux Ouvrard, dont plus personne ne parlait, fût-il ressurgi pour s'en prendre à l'ancien commis d'Aguado ? Le résultat est que personne n'entrevit le secret de cette affaire.

— Je crois me souvenir qu'Albert de Morcerf, lui, en profita pour tenter de faire échouer son mariage avec la fille Danglars...

— Oui. Il réprouvait ce projet, œuvre de ses parents, et ironisa en public, très délibérément, sur cet argent perdu par son futur beau-père.

— C'est d'ailleurs curieux : Eugénie Danglars était, je crois, une très jolie personne ?

— Hum ! Vous ne savez donc pas ce que tout le monde murmurait ?

— Ma foi non.

— Eh bien, cette très jolie personne, comme vous dites avec raison, n'était pas de celles en qui un homme, si avantageux soit-il, puisse rêver d'éveiller un frisson, même le plus ténu...

— Ah ! Par exemple. Au fait, qu'est-elle devenue ?

— Elle quitta Paris peu après la faillite paternelle ; nous croiserons encore sa silhouette en Italie. Albert avait donc bien ri aux dépens du gros baron, mais il dut cesser de rire lorsqu'au début de juin, *L'Impartial* imprima que selon des témoignages récemment produits, le pacha de Janina, Ali de Tébélen, avait de toute évidence été livré aux Turcs, en 1822, par la trahison d'un officier français alors à son service — officier dont on ne mentionnait que le prénom : Fernand.

— Ah ! Voilà, si j'ai bien compris, la princesse Haydée qui entre en scène ?

— Si vous voulez. C'est elle en effet qui devait, un peu plus tard, confondre publiquement le général de Morcerf à la Chambre des Pairs, où il entendait se laver de ces accusations... Ce fut d'ailleurs le seul point où le comte de Monte-Cristo devait apparaître explicitement lié à cette série d'événements. Juste retour des choses : Danglars, aux oreilles de qui étaient arrivés les sarcasmes d'Albert au sujet de ses sept cent mille francs, s'empara des allégations de *L'Impartial* et en fit le soir même des gorges chaudes au jeu, chez le Roi.

« Le 12 juin marqua une nouvelle perte pour le banquier, suite à une erreur de transmission du télégraphe, répercutée auprès de lui par Lucien Debray, secrétaire du ministre de l'Intérieur et familier de sa maison. On avait pu noter, le 9, qu'il revendait hâtivement ses titres sur le Trésor espagnol. Comme on le savait dans certains secrets, d'autres spéculateurs avaient suivi, et le cours de l'action avait fléchi. Là-dessus on apprit que Don Carlos, prétendant au trône, loin de se préparer au coup d'État comme on l'avait cru, acceptait au contraire de quitter l'Espagne pour venir résider à Bourges. C'était l'apaisement : le titre remonta aussitôt au-dessus de la valeur qu'il avait avant la vente Danglars, lequel perdait neuf cent mille francs dans l'affaire, plus quelques gros clients qui ne comprirent pas ce qui lui était passé par la tête.

— Et l'erreur du télégraphe...

— ...Était l'œuvre du comte, vous avez compris. Un employé du télégraphe, cela s'achète, il suffit d'y mettre le prix... Albert, toujours dans l'intention de faire échouer son mariage, fit un nouvel éclat public sur ce sujet. Danglars furieux annonça à son de trompe qu'il écrivait à son correspondant commercial de Parga, en Grèce, pour en savoir plus sur cet « officier nommé Fernand ». Deux familles amies jusque-là commençaient ainsi à s'entre-déchirer ; ni les uns ni les autres ne voyaient qu'ils étaient des pantins aux mains du même homme...

« Le lendemain, pour couper court aux rumeurs sur les difficultés de sa banque, le gros baron mit trois millions dans une affaire de bateaux à vapeur en Italie, chaudement recommandée à son attention par...

— ... le comte de Monte-Cristo.

— Tout juste. On arrivait alors à la mi-juin, et le procureur de Villefort, seul, n'avait pas encore été rejoint par la roue destinée à son écrasement. Ce fut chose faite lorsqu'un mauvais garçon nommé Benedetto, arrêté après avoir assassiné un certain Gaspard Caderousse, ancien indicateur de la police, affirma que ledit Caderousse cherchait à le tuer, et ce sur ordre du procureur. Il promettait des révélations.

— Pour cela, je m'en souviens mieux que quiconque. Encore sous le coup de mon mariage manqué avec Mlle de Villefort, rien de ce qui touchait à cette famille ne m'était étranger !

— Fort bien. Vous verrez d'ailleurs que le comte parle de vous dans son journal. Bref : Villefort fit savoir qu'il entendait diligenter l'instruction, « afin de faire litière de ces calomnies insensées », et il était peut-être sincère : pouvait-il soupçonner ce qui allait s'abattre sur lui ?

« Le 24 juin, *L'Impartial* revint sur l'histoire de Janina, confirmant que l'« officier nommé Fernand » ayant livré Ali de Tébélen aux Turcs par trahison paraissait bel et bien ne faire qu'un avec M. le général-comte de Morcerf. Ce fut alors que ce dernier, comptant sur l'absence de preuves et flétrissant « les insinuations anonymes d'un lâche ennemi », exigea que l'affaire fût publiquement débattue devant les Pairs. Le baron Danglars, de son côté, avait déjà ajourné *sine die* le mariage de sa fille avec Albert. Entre temps, suite à l'épisode espagnol, les fonds des Moulins de Paris — quelque chose comme trois ou quatre millions — avaient quitté sa caisse pour celle des Rothschild... Mais au fait, nous pouvons nous en tenir là : vous connaissez la suite !

— Le suicide du comte de Morcerf, convaincu non seulement d'avoir livré Ali de Tébélen, mais encore d'avoir vendu sa femme et sa fille au sérail de Constantinople... La chute du baron Danglars, qui s'enfuit de Paris avec l'argent des Hôpitaux...

— Des Orphelinats, s'il faut être exact. Auxquels une banque de Trieste devait reverser peu après, sans explication, l'équivalent des sommes dérobées par Danglars.

— Je me souviens encore mieux du scandale Villefort, mon cher Beauchamp. Toujours pour les raisons que je vous ai dites, furieux contre le procureur, je ne résistai pas à l'envie d'envoyer mon domestique au procès Benedetto, afin qu'il m'en rendît un compte fidèle...

— Mais il ne put voir la confrontation entre le père et son fils présumé.

— Hélas non : en affirmant publiquement que M. de Villefort était son père, le jeune criminel avait provoqué une telle émotion que le huis-clos fut imposé.

— Moi j'y ai assisté, en ma qualité de journaliste. Ce qui devait frapper le plus les témoins de cette scène, fut la ressemblance physique entre le père et le fils ; en toute autre occasion elle n'eût été qu'amusante ou anecdotique ; mais elle accusait, mais elle dénonçait. Elle parut terrible, effrayante, presque surnaturelle, comme si Dieu eût voulu graver le crime du magistrat sur le visage même du pauvre Benedetto.

« M. de Villefort nia avec la dernière énergie avoir payé Caderousse pour le débarrasser du jeune homme. Pour le reste, sa fuite soudaine hors du prétoire fut un aveu... On ne devait pas en savoir davantage : le magistrat fut retrouvé une heure après, errant, dans un état qui imposa son internement à Bicêtre, puis à la clinique du docteur Blanche.

— Où il mourut deux ou trois ans après.

— Oui, d'un transport au cerveau — affection qui avait déjà frappé son père quelques années plus tôt. Le comte, lui, avait quitté Paris le jour même de cette chute retentissante, et n'y devait jamais reparaître.

— Tout cela dépasse l'entendement, et j'hésiterais à en croire un autre que vous.

— Ce n'est pas mal, en effet. Le pauvre Edmond Dantès avait fait du chemin, n'est-ce pas ? Mais il est bien tard ; voici le journal du comte, relatif à ces événements. Je vous laisse le découvrir.

— Merci. Cela étant, l'existence même de ces paperasses m'étonne. Tout ce que j'ai lu dépeint à mes yeux un homme tendu vers l'action ; et au moment où cette tension atteint à son comble, c'est-à-dire à l'heure de la vengeance, il entreprend de noircir du papier...

— N'exagérons rien : il ne dut pas y consacrer plus d'une demi-heure par jour, et encore, pas tous les jours... Et peut-être avez-vous mal saisi sa philosophie de l'action.

Agir, oui ; mais sans être l'otage de ses actes. Agir, en s'imposant l'exercice du recul, de l'abandon, de l'indifférence. Il me semble que durant ces semaines, l'écriture lui servit d'antidote à « cette hâte, qui à tout acte ôte sa dignité »... Et puis enfin, il est l'auteur des Mémoires. Il n'avait assurément pas la vocation d'écrire. Mais voyez, mon cher Franz, la beauté profonde et mystérieuse de votre parc, reflété derrière vous dans les portes-fenêtres : la vie perd là bon nombre de détails, des épaisseurs, des lourdeurs. Mais en ces reflets évanescents, tremblés, immatériels, on dirait qu'elle est plus purement elle-même. Les jours, les gens, les choses sont promis à disparaître, et ce n'est pas lui, je pense, qui leur accordait plus de valeur qu'ils n'en ont. Mais leur souvenir, peut-être, mérite plus qu'eux de rester.

JOURNAL DU COMTE DE MONTE-CRISTO (MAI À JUILLET 1838)

20 mai. — D'abord une rumeur imperceptible et lointaine, à l'horizon ; et puis cela s'élève, s'étend, grandit, c'est un galop, c'est un orage, c'est une armée — cela fond sur nous, c'est à nos portes ; et alors retentissent trois notes puissantes, impérieuses, un appel comminatoire et pressant qu'on ne peut pas ne pas entendre.

J'étais ce soir à l'Opéra et j'ai senti mon cœur bondir à ces premières mesures de l'ouverture de *Sémiramide*. J'étais à Paris, cette fois. J'y étais, dans l'obscurité d'une loge, invisible et l'œil ouvert, avec autour de moi cette ville qui ne se doutait de rien.

Je viens vers vous. Depuis longtemps je viens vers vous. Et maintenant je suis tout près de vous...

J'écris ceci à minuit. Je suis arrivé ce matin. Après avoir

laissé *Le Sindbad* à Martigues, nous avons traversé la France du sud au nord par les canaux. Ma voiture, sortie à l'aube des ateliers de Farry, Breilmann & Co, m'attendait comme prévu à Saint-Maurice. Cependant que nous cheminions, Bertuccio empressé me rendait sur la préparation de mon séjour, les domestiques, les dépenses, les transformations effectuées dans ma maison ou mon parc, des comptes que j'écoutais à peine, tout occupé à prendre un aperçu, par la vitre, de ce Paris où je me trouvais pour la première fois : la Bastille, la rue Saint-Antoine, l'ancienne place de Grève, les chantiers de la Madeleine. J'ai songé que j'aurais dû normalement (si ce mot a un sens) venir là en février 1815, jeune marin éberlué, et me rendre chez un M. Noirtier, rue Coq-Héron.

21 mai. — Déjeuné chez Albert de Morcerf. Il y avait là son ami Franz d'Épinay ; un nommé Lucien Debray qui est au ministère de l'Intérieur ; un journaliste, M. de Beauchamp ; et un autre ami d'Albert, le marquis de Châteaurenaud, lequel — ô surprise — nous avait amené un certain Maximilien Morrel avec qui il a lié amitié en Algérie ; Maximilien Morrel, le fils de mon ancien patron de Marseille !

Je n'ai pas voulu poser trop de questions, mais j'ai compris que Morrel est décédé. Sa fille Julie s'est mariée, elle habite Paris. Maximilien s'est engagé dans les spahis où il est capitaine. Il s'est illustré en 1836 du côté de Mascara. Au siège de Constantine il a soustrait Châteaurenaud à trois Arabes qui se disposaient à lui trancher la tête, d'où l'amitié que voue désormais l'orgueilleux descendant des Croisés à ce plébéien méritant.

Nous avons beaucoup parlé tous les deux. J'ai appris l'histoire du fameux Youssouf, fondateur et chef des spahis. Français, enlevé à quatre ans par les barbaresques, il fut page du bey de Tunis avant de devenir le drogman du général Clauzel. Son vrai nom est Joseph Vantini. J'ai également fait beaucoup de questions à Morrel sur l'émir Abd-el-Kader, auquel il voue une admiration qu'il ne dissimule pas. Morrel pleurera, c'est sûr, le jour, si ce jour vient, où il sera vaincu.

Puis est venu le moment redouté où Albert a voulu me présenter à ses parents.

J'ai revu Mercedes.

Robe sombre, cheveux noirs en bandeaux. Le teint encore mat, presque gris, des femmes de la Méditerranée exilées sous les cieux du Nord. La bouche rouge, les yeux ombrés et profonds, un regard grave et lourd de pensées, non sans l'imperceptible ironie de ceux qui savent le mensonge du monde et les désillusions de la vie. La dignité d'un silence rien moins qu'indifférent.

M'a-t-elle reconnu ? Oui, bien sûr, évidemment elle m'a reconnu ! Seule. Et elle ne dira rien. Elle veut voir ce que je viens faire ici. Elle espère tout et redoute tout.

« Je sentis que je l'aimais toujours », dit Oreste, et Antiochus : « Non, Arsace, jamais je ne l'ai moins haïe... » La tragédie est réconfortante : les sentiments y sont inaltérables. Le temps ni l'éloignement n'ont de prise sur rien...

Le quartier des Champs-Élysées, où j'habite, est tout à fait à mon goût : excentrique, et presque interlope. On traverse d'abord l'esplanade de la Concorde, environnée de pompeux monuments, où pointe comme l'aiguille d'un cadran solaire l'obélisque exilé, solitaire et hautain. Franchie cette place, Paris s'achève en un immense jardin ; on y entrevoit des lieux de plaisir d'où sortent des flonflons et des cris de gaieté. Au loin, l'Arc de triomphe ouvre sa porte sur le ciel, et après c'est la campagne. Tout cela ressemble à un beau dessin à l'encre de Gabriel ou de Hittdorf, dans lequel Hubert Robert ou Canaletto auraient déposé, d'un pinceau léger et brillant, les figurines colorées de leur humanité pittoresque. Le jour y passent les calèches se rendant au Bois. La nuit, cela s'emplit d'ombres équivoques, notamment, presque en face de mon jardin, les femmes seules qui ont donné son nom à l'« allée des Veuves ». Des jeunes gens qui voulaient s'amuser ont pu arrêter nuitamment une voiture sur l'avenue, et terroriser ses occupants, sans que quiconque intervienne.

À l'arrière, ma maison donne sur la rue du Faubourg Saint-Honoré ; je suis presque le voisin de M. de Villefort.

23 mai. — De l'énergie, une dureté de cœur sans égale, une malignité cupide et roublarde, une parfaite absence d'amour-propre : voilà les qualités qui ont fait réussir Danglars. Intelligent, brutal, méprisant tout en dessous, rampant devant tout au-dessus, Danglars a une force : l'absence de doute. Ce qui compte, c'est sa caisse, et puis son importance, ce qu'il appelle sa « position », laquelle repose sur sa caisse. Rien d'autre n'entre jamais dans l'esprit de Danglars. Sa femme peut le mépriser, ses victimes le maudire, les gens d'esprit ou de cœur se détourner avec dégoût, M. Danglars s'en fiche, du moment que fleurit sa caisse.

Comment s'est-il tiré de l'orage de 1830, lui qui de notoriété publique était le banquier de Paris le mieux en cour sous Charles X ? Parbleu ! Avec de l'impudence, c'est tout ce dont il est capable. Mais il y excelle. C'est Albert lui-même qui m'en a parlé. Comme si de rien n'était, dès le second jour de l'émeute, il se fit annoncer chez Laffitte, serra les mains de La Fayette et de Constant comme celles de vieux amis, tint à la stupeur générale des propos outrancièrement populaires, et comme tous les soutiens étaient bons à prendre, on accepta le sien... Dans cette incroyable indifférence au jugement d'autrui réside sa force. Il vit dans un parfait accord avec lui-même, ce qui n'est pas donné à tout le monde. Honneur, dignité, élégance, il a tout remplacé par de l'or.

Je n'en dirai pas autant de Fernand Mondego, en qui il n'est pas difficile de déceler un homme miné.

Vu de l'extérieur il prête à sourire. Depuis 1830, M. de Morcerf boude. Voilà un homme qui s'est donné pendant des années un mal de chien afin de passer pour noble et d'obtenir la pairie ; à peine ces buts atteints arriva 1830, la monarchie citoyenne, l'hérédité de la pairie supprimée. Comme tous ses confrères, il acheta alors sa tranquillité en instruisant sous la surveillance populaire le procès des ministres de Charles X (mais qui t'a fait comte, Fernand Mondego ?). Il fallait ou bien acquitter héroïquement, ou bien condamner à mort ; il fallait se faire tuer avec eux, ou au moins les renier dans une éclatante trahison. Ces messieurs ne firent ni l'un ni l'autre, et condamnèrent avec une sévérité médiocre, honteuse, pusillanime. Morcerf espéra ensuite qu'on le supplierait de reprendre du service en Algérie, mais personne ne lui demanda rien. Alors cet Achille se retira sous sa tente, avec le crève-cœur qu'on le laissât s'y retirer. Depuis il joue les gentils-hommes légitimistes déçus par la marche des temps, ce qui fait sourire rive droite et hausser les épaules au Faubourg Saint-Germain.

Ridicule donc — mais pitoyable. Général, comte, pair de France, décoré, à la tête de soixante-quinze mille livres de rente, possédant hôtel, chevaux, laquais, château en Brie, domesticité nombreuse, une femme admirée dont on parle d'autant plus qu'elle paraît lui être fidèle, cet homme chamarré saigne du dedans. Ses cheveux drus sont déjà gris. Deux rides droites, en mentonnière, la mâchoire crispée, semblent dénoter un permanent qui-vive. Il souffre. Il souffre depuis qu'il existe. Il a beau faire, cela ne va jamais comme il veut. Mercedes ne l'aime pas.

Il m'a semblé en revanche qu'il aime profondément son fils. C'est peut-être tout ce qui les rapproche.

25 mai. — Hier soir, bal de la comtesse de Morcerf. Albert et ses amis avaient bien joué leur rôle publicitaire : j'ai été l'attraction. On n'avait pas vu mieux depuis la girafe du Jardin des Plantes !

Les yeux de Mercedes, à plusieurs reprises, lourds d'incrédulité et de questions. Comme je prenais congé elle m'a demandé dans un souffle : « Nous sommes amis, n'est-ce pas ? »

Non !

Songé au *Sindbad*, à Monte-Cristo, aux bivouacs de Sardaigne et de Morée. À mon cachot, aussi. Entre le jour de mon arrestation et maintenant, un empereur, trois rois et trois régimes se sont succédé. Deux générations politiques — celle des Richelieu et des Decazes, celle des Périer et des Guizot — ont marqué la société de leur empreinte. Des fortunes, des carrières, des renommées politiques, financières, militaires, artistiques se sont faites et défaites. Les conversations roulent sur l'avenir du ministère Molé, le prochain couronnement de la reine Victoria, la danseuse Fanny Elssler dans la « cachucha », le *Cellini* de M. Berlioz qui a fait un four. La longue, longue mort de M. de Talleyrand a occupé ces dernières semaines ; la question était de savoir si la duchesse de Dino parviendrait à le réconcilier avec l'Église. Le diable sait ce qu'il en a été... Mais je n'ai pas de mal à être étranger ici. Être étranger dans un pays n'est rien, c'est l'être dans le temps présent qui est bizarre. Moi, j'arrive de Marseille en 1815, et le monde n'a pas d'yeux pour ceux qu'il laisse derrière lui. Moi, j'arrive de *La Jeune-Amélie* un matin de 1829, et ce soir, pour la première fois, j'ai éprouvé la nostalgie de ces premiers temps de liberté.

Eugénie Danglars, fille (adoptive) du banquier, est promise à Albert de Morcerf. Le charmant vicomte n'en veut à aucun prix, et fait le mystérieux quand on lui en demande la raison.

Mlle de Villefort, elle, est destinée à Franz d'Épinay, rejeton d'une vieille famille légitimiste ; son père, émigré de la première heure, agent secret de Louis XVIII, condamné à mort par contumace sous l'Empire, fut assassiné en 1815, probablement par des bonapartistes. Gérard de Villefort tient beaucoup à ce mariage qui arrangerait ses relations avec le Faubourg. On pourrait croire qu'il n'en a rien à faire, mais Villefort voit loin. Rien ne dit que l'Espagne ne va pas tomber au pouvoir de Don Carlos, dont les partisans chahutent fort la régence libérale de Marie-Christine. Rien ne permet d'exclure que le jeune Henri V ait sa chance, dans quelques années, de ce côté-ci des Pyrénées... Réciproquement cet hymen serait le gage, pour le jeune homme, d'un avenir mieux assuré sous la monarchie bourgeoise. Le hic, c'est l'opposition du vieux M. Noirtier, aux trois quarts paralytique, et *gâteux* peut-être (mot d'Albert, qui le tient de Mérimée, lequel a un ami dans la médecine) — mais entêté.

Pauvre Villefort ! Son père ! Toujours son père !

1er juin. — Avec Châteaurenaud et Albert, nous avons gagné à cheval, ce matin, le port de Bercy, après un détour par les boulevards neufs et le Jardin des Plantes. Là, nous avons déjeuné d'un baril d'huîtres, d'une sole frite et d'une entrecôte, tout cela arrosé de chablis, en contemplant le trafic des poissonniers, les charrettes des marchands de vins, le déchargement des bateaux. C'est une des promenades dont il leur vient de loin en loin la fantaisie. Savent-ils à quel point c'est insouciant et gai, sentent-ils la douceur de vivre qui leur est donnée ? Deux heures durant j'ai rêvé d'une autre vie, j'aurais voulu être né là, avoir leur âge, tout mon passé empli d'aventures si singulières ne valait pas cette conversation, ce déjeuner, le prosaïque et doux spectacle du port. J'étais parmi eux, et pourtant si loin !...

J'ai reparlé avec eux de l'affaire hongroise et des sept cent mille francs perdus par Danglars, histoire de voir comment Paris prenait cette escarmouche. J'ai ainsi appris bien des choses. J'avais compris que le jeune Debray était le valet de cœur de Mme Danglars, et noté une forfanterie du gros baron sur les fonds haïtiens, curieusement corroborée deux jours plus tard par le très officiel *Moniteur*. Ce que je n'avais pas saisi, c'est que Debray sert aussi au couple de valet d'ors. Secrétaire du ministre de l'Intérieur M. de Montalivet, Debray a la haute main sur le télégraphe et voit les dépêches de l'étranger dès leur arrivée. Il faut deux jours pour qu'elles paraissent (si le gouvernement le veut bien). Deux jours, c'est plus qu'il n'en faut à Debray pour faire un saut à la Chaussée d'Antin, à la belle Herminie pour jeter trois mots à son cocu, et à M. le député Danglars, défenseur du Peuple, pour ramasser en coulisses quelques centaines de milliers de francs, grâce à ce gouvernement qu'il vitupère à la tribune. Naturellement la baronne doit toucher là-dessus ses *épingles*, et ma foi, je considérerai maintenant d'un autre œil celles, d'or et de diamants, que l'élégant Debray pique dans ses cravates...

Du coup, profitant de ma qualité d'étranger en voyage, je les ai questionnés sur ce fameux télégraphe. Cela ne marche pas toujours très bien. On a souvent déploré des erreurs, et puis il y a le mauvais temps : ainsi, la dépêche qui, en octobre 1836, devait avertir le gouvernement de la tentative de Louis-Napoléon Bonaparte pour soulever l'armée à Strasbourg, s'interrompit après ces mots : « Le Prince a parcouru les rues de la ville avec une partie de... » ; durant toute une journée on vit les ministres et le Roi se ronger les poings en se demandant une partie de quoi, et quelle avait été l'issue de la promenade. Conclusion : il est admis dans Paris qu'une erreur du télégraphe est une chose plausible. Parfait !

Morrel était venu chez moi en mon absence. Il est revenu ce soir et, en fumant le houka, m'a confié son grand secret : il est éperdument amoureux de Valentine de Villefort, qui le lui rend bien et qui est au désespoir d'avoir à épouser Franz d'Épinay. Les deux tourtereaux se donnent des rendez-vous au fond du parc de M. de Villefort, à deux pas du mien. Il y a là une vieille porte désaffectée dont il a réussi, nuitamment, à briser la serrure. Nous sommes en plein roman ! J'aurais bien voulu rassurer ce brave Maximilien ; ce mariage ne se fera pas, puisque j'aurai agi avant ; mais c'eût été me dévoiler.

Je vais abattre Villefort. C'est peut-être bien la moindre des choses, en échange, que de faire le bonheur de sa fille ?

5 juin. — Je crois avoir réussi un joli tour de force en réunissant chez moi les trois couples : Danglars, Morcerf et Villefort. On ne va pas d'ordinaire chez un monsieur célibataire, logeant chez lui une jeune fille dont nul ne sait ce qu'elle est pour lui. Mais la curiosité a été plus forte que tout. J'ajoute qu'au désappointement de ces dames, Haydée n'a point paru.

Dîner passionnant. J'ai commencé par mentionner incidemment l'actuelle comtesse de Moret, née Marie-

Thérèse de Coublac, la maîtresse toulousaine du procureur, et j'ai vu ce dernier sursauter. Un peu plus tard, comme on me complimentait sur les parterres que j'ai fait aménager dans le parc, j'ai raconté que les ouvriers avaient trouvé, au cours des travaux, les ossements d'un enfant en bas âge. « Je crois savoir que le terrain appartint jadis à un couvent, ajoutai-je ; et l'on m'a dit — M. de Villefort saura sans doute ce qu'il en est — que l'on ne compte plus le nombre de squelettes enfantins trouvés à la Révolution dans ces établissements... » Il faisait chaud ; Villefort, tout pâle, grommela en s'épongeant avec sa serviette que la propagande révolutionnaire n'avait reculé devant aucune calomnie.

6 juin. — Calomnie peut-être, mais le coup a porté : Villefort a demandé des renseignements sur mon compte à la Préfecture. Je l'ai su par Édouard Grasset, un ami de Beauchamp, qui va souvent à Passy chez Mme Delessert, la femme du préfet de police. Paris va donc apprendre ce que je veux qu'il apprenne, à savoir que je m'appelle en réalité Zaccone, que j'ai d'immenses domaines en Italie et en Grèce, des mines d'étain en Bessarabie, des chantiers navals sur la mer Noire, deux mille nègres sur mes plantations du Maryland, etc.

Villefort, le grave et sévère M. de Villefort, l'oblique Villefort, *le jardinier à la bêche*, n'est pas seulement le plus incompréhensible de mes adversaires : il est aussi le plus intelligent. Il a trop d'éducation pour être naïvement vulgaire comme Danglars, trop de volonté froide et d'ambition pour suer la douleur comme Morcerf, qui est un cœur tendre. Comme les deux autres, il lui a fallu après les journées de Juillet faire oublier ses liens avec les Bourbons. Chose difficile : après une douzaine d'années à Versailles, c'est le gouvernement Polignac qui l'avait nommé au Parquet de Paris. Les premiers temps furent délicats. Il paraît qu'il fit des bassesses pour être reçu place Saint-Georges chez Mme Dosne, c'est-à-dire chez son gendre Thiers, un Aixois comme lui et l'un des hommes influents du nouveau régime. Sa chance vint quelques mois plus tard au moment du sac de l'Archevêché. Les émeutiers avaient tout brisé dans Saint-Germain l'Auxerrois, souillé les habits sacerdotaux, jeté à la Seine les inestimables trésors de la bibliothèque ; c'est contre les légitimistes qu'il se déchaîna ; n'étaient-ils pas coupables d'avoir voulu assister à la messe ? Son maintien à Paris fut ses trente deniers.

Tout cela est assez connu, mais je songeais en le regardant, hier, à ce que je suis seul (avec lui) à savoir, et que je tentais de retrouver dans le visage hautain du rigoureux Villefort, la Loi faite homme... Rien à faire. C'est un homme-gigogne. Le jardinier de Toulouse habite l'intérieur de ce mannequin empesé, cireux, à petites lunettes, qui *ne sait pas pourquoi.*

7 juin. — Albert de Morcerf m'a raconté en riant encore sa petite facétie, dans le salon des Châteaurenaud, à propos des sept cent mille francs perdus de Danglars. Nul doute qu'il acquière ainsi de grands titres à la reconnaissance de Mlle Eugénie, laquelle proclame son horreur du matrimoine et passe son temps à répéter des airs de bel-canto avec sa professeur de musique, une blonde aussi frêle et douce que son élève est mâle et brune.

Le comte de Morcerf a vertement tancé son garnement, sa malheureuse mère fait mine d'être affligée et ne l'est guère : elle préférerait qu'il se mariât de son plein gré, et en outre déteste Danglars.

Pauvre Albert ! Profite de tes derniers temps d'insouciance. Danglars a déjà perdu de l'argent, M. de Villefort a versé les premières sueurs. Je tiens tous les fils et tire à ma convenance. Fernand de Morcerf devrait d'ici peu manquer d'air à son tour.

8 juin. — Ça y est. Albert m'est venu chercher au tir de Gosset pour me demander conseil. Furieux des insinuations de *L'Impartial* contre son père, il était prêt à provoquer en duel la moitié de Paris. Je l'ai emmené auprès d'Haydée, ce qui l'a calmé instantanément. Nous sommes allés ensuite au café Tortoni où nous avons trouvé Alphonse de Beauchamp ; celui-ci lui a conseillé de s'informer auprès d'Édouard Grasset, qui a été en Grèce au service du prince Mavrocordatos, puis secrétaire de l'Agence maritime et commerciale.

L'épreuve que je vais infliger à Albert est cruelle, mais elle pourrait bien avoir l'avantage de faire surgir le fond de sa nature. C'est un grand cœur, un garçon spirituel et courageux, que la vie qu'il mène abîme, et aussi l'indulgence excessive de sa mère. Lorsque je le vois passer dans son tilbury je songe à ce héros du poème de Hugo,

Eunuque par le cœur, qui n'admire à Paris
Que les femmes de race et les chevaux de prix.

Le romantisme sombre n'est plus à la mode. Tous ces jeunes Parisiens nantis sont moins les disciples de Childe-Harold et de René que de Mérimée ; malheureusement ils n'ont pas son talent. Le scepticisme, l'ironie sont des acides ; ils soulignent les traits, accusent les saillants d'une nature énergique ; versés sur une âme indolente, ils la dévorent.

Morrel pourrait avoir une bonne influence sur lui, et lui sur Morrel. L'un endurcirait l'autre, l'autre dégrossirait l'un.

Je parle de Mérimée parce que justement j'ai dîné avec

lui chez Lointier, à l'invitation du sympathique Grasset. Il n'a presque rien dit, sauf pour faire de l'humour pince-sans-rire. Il a accueilli mes éloges sur ses ouvrages avec l'air de dire : N'exagérons rien. Il passe désormais la moitié de son temps à parcourir les provinces, à la recherche des édifices gothiques et des antiquités romaines. Le reste du temps il retrouve à Paris ses amis, ses livres et ses maîtresses. Et j'ai envié encore cette existence.

Après nous être séparés je suis parti en pleine nuit pour l'Eure-et-Loir, où passe le télégraphe de Bayonne.

13 juin. — Bien ! Danglars est ferré dans l'histoire des bateaux de Livourne à Ostie. Trois millions bloqués de la sorte, sept cent mille francs perdus sur le crédit hongrois, la désastreuse affaire des bons espagnols, mon crédit illimité suspendu au-dessus de sa tête... Il tombera à la minute où je le voudrai.

16 juin. — Rencontré avenue du Bois Mlle Eugénie Danglars, accompagnée de son inséparable professeur de musique. J'ai amené la conversation sur les petits ennuis de son gros papa. Elle a haussé les épaules :

— Savez-vous, Monsieur le Comte, comment vivent les ouvriers de Nantes ou de Lille ?

Bon : nous avons affaire à une disciple de Mme Sand et de M. Villermé. Cela ne lui coûte rien mais prouve au moins son indépendance d'esprit. Nous bavardions de coupé à calèche, ce qui n'est pas du tout convenable de la part d'une jeune fille bien élevée, mais elle n'en a cure :

— Je méprise le jugement du monde, m'a-t-elle dit.

— Il vous le fera payer.

— Alors nous irons vivre à l'étranger, Louise et moi, la vie qui nous convient.

— Auriez-vous donc des projets ?

Elle a souri :

— Vous verrez bien, Monsieur le Comte. Allez, Baptiste...

J'ai regardé partir au trot les beaux chevaux de la baronne Danglars. Décidément, chez mes ennemis, les enfants valent mieux que les pères. Je me demande bien ce que complotent ces adorables demoiselles, qui paraissent unies comme deux doigts de la main.

À midi, Beauchamp m'a emmené dans l'atelier de mon compatriote Daumier, où j'ai admiré notamment les figurines de terre cuite d'après lesquelles il exécute ses caricatures du *Charivari*. Quelle horreur ! Peut-on être aussi méchant que M. Daumier, aussi impitoyable pour l'homme ? Mais il faut bien dire que les hommes s'ingénient à ressembler aux statuettes de Daumier. Son erreur est ailleurs, à mon avis : non pas dans ses dessins, mais dans ses intentions. Il voit dans l'actuel triomphe du Bourgeois un accident ou une anomalie dans le progrès de la société, alors qu'il en est, selon moi, le produit et la vérité.

Il fallait en revenir aux choses sérieuses — à supposer que les dessins de Daumier soient une chose moins sérieuse que mes manigances. À la nuit tombée j'ai fait appeler un fiacre pour me conduire à la barrière Saint-Denis. On double à mi-chemin la sinistre silhouette de la prison Saint-Lazare ; passée la barrière on se trouve sur une plaine désolée où s'aperçoivent quelques pauvres fermes, deux ou trois cabarets, et au fond, des moulins. C'est là que mes espions m'avaient préparé un rendez-vous avec Caderousse.

Mon domestique a entraîné le cocher au cabaret voisin, après quoi l'ancien tailleur des allées de Meilhan a été amené et adossé au fiacre. Depuis l'ombre, par la portière entrouverte, je lui ai indiqué son rôle.

Puis le fiacre nous a ramenés vers le marché du Temple où m'attendait une autre voiture.

19 juin. — Caderousse est mort ce soir, poignardé par Benedetto, à cent pas du domicile de M. de Villefort.

Numéro 1.

Comme convenu, Benedetto s'est laissé arrêter par la police, qu'avait alertée Bertuccio. Je tiens les fils.

20 juin. — Je l'avais déjà noté à Rome : Haydée semble regarder Albert avec moins d'indifférence que tous les autres jeunes gens que je me suis arrangé jusque-là pour lui faire rencontrer. Lui, c'est plus simple : il en est fou, cela se voit, même si nos relations ne lui permettent évidemment pas de me le signifier. Grands dieux ! S'il allait être la porte par laquelle elle sortira de ma vie ?

J'avise aussi aux moyens d'aider le pauvre Maximilien à obtenir Valentine, et à ce train, je vais finir en vieille arrangeuse de mariages.

L'amour a tout de même une drôle d'allure aux yeux de qui ne l'éprouve pas. Qu'a donc de si extraordinaire cette pâle et plate Valentine ? Cher Maximilien, Paris vous offre les amoureuses les plus jolies, les plus spirituelles, les plus expertes en volupté ; votre uniforme, votre moustache, votre mâle et brune figure marseillaise parviennent à faire encore frémir ces créatures blasées dans les orgies, et vous, vous rêvez d'une oie blanche, fraîche émoulue du pensionnat des Oiseaux, qui croit devoir se confesser quand elle a regardé ses épaules dans sa glace, qui trouvera vos amis scandaleux, et qui n'aura de cesse de vous faire renoncer à cette vie de soldat que vous aimez tant...

Bien, je suis injuste. Moi aussi, à vingt ans, je fuyais les grossiers plaisirs des marins en flairant une mèche de cheveux donnée par Mercedes. Las ! Il y a dans ces juvéniles émois quelque chose que la vie m'a bien retiré du cœur. Nos tourtereaux pourraient-ils soupçonner ce qui reste de l'amour et du désir quand l'argent, le raffinement, l'habitude, la sécheresse du cœur, le blasement des sens les ont passés dans leurs tamis ? Allons : laissons-les aux émerveillements de leur âme encore neuve... Tout de même. La jeune Valentine est franchement insignifiante.

Je comprends mieux Albert : Haydée, c'est autre chose.

22 juin. — Le mariage Épinay-Villefort est manqué. Je savais que le vieux Noirtier n'en voulait pas, je ne savais pas quelles étaient ses armes pour l'empêcher. C'est lui qui a ordonné, en 1815, l'assassinat du père de Franz, parce que celui-ci avait été mis par erreur dans la confidence du retour de l'île d'Elbe... Il fut mené nuitamment sur les quais, poignardé et jeté à l'eau. Il était veuf, et le petit Franz avait quatre ans. Oh, les nobles, les héroïques bonapartistes ! Oh, les grandes âmes généreuses !

Gérard de Villefort savait-il cela ? L'histoire ne le dit pas. En tout cas le vieux canasson a bien joué.

Mais en somme, que cherchait Villefort par ce mariage entre la petite-fille du Jacobin et le fils de l'émigré ? La réconciliation, la cicatrisation, par l'union des enfants, des vieilles blessures du corps social ; l'apaisement de la guerre civile française dont 1789 donna le signal, et que l'échafaud de Louis XVI rendit inexpiable. C'est une belle et noble idée qui le fait remonter dans mon estime.

Moi, je songe à faire mieux encore : à unir Maximilien, fils du bonapartiste Morrel, à Valentine, fille du royaliste Villefort et de Mlle de Saint-Méran ; et Albert, fils de l'officier Fernand Mondego, à Haydée, fille d'Ali de Tébélen et de Vasiliki.

Mais en ce cas, ne me faut-il pas interrompre ce que j'ai entrepris ? Ne dois-je pas renoncer à perpétuer la vieille guerre des pères, qui dévore les enfants ? Ne me faut-il pas lâcher le fil qui va tirer Fernand vers l'abîme ? D'ici peu *L'Impartial* confirmera ses allégations, et cela, à l'heure qu'il est, je ne puis déjà plus l'empêcher. Mais peut-être puis-je faire en sorte que les choses n'aillent pas plus loin ?

24 juin. — Le sort en est jeté. *L'Impartial* persiste et nomme le comte de Morcerf. Il paraît qu'Albert aurait volontiers fourré à Sainte-Pélagie tous les journalistes de la capitale.

Moi je me suis rendu auprès d'Haydée et lui ai montré le journal ; « Voici l'homme, lui ai-je dit. Il y a cinq ans je t'ai promis de te le livrer. Je te le livre. Personne hormis toi ne peut rien prouver contre lui. Il est entre tes mains. À présent, agis comme tu crois devoir le faire. »

Il me restait une précision à ajouter :

« Je dois te dire aussi qu'il est le père de ce jeune homme que tu as vu ici, Albert de Morcerf. »

Je m'en remets à elle. C'est aussi sa vengeance.

29 juin. — La Chambre des Pairs, hier après-midi. Une place discrète aux tribunes, dans l'ombre d'une colonne, grâce à un portier soudoyé.

L'assemblée, avec la gravité des grands jours. Fernand, bardé de toutes ses décorations, mettant au défi « un vil calomniateur » de « jeter bas le masque » et de venir « en pleine lumière », etc. Approbation sensible dans l'assistance. Là-dessus l'huissier grimpe les marches de la tribune et murmure quelques paroles à l'oreille du président Pasquier.

Instant d'incertitude. Apparition d'Haydée, voilée de noir.

Pâleur soudaine de Fernand, qui ne comprend pas, s'affole, tente de la récuser.

La colère soudaine de la princesse : ces colères passionnées, féroces, foudroyantes, des femmes d'Orient.

Les preuves. L'acte de sa naissance et celui de la vente. Un interprète assermenté que l'on a envoyé chercher en hâte. La consternation pétrifiant les honorables sénateurs. La déroute de Fernand.

M. Hugo, les yeux mobiles d'un oiseau dans le visage un peu gras, prenait des notes sur le papier à en-tête de la Pairie.

Je n'ai eu que le temps d'arriver chez moi en même temps que Fernand.

Et hier soir, vers six heures, il est mort, suicidé.

Numéro 2.

9 juillet. — Je fais route vers Rome où je voudrais déjà être arrivé pour mettre un terme à ce j'ai moi-même voulu et ordonnancé. Depuis trois ou quatre jours déjà, Danglars a dû toucher les cinq millions chez Thomson et French. Depuis trois ou quatre jours il est aux mains de Vampa, et je n'ai aucun moyen d'empêcher ce qui est en train de se passer. Quatre ou cinq jours encore...

Je note ce que j'ai vu avant que le souvenir ne l'affadisse ou ne le transforme.

C'est hier qu'on jugeait Benedetto. Bertuccio surveillait la cour du Mai, si bien que j'ai pu précéder Villefort chez lui à sa sortie du Palais. En pénétrant dans le parc par la vieille porte que m'avait indiquée Maximilien, je suis parvenu à me glisser sans être vu jusqu'au cabinet de travail qu'il utilise, dans un pavillon latéral. Quand il est arrivé, j'étais là.

C'est horrible. Ce que j'ai infligé à cet homme n'a pas de nom ni de mesure ; Dieu, s'il existe, me pardonnera peut-être, parce que je ne savais pas. Dans le cerveau ou l'âme de cet homme se trouvait une faille ; cette faille, je m'en suis servi, j'y ai enfoncé le coin de toutes mes forces.

Comment nommer le résultat ? L'incompréhension, l'épouvante ; mais surtout la détresse.

Il est entré, il est allé se jeter sur une ottomane, et je le voyais suffoquer et gémir sans retenue en arrachant son col. Il répétait « non, non » en gémissant. Avait-il eu conscience d'enterrer l'enfant vivant ? Voilà ce que nul ne saura jamais... Enfin il m'a vu, a posé sur moi un regard stupéfait :

— Que faites-vous là ? a-t-il gémi, la lèvre tremblante.

— Je voulais vous voir.

— Me voir ?...

Il eut une sorte de sanglot.

— Mais que me voulez-vous ? Qui êtes-vous ?

— Je suis le comte de Monte-Cristo. Ne vous en souvenez-vous pas ?

— Ah... Oui... Mais que venez-vous faire ?

— Je vous l'ai dit. Je voulais vous voir, procureur de Villefort, à cette minute de votre vie.

Il secouait la tête, bouche ouverte, ses petites lunettes rondes de travers sur son nez. Je voyais les commissures de ses lèvres trembler comme celles d'un enfant qui va pleurer.

— Je ne comprends pas... murmura-t-il enfin, de l'air d'un homme qui pense à tout autre chose.

— Je suis l'homme qui a retrouvé Benedetto, dis-je, qui lui a révélé le secret de sa naissance, et qui l'a envoyé vers vous.

C'était en partie inexact, mais plus simple.

— C'est moi qui l'ai poussé à ce chantage. C'est moi qui ai incité Caderousse à vous proposer de le tuer. Vous n'avez pas voulu : j'ai décidé pour vous, mais c'est Benedetto, averti et armé par moi, qui a tué Caderousse. C'est moi qui l'avais convaincu d'accepter l'arrestation, le jugement, la prison. Et pourquoi tout cela ? Pour vous abattre, procureur de Villefort. Pour que l'horreur de votre crime soit étalée et odieuse à tous, même à votre fille.

Je m'arrêtai net : Villefort pleurait.

Il pleurait à lourdes saccades, sans autre bruit qu'une sorte de petit sifflement de gorge, en me regardant avec une tristesse immense, celle d'un homme qui ne comprend pas pourquoi on le torture. Ses larmes tombaient de ses joues sur son gilet.

— Mais... pourquoi ? hoqueta-t-il dans un accès de véhémence désespérée.

Et je me revois répondant calmement :

— Ah... Pourquoi... Pourquoi. C'est bien la grande question du malheur. Celle que M. de Morcerf aussi m'a posée l'autre jour, avant de se tuer avec un de ses pistolets... Celle que je me suis posée jadis, moi aussi, en pleurant comme vous, des années de suite, enfermé dans un cachot. Celle que se posa mon père, mourant de faim et de chagrin dans un pauvre logis... Vous, du moins, aurez la consolation de connaître la réponse. Mon père ne l'a pas eue.

— Mais qui êtes-vous donc ? Je vous en supplie...

Et en effet il me suppliait. C'en était fini de l'arrogant, du hautain, de l'impassible Villefort, comme s'il n'avait jamais existé. Il n'y avait plus qu'un homme qui pleurait, tremblait et me suppliait. Un homme placé en plein jour devant l'horreur d'avoir enterré vivant son propre fils, et qui a vu ce spectre revenir devant lui.

L'avenir était là ! cet avenir tant espéré, des années

durant, dans les murs du château d'If... J'avais vécu ou survécu vingt-trois ans pour connaître ce moment-là. Cette espérance, aux pires heures, m'avait fait vivre. J'étais arrivé au sommet de la montagne.

— Qui je suis ? Procureur de Villefort, souvenez-vous de Marseille et de 1815. Souvenez-vous du retour de l'île d'Elbe que, le premier, vous avez annoncé au Roi. Et après cela regardez-moi bien...

Je m'approchai de lui. Sur le guéridon se trouvait un roman, dont je levai d'un doigt la couverture : *Le colonel Chabert.*

— Je suis Edmond Dantès. Comprenez-vous, maintenant ? Vous souvenez-vous de ce nom ? Edmond Dantès... *Celui qui est mort au château d'If.*

Aussi longtemps que je vivrai je me souviendrai de ce que j'ai vu alors.

Ce fut la détente hideusement souple du reptile fouetté, le feulement hérissé du haret pris au piège. Et puis un visage qui change en un instant — mais qui change vraiment, qui devient gris, dont les traits se contractent, se tendent, se bouleversent —, un visage qui plus jamais ne sera le même, qui ressemblera toujours à son reflet dans un miroir déformant. Et quelque part dans ce désastre, dans ce ravage, mais comme distincts de lui, comme apparaissant par les trous d'un masque, je vis deux yeux emplis d'une horreur dont j'étais le motif. On eût dit que Gérard de Villefort cherchait à entrer dans le dossier de son siège. Et c'était moi qui provoquais cette terreur !

J'avisai un miroir et courus m'y regarder. Non : j'étais bien le même. Je vis dans la glace les yeux de Villefort qui m'avaient suivi, toujours vitreux d'épouvante.

Je sursautai. J'étais en train de martyriser cet homme. Ce que je lui infligeais était mille fois pire que ce dont j'avais pu rêver au plus fort de ma haine. Un mort après un autre était ressorti de terre pour l'accuser. À l'horreur s'ajoutait l'inexplicable. C'était une terreur et une souffrance atroces, poignantes, telles que j'ignorais qu'il en existât.

Bouleversé, je courus à lui :

— Villefort...

Je crois que je l'aurais pris dans mes bras, que je l'aurais bercé ! Mais mon approche lui fit jeter un cri suraigu et il bondit vers la porte, qu'il franchit avec la prestesse d'un écureuil.

Je me touchai le visage des doigts, et de nouveau me regardai dans le miroir. Quand je sortis, furtivement, pour quitter la propriété par où j'étais venu, je le vis dans le parc : *l'homme à la bêche* creusait le sol, frénétique, en glapissant des mots que je ne pus saisir.

...Et maintenant, cela suffit. Il y a eu assez de douleur, j'en suis venu à me faire peur à moi-même. Il faut que j'arrête la machine que j'ai mise en route, il faut que j'arrive à Rome où Vampa, sur mon ordre, est en train de faire mourir de faim Raoul Danglars.

LIVRE V

LE LEGS

Ma misi me per l'alto mare aperto.

DANTE

XVIII

Conversation (suite). – Une portière armoriée que l'on ferme. – Vie instinctive des rapaces. – Le remords. – Le legs de l'abbé Faria. – La cause italienne. – En Algérie. – L'Abyssinienne. – Celui qui veut l'échec.

— C'est effrayant...

— Je suis de votre avis. Supposez que le reste des Mémoires n'ait pas été écrit ; supposez que l'Avenir ait un jour porté les yeux sur ces feuillets à l'écriture hâtive, tracée par la main d'un mort, à l'encre roussie par le temps, et que l'on ne sache rien d'autre du comte de Monte-Cristo. Imaginez l'impression que produirait alors ce drame parisien, résultat de faits obscurs, perdus, indémêlables...

— Mais alors qu'advint-il de Danglars ?

— Danglars s'en tira, ruiné mais vivant. En le laissant possesseur d'une lettre de change de cinq millions, payable au porteur chez MM. Thomson et French, de Rome, le comte ouvrait à ce malhonnête personnage une issue évidente : gagner l'Italie, toucher l'argent et disparaître ; issue que l'intéressé ne manqua pas de mettre à profit. De Paris à Rome, les hommes du comte ne le lâchèrent pas d'une semelle. À l'instant qu'il sortait des bureaux de

Thomson et French, les cinq millions en poche, il fut enlevé et conduit dans les anciennes catacombes de la voie appienne, où, selon les ordres de son maître, Luigi Vampa entreprit de le faire purement et simplement mourir de faim devant son or. D'où l'exclamation épouvantée du comte : « Il faut que j'interrompe ce qui est en train de se passer... » Gorgé de vengeance au-delà de ses espérances, horrifié de la dévastation portée par lui dans le cœur et l'âme du procureur, il décida en un moment que c'était assez. À son arrivée dans la Ville éternelle, il donna à un Danglars peu affaibli, mais fort gémissant, l'explication de ses revers de fortune, puis le fit relâcher avec mille francs dans la poche, et s'en désintéressa.

— Qu'est-il devenu ?

— Il faut reconnaître à Danglars deux qualités : l'énergie et l'entregent. Sa brillante fortune parisienne jetée bas, il ne perdit pas de temps à commisérer. Il se rendit à Naples où il retrouva un M. de Saint-Estève qui avait jadis tenu maison de jeu rue Sainte-Anne, devenu hôtelier à l'enseigne du Pausilippe. Ne me demandez pas comment il se débrouilla, mais quatre ou cinq ans plus tard, sous le nom d'Agassi, il était entrepreneur de spectacles, en même temps que mouchard pour la police de Vienne !

— Comment le savez-vous ?

— Haydée et le comte, vers 1845, retrouvèrent sa fille en Italie, où, toujours accompagnée de sa fidèle Louise, elle s'était fait « la vie qui lui convenait » au théâtre, en chantant les rôles de soubrette. C'est elle qui le leur raconta. D'ailleurs nous n'en avons pas fini avec Danglars : nous le croiserons bien plus tard encore à Tiflis, en Géorgie, peu de temps avant la mort du comte.

— En Géorgie ?

— Oui. En 1857, dans les monts du Daghestan, le

comte de Monte-Cristo fut blessé au cours d'une bataille entre les montagnards musulmans de l'imam Shamil, et les combattants chrétiens alliés des Russes. Ramené en Europe, il mourut peu après d'une pleurésie, contractée en raison de l'affaiblissement causé par sa blessure.

— Diable ! Que faisait-il là-bas ?

— On aimerait le savoir.

— Et Danglars s'y trouvait aussi ?

— Oui, s'il faut en croire Jacopo, qui accompagnait le comte.

— Il y aurait une relation à établir entre cette présence et cette mort ?

— Obscure question ! Mais nous avons fait un saut de vingt années en avant...

— En effet. Revenons donc à 1838, et dites-moi tout.

— Je n'ose vous le promettre. J'en sais si peu.

— Mais vous l'avez revu, côtoyé ; il vous a longuement parlé de lui...

— Il ne disait que ce qu'il voulait dire. Point d'hôte plus aimable, dont la conversation fut plus agréablement ornée d'anecdotes, de remarques subtiles et profondes, de faits curieux, de souvenirs... Mais derrière cela, l'homme se cachait. Il était loin, en retrait. Ses proches sont comme moi : réduits à des hypothèses. D'ailleurs, examinez sérieusement la vie de n'importe quel homme et dites-moi si l'on peut faire plus. Les affaires humaines, je l'ai dit et je le répète, sont le plus souvent semblables à ce drame que raconte Barbey d'Aurevilly, et *dont on ne connaît que les extrémités*. Et puis il est des hommes qui paraissent s'éloigner dans leur destinée ; qui peu à peu font silence ; qui par dignité ou par lassitude renoncent à s'exprimer : *never explain, never complain*. Il était de ceux-là. Sa mort n'aura été que la dernière énigme de sa vie. Le comte de Monte-Cristo, c'est une portière armoriée que l'on ferme, un attelage de chevaux noirs qui s'ébranle... C'est une silhouette sombre, là-bas, à Céphalonie, et qui tourne le dos... Edmond Dantès avait payé cher d'être trop bien vu, saisi, cerné. Il avait fait le pari d'échapper aux autres, toujours et en toute occasion.

— Si je vous suis bien, c'est donc pour échapper aussi à ses lecteurs qu'il interrompit la rédaction des Mémoires !

— Qui sait ? Je crois que la suite ne l'intéressait plus. Ce dont il avait eu envie de parler, c'était du piège, de Marseille en 1815. Du jeune Edmond Dantès à qui l'on avait inculqué la franchise, la loyauté, l'horreur de la politique. Et puis de la transformation du personnage, durant ces années 1829-1838 où il voit le plus beau temps de sa vie. Et pourquoi le plus beau temps ? Parce qu'alors il a un but, parce qu'il a les moyens de l'atteindre, parce qu'il est seul, inconnu, mais lucide et en position de prendre une revanche éclatante. Situation heureuse, ou plus exactement grisante, qu'il revivait, je crois, avec bonheur, en me la racontant. Ce qui attriste les années qui suivent 1838, c'est qu'il n'a plus de but. La partie est jouée. Il s'est habitué à la liberté, à la fortune, à la puissance. Ces choses n'ont plus de charme pour lui. Il en a usé. Il les a usées. Il voit venir le désenchantement, la lassitude, l'écœurement de tout ; et cela, à mon avis, il n'a pas envie de le raconter. Rappelez-vous ce qu'il dit de la prison : raconter, c'est se condamner à revivre. Par la suite, c'est dans l'action qu'il trouvera les moyens d'ouvrir de nouveaux horizons. Le jeu des confidences ne le retient qu'un moment. Puis il se détourne, il reprend *la haute mer ouverte...*

— Récapitulons. Le voilà donc à l'été 1838, ayant accompli son programme. Il a quarante-trois ans, il est libre...

— Libre, oui, et perplexe. Au fond, sa vie à ce moment-là pose une question simple et générale : *Qu'est-ce qui nous fait vivre ?* Durant quatorze ans, au cachot, ce qui l'avait fait vivre était l'espérance d'en sortir, de retrouver Mercedes et son père, de punir ceux qui l'avaient envoyé là. Durant neuf ans encore, il vécut de cela. Lui qui avait été si petit devant la société, voulut être plus fort qu'elle ; lui qui avait vécu exposé à tous et à tout, il voulut vivre ignoré ; lui qui avait été trompé, abusé, utilisé, il voulut dominer, comprendre, être au principe des événements et non plus à leur traîne. Durant près de dix ans, dans ce but, il allait entasser Pélion sur Ossa, revêtant de l'habit noir du comte de Monte-Cristo le spectre déguenillé du marin Dantès ; établissant de l'Europe à l'Orient les fondements d'une fortune indestructible ; disposant des campagnes de Rome aux montagnes du Péloponnèse, des rives de l'Égypte aux entrailles de Paris, les relais d'un invisible pouvoir ; donnant à son visage tous les masques, calculant à toute minute les ressources et les effets d'une puissance grâce à laquelle il entendait bien faire payer aux hommes ce que les hommes lui avaient fait. Tout cela s'effondra en 1838. Dans ce monde étendu à ses pieds tel que Satan le fit voir à Jésus du haut de la montagne, dont il pouvait comme Asmodée soulever chaque toit, où il savait se rendre aussi invisible que Gygès et aussi rapide que Mercure, il avait condamné quatre hommes. À présent, de ces quatre hommes, l'un était mort poignardé ; le second avait mis fin à ses jours ; le troisième errait, hagard, dans une cour d'asile ; le dernier s'était éloigné en loques sur une route d'Italie. Quelle victoire... Mais aussi quel désastre ! Après le suicide de son époux, Mercedes s'était retirée chez les Visitandines de Marseille ; la femme qu'il avait aimée finirait au couvent une existence gâchée. Villefort torturé ne sortirait (s'il en sortait) de la folie que pour répondre de ses actes devant la Justice qu'il avait prétendu incarner. Sa fille Valentine, comme le jeune Albert, pleurait un père déshonoré. Et c'était à Danglars l'instigateur, dont la scélératesse n'avait pu être contrebalancée, si peu que ce fût, ni par l'ignorance, ni par la jalousie amoureuse, ni par les cruautés de la politique — c'était à lui que la grâce était accordée... Quel déni opposé par le sort à une conscience qui s'était voulue lucide, à une justice qui s'était déclarée souveraine, à une volonté qui s'était identifiée, comme dit le Tasse, au destin ! Le mal subi, le mal rendu, s'anéantissaient l'un et l'autre, dans l'amertume du temps enfui, vainement prodigué. La jeunesse ne reviendrait pas ; la vengeance ne restitue rien. Sa destinée singulière et inaperçue le rejetait du monde ordinaire des hommes. Vingt-trois années de sa vie avaient été dévorées par cette histoire. S'il s'était tourné vers l'avenir, ce n'avait été que dans un titanesque effort pour inverser le cours du temps et le ramener à février 1815. Or le monde n'attend pas ; le monde ne se soucie pas de nous. Il le sentit très fortement, je crois, dès son arrivée à Paris.

« "La vie d'un homme est une mer où l'on peut errer longtemps", dit-il dans ce livre. Il vagabondait maintenant dans la sienne. La mémoire comme la mer est insaisissable et mouvante ; comme elle, elle abat sur ses rives l'inlassable et monotone rumeur de ses vagues ; on ne repousse pas la mer ; on ne soulève pas la mer.

— Certes. Mais permettrez-vous à un esprit prosaïque de jeter une note discordante dans le ton noble et élevé avec lequel vous évoquez cette histoire ?

— Mon Dieu... Où voulez-vous-en venir ?

— Il me semble que vous le ménagez beaucoup, et qu'avec le bon sens réjouissant d'une servante de

Molière, on pourrait résumer tout cela en peu de mots : Monsieur n'a pensé qu'à lui, Monsieur a fait beaucoup de dégâts et à présent, Monsieur s'en mord les doigts.

— Voilà en effet une tout autre façon d'aborder le sujet...

— Sans doute. C'est en lisant ce qu'il écrit sur la princesse Haydée et le jeune Albert que l'idée m'en est venue. Traduisons clairement ses propos embarrassés : il n'a pas été sans remarquer l'attirance réciproque de ces jeunes gens l'un vers l'autre. Il voit bien que l'exécution de ses projets à l'endroit du comte de Morcerf, projets dont Haydée est l'instrument principal, compromettra gravement les chances d'avenir de cet amour naissant... Il se livre à de nobles méditations sur la guerre des pères, qui ne doit pas dévorer les enfants ; et qu'en ressort-il pour finir ? Il va trouver la jeune fille, il lui dit : voilà, le colonel Fernand n'est autre que le père ce jeune homme, et à présent, fais comme bon te semble ! Eh bien, je ne sais pas ce que vous en pensez, mais je trouve le procédé discutable. Il y a là une grande lâcheté.

— Bon ! Je vois que j'ai affaire à un observateur perspicace, auquel il ne faut pas en conter.

— Je ne vous le fais pas dire.

— Et encore, vous ne savez pas tout.

— Ah !

— Mais si vous le voulez bien, nous garderons cela en réserve. L'occasion d'en reparler nous sera fournie, vous verrez.

— Je l'espère bien, et je ne vous tiens pas quitte.

— Comptez sur moi.

— En ce cas, avançons. Et j'aimerais que vous me donniez, là, en deux mots, une idée générale du personnage : à quoi s'occupe-t-il durant les vingt années qui vont de sa vengeance à sa mort ?

— On peut signaler quelques faits. On sait qu'il voyage beaucoup : en Algérie, en Turquie, en Espagne. En 1849 il participe à la défense de Rome insurgée contre le corps expéditionnaire français. En 1852 et 1853, il visite les royaumes de Laos et d'Annam. Un archéologue allemand, M. Meyerhold, l'a connu peu avant, sur l'île d'Ithaque. On sait aussi qu'il s'intéressa à une affaire de chantiers navals, à Durazzo, sur l'Adriatique. On m'a également parlé — mais je n'ai pu, hélas, en trouver copie — d'un curieux mémoire politique sur l'unification italienne, et sur les avantages d'une alliance italo-égyptienne. Ce sont quelques-unes des « extrémités » de son histoire. Il habitait Argostolion une partie de l'année. Il possédait également une maison à Brousse, en Turquie, et une autre à Tunis. L'île de Monte-Cristo fut rendue à la Toscane en 1852, et achetée à ce moment-là par un riche Anglais : le parfait sosie de Lord Wilmore, disait-il. Je crois qu'il la trouvait trop proche de la France et de l'Italie. Mais sa voiture et son bateau nous parlent bien mieux de lui que ses domiciles. Pas plus que d'un livre il n'est l'homme d'un rivage. Il paraît s'être toujours ménagé des retraites : plus loin, ailleurs... Toutefois, avant que ne commence cette ère de voyages et d'activités multiples, il y eut un assez long temps d'immobilité. Il était rentré à Argostolion, pensif, en compagnie d'Haydée. Il faut vous le figurer silencieux, distrait, se rendant chaque jour dans l'autourserie attenante à sa maison pour s'occuper de ses oiseaux avec son fauconnier Joseph, un natif du Zuyderzee que les guerres napoléoniennes avaient fait s'exiler en Angleterre, et qui avait quitté le duc de Gloucester pour entrer à son service. Depuis l'époque de Florence il s'était intéressé à la chasse au vol. Son élevage, au fil des années, était devenu une extraordinaire collection, que j'ai vue, et à laquelle rien ne manquait. Il y avait là les plus beaux oiseaux, les plus belles races, les spécimens les mieux choisis : le faucon blanc du Groenland, l'alphanet d'Orient, le chahine d'Afrique du Nord, les milans et hobereaux d'Europe. Il montrait avec une certaine fierté le chaperon et le gant ornés de diamants et de grelots d'or offerts, durant son voyage de 1837, par le gouverneur de Tauris, avec lequel il avait chassé la hyène, et qui pour divertir ses visiteurs, faisait parfois lâcher sur un condamné ses aigles de l'Altaï. Dans sa bibliothèque se trouvaient les grands traités de fauconnerie, le *De arte venandi* de Frédéric de Hohenstaufen, les ouvrages de Franchières, de Démétrius, d'Harment dit Mercure, dont il avait fait rechercher dans toute l'Europe les éditions originales. Il se plaisait à affaîter et à nourrir ces magnifiques animaux, inconscients possesseurs d'une vie élémentaire, brute, innocente, sans philosophie ni remords...

« D'autres fois il partait seul naviguer à bord du *Sindbad*. Sans doute retrouvait-il, loin sur la mer, la quiétude des nuits, le silence de la cabine, les étoiles. Là, loin de tout, il dut se demander s'il fallait disparaître à jamais dans le gouffre infini déployé sous ses yeux, ou si, revenant en arrière, il pouvait retrouver un rivage, un môle au bord de ce monde dont Faria lui avait jadis révélé l'histoire et les lois cachées.

— Il y a tout de même quelque chose (pardon de sacrifier encore au bon sens moliéresque) que ses lecteurs admettront avec peine. Voilà un homme jeune encore, parfaitement libre, et riche autant qu'on peut l'être. Et, si je comprends bien, il se plaint ?

— Vous voulez me contraindre à proférer des lieux communs. Mais la fortune est une tunique de Nessus, d'autant plus difficile à retirer que loin de brûler, elle caresse. Des milliers de gens, je le sais bien, se diront : « Ah, si une telle fortune m'était donnée à moi, je saurais bien être heureux ! » Erreur pitoyable, néfaste illusion ! Il faut être fou pour rêver de truquer ainsi le jeu de l'existence. En 1829, le trésor de Monte-Cristo est une chance, parce que l'évadé du château d'If en a l'emploi, bon ou mauvais. En 1838, c'est un piège, parce que, pouvant tout, il n'a plus rien à désirer. De tout ce que vous avez fait au cours de votre vie, retirez ce que la nécessité vous imposait : de combien de bonheurs inopinés, de découvertes inattendues, de rencontres charmantes vous seriez-vous privé ! Souvenez-vous de ce qu'il dit, au moment de son premier retour à Marseille, à propos de la vie qui aurait pu être la sienne sans le trésor : « J'aurais mûri, épaissi, pris plaisir à bien boire, bien manger, à f... quelques bâtards... » C'est cette vie simple, celle de ses rapaces, cette vie élémentaire, entièrement régie et menée par la nécessité et l'instinct, qui n'était plus à sa portée.

— Considéré ainsi, je suis d'accord avec vous. M. Thiers ou M. Hugo n'ont guère de ressemblance avec un faucon pèlerin (encore que le premier, à bien y regarder...) — sauf celle-ci : Hugo écrira des vers aussi longtemps que son esprit lui fournira des thèmes et des rimes ; aussi longtemps qu'il sera en état d'y prétendre, Thiers voudra exercer le pouvoir. Ces hommes-là sont des forces qui vont.

— Et c'est une chance. Le comte, lui, est en marge de tout. Quoi qu'il entreprenne, c'est un loisir d'homme riche et désœuvré. Je me rappelle qu'il me fit plus tard cette remarque, discrètement amusée : « J'incarne un des grands types sociaux de cette époque : celui du philanthrope nonchalant. »

— Était-il philanthrope ?

— Les gens qui lui doivent un service ou un bienfait seront assez nombreux pour enfoncer les portes du Paradis, si l'entrée lui en est refusée.

— Cela ne m'étonne pas : il dut se sentir coupable. Rien ne prédispose mieux à la bienfaisance. Et dans quels domaines s'exerça cette générosité d'homme qui s'ennuie ?

— Comme vous y allez !

— C'est plus amusant de la sorte, vous ne trouvez pas ? En réalité je suis comme vous, fasciné par ce personnage et ce destin extraordinaire. Mais pour comprendre les gens et les choses, il ne faut pas trop les respecter. Ce n'est pas à la sortie de l'église qu'il faut observer la mariée : c'est dans ses apartés, ou lorsqu'elle mange. Allez donc une fois, si vous ne l'avez jamais fait, considérer l'Arc de triomphe non pas de face, comme il est fait pour être vu, comme il *veut* être vu, mais de côté. On dirait un vieil éléphant fatigué et flottant dans sa peau. Il est beaucoup moins glorieux, et plus émouvant... Mais reprenons, et dites-moi un peu où s'épandirent ses bienfaits.

— Dans bien des domaines. Mais je sais qu'il s'est notamment beaucoup occupé, durant plusieurs années, des mouvements en faveur de l'unité italienne.

— Où l'on retrouve l'abbé Faria...

— Bien sûr. À n'en pas douter, il voulut à cet égard payer sa dette envers l'homme qui lui avait tout donné.

— Quand je vous disais qu'il se sentait coupable !

— Encore !

— Bien évidemment. Il avoue en toute franchise, dès le moment venu de parler de l'abbé Faria, qu'il ne croit qu'à moitié en ce personnage, en lequel il voit une dupe. Il se demande même, plus loin, s'il a jamais rien fait d'autre que de le trahir... Il me semble toutefois que sur ce point, il ne pousse pas assez l'analyse. Voici la réalité telle que je l'entrevois : Faria, qui toute sa vie s'était battu pour l'unité et la liberté italiennes, en était venu à se demander, au fond de lui-même, si cela valait bien le coup. Prisonnier, vieux, malade, désespéré, Faria regretta en secret cette *puissance égoïste* dont le trésor lui eût assuré les jouissances. Il n'osa pas s'avouer ce sentiment ; mais, d'une manière ou d'une autre, à ce fils spirituel que fut pour lui le jeune Dantès, il transmit ce doute, ce désir — et ce remords.

— Vous êtes bien sévère envers lui.

— Peut-être. Je dois avouer que ce personnage ne me plaît guère. Rien ne me paraît suspect comme l'exaltation chez le vieillard. Méfions-nous des martyrs, et surtout méfions-nous de notre *belle âme* : le diable y est.

— Mais quel rapport faites-vous entre cela et, disons, les bonnes œuvres du comte ?

— Je pense à ces années 1830 où nous voyons le cavalier Zaccone, quoique manifestement sceptique, et souvent agacé, venir en aide aux carbonari, alors même qu'il nous donne de leur guide Buonarroti un portrait épouvantable, et de beaucoup d'entre eux une peinture ridicule... Pourtant il n'a pas un instant balancé à mettre le trésor au service de sa vengeance personnelle. N'était-ce pas payer tribut, sans plaisir, à la mémoire de Faria ? N'était-ce pas l'offrande faite aux morts pour éviter qu'ils ne reviennent ?

— Que vous répondrais-je ? Je vous disais que la vérité d'un homme ne relève que de la conjecture. Force m'est bien d'admettre que la vôtre, en l'occurrence, n'est pas dénuée de fondement...

— Il s'intéresse donc de nouveau aux patriotes italiens.

— Oui. Il s'était déjà fait, en Grèce, l'ami des anciens combattants de l'indépendance : mais ce n'était pas un combat politique ; il n'y avait là que l'effet d'une sympathie, je devrais dire d'une tendresse. Le problème était différent en Italie : il s'agissait bel et bien d'entrer dans un combat. Une Italie unie et souveraine, dégagée de la tutelle religieuse du Pape et de la tutelle politique de l'Autriche, délimitée par l'usage d'un même idiome, et garantissant la liberté de ses citoyens : l'idée ne lui paraissait, selon sa propre expression, « pas mauvaise ». Elle lui occasionna beaucoup de tracas et lui coûta beaucoup d'argent (il y était, bien sûr, indifférent) ; je ne sache pas qu'elle lui ait apporté beaucoup de satisfactions.

— C'est évident. Un faux problème ne peut trouver que de mauvaises solutions.

— Durant les années 1840 il s'intéressa avec application à toutes les figures qui prétendirent incarner cette idée. L'abbé Vincenzo Gioberti, qui préconisait une fédération des États italiens sous la conduite du Saint-Père, lui parut comme une réincarnation de Faria. De Giuseppe Mazzini, il abhorra la phraséologie et l'irresponsabilité. « Croyant que l'humanité est appelée à procéder, par un progrès continuel et sous l'empire de la loi morale universelle, au développement libre et harmonieux de ses propres facultés... Convaincus que tout homme et tout peuple ont une mission particulière... » Haydée m'a raconté qu'il lui lut un jour à voix haute ces lignes du fondateur de la Jeune Italie, qu'il découvrait dans un journal, en secouant la tête avec désolation. « Une mission, répétait-il. Une mission !... » Ce n'était là que scepticisme, mais en 1844, l'exécution à Cosenza des frères Bandiera, qu'il avait lui-même, durant leur exil à Corfou, conjuré de renoncer à leur tentative de soulèvement des États de Naples, le mit dans une colère épouvantable. « Ils les ont envoyés à la mort ! C'est ça, la loi morale universelle ? » Sur-le-champ il écrivit à Mazzini, qui prêchait depuis l'étranger, qu'il ne fallait plus compter sur son aide.

« Garibaldi, qui revint d'Amérique en 1848, lui plut et devint un de ses amis, mais il entrait dans cette complicité des raisons plus sentimentales que politiques. Marin, grand voyageur, combattant courageux, d'une intelligence assez lourde et bornée mais susceptible de progression, le Niçois avait à ses yeux une qualité immense : l'esprit de pauvreté. Jamais celui-là n'avait pensé à lui-même. Il n'avait que son épée, il l'offrait à la cause italienne. Le comte l'aima pour les mêmes raisons qu'il avait aimé un Morandi.

— Les êtres élémentaires, toujours !

— En 1849, il devait rejoindre à Rome le condottiere à la chemise rouge : je raconterai cela en son lieu. Il se consacra aussi à une curieuse idée, qui n'eut pas de résultats visibles, mais dont je dois parler car ce fut peut-être à ce moment-là qu'il commença de nouer, dans les parages ombreux de la diplomatie, des relations qui ne furent peut-être pas étrangères aux circonstances obscures de sa mort. Il s'agissait d'apporter à une future Italie unifiée le soutien de l'Égypte ; de forger entre ces deux pays, l'un et l'autre en quête d'une indépendance fragile, une alliance privilégiée. Cette entente, fondée sur des échanges commerciaux, militairement exprimée, lui paraissait propre à ouvrir un avenir nouveau en Méditerranée. Elle servait les deux nations en apportant à l'une l'appui de l'autre en toute circonstance. Par le développement des ports et de la marine, elle aidait au progrès du sud italien. Par l'établissement d'un axe entre les deux rives du *mare nostrum*, elle acquérait voix au chapitre dans toute question diplomatique touchant à l'Orient, à la Turquie, aux colonies. En remettant en cause la prépondérance anglaise, elle se donnait l'appui de la France, récompensée par un accès privilégié au futur canal de la mer Rouge. Elle séduisait bientôt la jeune Grèce, peut-être l'Espagne. Elle étendait sa suzeraineté sur la Tripolitaine, faisait de la Tunisie un bastion protecteur. Elle cherchait l'alliance russe contre Constantinople.

Ainsi renaissait par le libre choix des nations concernées une Méditerranée rendue à ses riverains... On peut voir là une nouvelle expression du patriotisme méditerranéen du comte, et de sa vieille inimitié envers le continent, les touristes anglais, les capitales. Il se passionna un temps pour ce rêve, finança des études, fit rédiger un rapport. Il paraît qu'il vit Cavour, Ibrahim Pacha, le chef de l'opposition libérale grecque. Je ne sais pas ce qu'il en advint.

« C'est en fin de compte aux idées d'un Cavour, que lui présenta à cette époque son ami le banquier florentin Emmanuel Fenzi, qu'il se rangea peu à peu. « Ne nous payons pas de lyrisme, me dit-il un jour à ce sujet : ce sont ces grands bourgeois, industriels ou propriétaires terriens, réalistes, pondérés, stratèges, inaptes à toute pensée *volante*, qui feront la liberté italienne. Et ils la feront avec des chemins de fer, des règlements douaniers, des manœuvres diplomatiques et autres méthodes ennuyeuses et efficaces. Très bien ; mais ces gens-là n'ont pas besoin de moi... »

« Ainsi prenait-il acte d'un destin, de la promesse d'une solitude définitive, invincible. Il pouvait s'agréger à tel ou tel groupe, se faufiler dans tels ou tels rangs : il n'était de nulle part. Après les grands combats de 1848 et 1849, sa générosité, sa pitié allèrent aux vaincus, aux prisonniers, aux fugitifs, mais il avait compris depuis longtemps que la politique n'était pas pour lui. Il n'y a au reste que deux passions pour jeter l'homme dans les affaires de la cité : l'ambition, brutale ou rampante ; et la croyance. Le prêtre Faria était un croyant, même s'il avait remplacé Jésus par Jean-Jacques, Dieu par l'Avenir et le Progrès.

— L'enfer est pavé de bonnes intentions !

— Faria pensait que l'histoire humaine allait dans un certain sens, il voulait hâter la formation de nations libres, qui demain s'uniraient pour forger les États-Unis d'Europe, accomplissant ainsi un pas de plus vers la paix universelle. Le comte, lui, n'avait ni l'appétit du pouvoir ni la foi progressiste. Trop éclairé au sujet des hommes, il ne pouvait demeurer *illuminé*. Il était venu aux affaires politiques avec ses propres désirs, son propre combat intérieur, le problème singulier de sa vie, comme nous faisons toujours. Nos actes ont une valeur pour la société, ils en ont une autre pour nous-même, moins apparente et moins facile à énoncer. Notre commerce avec le monde, par-delà nos opinions ou notre état, est infléchi par des manières d'être instinctives, qui correspondent à d'obscurs besoins du cœur et n'appartiennent qu'à un seul, qui constituent sa personnalité en action, qui en sont à la fois l'expression et le produit. Les sentiments moraux — j'ai en vue cette fidélité qu'il croyait devoir au souvenir de l'abbé Faria — sont peu de chose à côté.

— Que vous disais-je ? S'il apporte son concours à la Jeune Italie et aux garibaldiens, c'est pour lui et non pas pour eux ; par le même goût de la clandestinité qui lui faisait apprécier, à l'époque de Rome et de Florence, d'être à la fois une figure des salons et l'ami d'un Luigi Vampa...

— C'est bien probable. Toutefois ne réduisons pas son attitude, en cette matière, à un simple jeu. Il était sincèrement animé, je crois, par le désir de s'inscrire dans un combat humain, de prendre rang, fût-ce le plus humble, dans une communauté de cœur, de combat, d'idéal. Il chercha, auprès des patriotes italiens, une cause à laquelle se vouer, la fraternité d'armes, les périls communs encourus, l'amitié virile. Il la trouva plus pure, certainement, auprès des bandits et des soldats, qui ne demandaient pas d'argent... Il se berçait un moment de ce rêve, puis courait chercher la solitude au fond de la Turquie ou sur les rivages ioniens.

— Puisque vous parlez de solitude, vos lecteurs, les

siens plutôt, ne manqueront pas de se demander s'il y eut d'autres femmes dans sa vie.

— Voilà certes un chapitre indispensable... Mais en lequel, plus que jamais, il convient d'être modeste et prudent. Qui sait ce que peuvent receler vingt années d'existence, chez un homme qui a tant aimé le secret... Ce que je puis vous dire est ce qu'on aperçoit. On peut répondre à votre question : oui, beaucoup. On peut répondre : non, aucune. On peut répondre aussi qu'on ne sait pas.

— Voilà qui est fort sibyllin.

— Beaucoup, si l'on compte les courtisanes. Aucune, si l'on veut parler d'une femme ayant joué un rôle auprès de lui et dans sa destinée — aucune en tout cas dont on ait soupçonné l'existence. Il y a quelque chose d'intéressant à dire, cependant, si l'on se reporte au mariage de la princesse Haydée avec Albert de Morcerf, en 1843 ; union à laquelle, vous vous en souvenez, le comte avait songé dès 1838.

— Et nous allons retrouver ce que vous avez voulu laisser en suspens tout à l'heure ?

— Oui.

— Ce mariage se fit donc.

— Il se fit, en dépit de tout ce qui pouvait le rendre inconcevable. Après le suicide de son père, Albert avait quitté la France pour l'Algérie, où il s'était engagé dans l'armée. Informé par sa mère des secrets du passé, il conservait au comte, qu'il eût pu haïr, une amitié empreinte de tristesse. Il avait besoin d'un père, d'un guide ; il le trouvait dans cet autre orphelin. Le comte, de son côté, s'était attaché à lui, désireux sans doute de contrebalancer par des bienfaits les dévastations de sa vengeance. Chaque année, il allait passer quelques semaines en Algérie.

« Albert avait imploré la vie de prodiguer entre le drame et lui des foules, des événements, des paysages. Il s'était jeté parmi les périls, dans la longue lutte de l'armée française contre l'insaisissable Abd-el-Kader. Son amitié pour Maximilien Morrel s'y était renforcée. Dans le même temps, voulant accomplir de grandes choses et prouver qu'il était capable, sans les rentes ni le nom paternels, de devenir quelqu'un, il s'était plongé avec acharnement dans l'étude de la géologie et des mathématiques. Maximilien, qui écrivait souvent au comte, le décrivait le soir au bivouac, dans les solitudes du désert, tirant un livre de ses fontes et lisant à la lueur du feu. Dans ce pays alors très peu « colonisé » au sens où on le dit à présent, l'armée faisait tout : la guerre, l'administration, la justice, les chemins. Le général Bugeaud, soucieux d'utiliser au mieux les talents et les compétences, jeta les yeux sur lui et, jugeant inutile d'exposer plus longtemps cet élément prometteur à l'aveugle sort des armes, lui proposa d'étudier la réorganisation générale des transports. Albert demanda que Morrel lui fût adjoint et se lança avec fougue dans le développement des routes, des entrepôts et des installations portuaires. Tout lui était bon pour s'étourdir d'activité.

« Tous deux rêvaient d'exploration, étudiaient les cartes de l'Afrique et les mœurs des habitants. Le comte partageait ces passions avec eux, ils avaient de longues conversations bruissantes d'hypothèses, de controverses, d'anecdotes, où passaient Koufarah, les cataractes du Nil, les monts d'Abyssinie, le Tibesti et le lac Tchad. Il revivait dans la fréquentation de ces soldats. Tout était simple pour eux, leurs buts, leurs dangers, leurs colères, leur morale. Il s'intéressa à l'Algérie, il songea à acquérir des terres, à monter des voyages de reconnaissance vers le Soudan et l'Éthiopie. Et il n'y aurait pas lieu de parler ici du mariage d'Albert et d'Haydée si un changement dans son humeur, et l'abandon tacite de ces projets, n'avaient pas semblé en être la conséquence mystérieuse.

« Haydée avait fait prévaloir la vengeance qu'elle estimait devoir à son père, mais ce n'était pas sans déchirement qu'elle avait, pour cela, renoncé à toute espérance concernant Albert. Le jeune homme, de son côté, avait fait de même et cherchait l'oubli. Le comte les devinait l'un et l'autre. Il y songea, laissa passer du temps, puis s'en entretint avec Morrel, le compagnon d'armes, le confident. À ce moment-là, Maximilien était déjà devenu l'époux de Mlle de Villefort, rendue libre par la folie officiellement constatée et admise de son père. Enfin le comte alla voit Albert et l'incita à se déclarer. Il fit mieux encore : il écrivit à Mercedes pour la supplier de ne pas s'opposer à ce mariage... Et il y a de bonnes raisons de croire que ce ne fut pas là une démarche facile.

— J'imagine.

— Vous n'imaginez rien du tout, parce qu'il y a quelque chose que vous ignorez. Et nous allons en revenir ici à vos observations sur le général de Morcerf, et sur la façon dont le comte, à Paris, s'en remit à Haydée pour décider de son sort.

— Eh bien dites.

— Mme de Morcerf, à Paris, était venue en secret voir le comte. Haydée le savait et me l'a révélé.

— Et que lui dit-elle ?

— Qu'elle l'avait reconnu. Qu'elle devinait pourquoi il était là. Elle l'implora de renoncer à ses projets, qui n'allaient pas briser seulement la vie des coupables, mais celle des innocents, et en particulier de son fils. Le comte ne voulut pas l'entendre ; mais il fut ébranlé. Comprenez-vous à présent d'où provient, au moment où il va frapper Fernand, cette hésitation que vous avez perçue ?

— Je comprends aussi que ses remords, ensuite, ne sont pas seulement provoqués par la chute de Villefort, si terrible soit-elle. Ils naissent d'abord du choix cruel qu'il a imposé à la jeune fille, au moment où il lui livre le colonel Fernand. Mais dites donc, il ne sort pas grandi de ces révélations !

— Vous avez le droit de le penser. Ma tâche à moi est de comprendre un homme. Et vous pouvez maintenant imaginer ce que représente pour lui de solliciter, auprès de Mercedes, le pardon et l'oubli qu'il lui a refusés quand elle s'humiliait devant lui.

— Une expiation. Ma foi, je trouve qu'il ne l'a pas volée.

— Vous avez décidément une façon de dire les choses !...

— Je les dis comme elles sont. Un chat est un chat, même s'il appartient au comte de Monte-Cristo.

— On ne saurait soutenir le contraire. Enfin le mariage fut décidé, Haydée se livra tout entière à un bonheur d'autant plus vif qu'elle ne l'espérait plus. Celui-là recelait pour elle une déception. Son père (elle n'appelait pas le comte autrement) s'était, je vous l'ai dit, pris d'intérêt pour cette Algérie où elle allait vivre. Elle ne douta pas que son mariage serait pour lui une raison d'y venir davantage, ou même de s'y établir. Las ! Notre bonheur dispose bien légèrement des autres. Parce que la vie nous sourit, nous pensons que notre félicité va tout naturellement s'épandre sur ceux qui nous entourent, et qu'ils n'auront plus d'autre désir que de s'en faire les témoins souriants, chacun à la place qu'il plaît à notre cœur de lui attribuer. C'est oublier un peu vite qu'ils existent en dehors du rôle qu'ils remplissent à notre égard, avec leurs secrets, leurs batailles, leurs souffrances... Après le mariage, le comte ne parla plus de ses projets africains, et ne songea plus qu'à regagner la Grèce, ce qu'il fit bientôt, et même, semble-t-il, un peu trop vite.

— Bien ; que se passait-il encore ?

— Haydée devait apprendre plus tard, grâce à une servante qui lui était dévouée, les désordres dans lesquels il se jeta après ce retour. Plus que jamais il s'adonna à l'opiomanie. Reclus à Argostoli, il vivait dans la compagnie de Jacopo et de ses marins, qui constituaient une sorte de garde rapprochée dont il avait pris l'habitude, et de plusieurs jeunes filles, dont une Abyssinienne, ramassées je ne sais où. Il semble qu'alors la maison ait pris des allures de fortin isolé dans le désert, de poste-frontière reculé. Hénou, l'Abyssinienne, était sa favorite, j'entends qu'il ne la partageait pas. Ils chassaient presque chaque jour sur les pentes du mont Aïnos. *Le Sindbad* restait à l'amarre. Cette vie dégradante dura quelques mois, et dut donner lieu à des excès dont nous aimons mieux ne rien savoir, car il donna beaucoup d'argent à deux de ses hommes, un peu plus tard, pour qu'ils s'en aillent et ne reparaissent plus...

— Et vous faites une relation entre le mariage d'Haydée et ces événements ?

— Les deux choses, vous en conviendrez, sont bizarrement consécutives, et la princesse m'a rappelé, à ce sujet, deux passages du Journal parisien. L'un est cette précision qu'il lui donne, en venant lui annoncer que le traître Mondego, assassin de son père, est désormais en son pouvoir : « Je dois te dire qu'il est le père de ce jeune homme que tu as vu ici, Albert de Morcerf. » Il y a quelque chose de cruel dans le choix qu'il lui impose ainsi. Il lui a présenté Albert ; il a deviné l'intérêt suscité chez elle par ce jeune homme ; et il se plaît à la placer devant ce dilemme. Est-ce le comportement d'un père adoptif ? Le second passage se trouve un peu plus loin.

Réfléchissant à cette attirance qu'il a cru déceler, il se demande : « S'il allait être la porte par laquelle elle sortira de ma vie ? » Haydée se voyait congédiée dans ces lignes, et regrettée aussi. Bref : elle se demandait si, quoique l'ayant voulue indépendante et libre, il n'a pas rêvé quelquefois qu'elle userait de cette liberté pour se tourner vers lui.

— Elle n'y songea point ?

— Non. Sa façon de l'aimer était autre. Elle souhaitait ce qui n'arriva pas : qu'il retrouvât un amour sincère, solide, durable, comme celui que lui eût donné, peut-être, Nieves Manoeli, la Nevita. Elle le lui dit souvent par la suite. Il souriait : « Vous autres, femmes, vous ne pouvez concevoir que le bonheur d'un homme vienne d'ailleurs que de vous. C'est normal ; c'est votre mission au sein de l'espèce. » Elle s'impatientait de ces dérobades ; il souriait de plus belle : « Comme la colère te rend jolie, Haydée ! » « Il pouvait sourire, dit-elle en me racontant cette scène ; mais était-il vraiment heureux dans ses débauches de corps de garde, dans cette bauge d'étreintes bestiales qui souillaient ces malheureuses autant qu'elles le souillaient ? » Il paraît qu'une autre fois, plus tard, dans une heure de mélancolie, une de ces heures crépusculaires où la lumière ne paraît s'amoindrir que pour mieux permettre au cœur de se dévoiler comme un astre nocturne, il lui fit cette confidence : « Ma mère ne m'a pas attendu, Haydée... et Mercedes non plus ne m'a pas attendu. Oh, je ne leur reproche rien. Ma pauvre mère est morte après ma naissance, et Mercedes, sûre que je ne vivais plus, s'est résignée. Mais il y a toujours en nous un enfant qui ne veut ni ne peut rien comprendre. Aucune ne m'a attendu, Haydée, et vois-tu, cela ne se répare pas... »

— Et il est resté seul jusqu'au bout ?

— Oui, à part les houris, Hénou l'Abyssinienne et vingt autres. Il a décelé lui-même, dans son itinéraire, l'échec d'un homme qui ne parvient pas à trouver sa place dans le commerce des hommes, sur les rivages, dans les villes : d'un homme toujours contraint à s'éloigner, à s'exclure, poussé d'abord par une contrainte extérieure, ensuite par une fatalité qui s'exprime en lui-même. Il y a tout lieu de se demander si son éloignement obstiné des femmes n'est pas une autre manifestation de cette fatalité. Il s'était drapé dans cette idée qu'il s'était faite de lui : « Je suis perdu pour les femmes... J'ai mille ans... À cet âge-là on ne joue pas les jeunes maris... » Il se complaisait, se confortait dans cette conviction.

— À mon avis il cherchait surtout à se protéger contre la révolution qu'une femme est susceptible d'apporter dans la vie d'un homme. Unir sa vie à une autre, c'est d'avance implanter l'avenir de l'autre dans son propre avenir ; c'est dire oui sans les connaître aux projets, aux désirs, aux refus, aux joies et aux tristesses dont la vie de l'autre sera faite ; c'est en faire par avance les événements de sa propre vie ; c'est signer une lettre avec des paragraphes blancs. Ce qu'il refuse, en somme, c'est l'imprévu. Depuis 1829 il écrit le livre de son existence en ajoutant le trait du greffier à chaque ligne. « On ne me retrouvera plus. On ne me fera plus jamais souffrir. » Que révèlent donc ces mots, sinon un homme résolu à ne plus accueillir dans son existence que ce qu'il choisit et maîtrise, et, parce que la vie lui a une fois apporté le malheur, déterminé à en refuser même les chances plutôt que de faire encore place au hasard ?

— C'est assez bien vu.

— Et puis avouer que l'on aime, reconnaître que l'on n'a plus envie de vivre sans l'être aimé, c'est faire taire l'orgueil. Il avait riposté aux hommes en faisant le pari de la solitude. Ce qu'il avait proclamé une fois pour toutes, en 1829, dans sa caverne de Monte-Cristo, c'est : Je n'ai plus besoin de vous. Il ne voulait plus revenir sur ce choix. Certains hommes ont de ces obstinations, dussent-ils en pleurer chaque jour des larmes de sang.

— La princesse soupçonna un peu plus tard qu'il avait revu — ou songé à revoir — Nieves Manoeli, c'est-à-dire Mme de Chalonnes, lorsqu'elle devint veuve en 1847. À ce qu'un domestique lui révéla...

— Elle l'espionnait donc ?

— Non : elle s'intéressait à lui. Elle apprit donc qu'il s'était rendu à Malcesine, au bord du lac de Garde, où la Nevita avait vécu avec son époux ; il y demeura seul quelques jours après avoir envoyé son intendant l'attendre à Vérone. Que se passa-t-il là ? La revit-il ? Nul ne le sait.

— Et c'est sans importance.

— Croyez-vous ?

— Il me paraît clair qu'il avait tout fait pour pousser Mlle Manoeli vers un autre. Et pourquoi ? Je m'en vais vous le dire : pour que recommençât ce qui s'était passé avec Mercedes.

— Allons donc !

— Cela crève les yeux. Mercedes la Catalane l'attend un an ou deux, puis, n'espérant plus, épouse Fernand et devient Mme de Morcerf. Nieves la Castillane l'attend un an ou deux puis, n'espérant plus, se résigne à devenir Mme de Chalonnes. C'est la même histoire ; dans le premier cas il en est la victime ; dans le second cas il le décide, il fait tout ce qu'il faut pour en arriver là — ou, ce qui revient au même, il s'abstient de faire le peu qui suffirait pour l'éviter.

— Ce que vous dites est troublant... Tout se passe en effet comme si...

— Oui.

— Mais pourquoi ?

— Pour établir, pour confirmer sa solitude, pour pouvoir lui donner le nom de fatalité. Tout se ramène en somme à cette loi profonde du personnage : désirer ce qu'il a subi, choisir et parfaire ce qui lui fut imposé. Il ne faudrait pas me pousser beaucoup pour me faire dire qu'il va vers Maria Nieves, dès le premier jour, afin d'en arriver là.

— Vous exagérez.

— Qui sait !

— L'homme a l'instinct du bonheur...

— C'est ce qu'on raconte, sous le prétexte que cette créature insondable mange quand elle a faim, préfère l'aisance à la pauvreté et prend le plaisir quand il s'offre. Peut-être. Mais moi, je constate un fait : le comte de Monte-Cristo rencontre une femme belle, intelligente, émouvante, applaudie, courtisée par des hommes riches, titrés, parfois même séduisants. De tous, elle ne voit que lui. Elle est à lui. Il n'a qu'un mot à dire pour la garder. Et ce mot, lui le solitaire, le rejeté, le désespéré, il ne le dit pas ! J'affirme que cet homme-là veut l'échec.

— Le pire est que vous êtes convaincant.

— Oui. On ne sait rien d'un homme que par hypothèse, disiez-vous. Il faut ajouter que les plus bizarres ne sont pas à exclure. Au reste nous en avons tous deux laissé une autre de côté, et bien banale.

— Laquelle ?

— Le comte n'aimait peut-être pas ou plus la Nevita, tout simplement. Savons-nous ce qu'elle était en 1847 ? Une beauté se fane, une gaieté juvénile se dissipe et se tourne en mélancolie. Il est bien présomptueux de prétendre dire à sa place où se trouve le bonheur d'un homme. S'il préfère, lui, son Abyssinienne ? S'il préfère la noire à la blanche, Hénou à Nevita, l'ébène à la neige, n'est-ce pas son affaire ?

— Incontestablement.

— Bien. Laissons donc là ces mystères et dites-moi : vous m'avez dépeint cet homme, solitaire par destinée, isolé au cœur d'un passé sans mesure commune avec celui de quiconque ; environné de ses secrets et de sa fortune comme son île l'est de la mer ; scrutant au loin les rivages et cherchant un phare ou un port. Cela va durer combien de temps ?

— Je vous dirais que je n'en sais rien, quelques années peut-être, mais j'ai le sentiment que ce n'est pas ce que vous me demandez.

— Et vous ne vous trompez pas. Je faisais observer tout à l'heure que bien des lecteurs admettraient mal ses plaintes...

— Je vois ce que vous avez dans l'esprit. Il y a quelque chose en lui, à cette époque, qui finit par lasser, n'est-ce pas ?

— Disons qu'un biographe soucieux de le servir ferait mieux de ne pas s'étendre sur ce temps-là. On conçoit qu'il ait eu des reproches à faire à la vie ; mais on ne peut s'empêcher de penser que si elle lui a pris beaucoup, elle lui a aussi beaucoup donné...

— ...Et qu'il finit par y avoir indignité à n'être pas heureux ?

— Voilà. Il me semble qu'au moment où nous en sommes, *on l'aime moins.* On veut bien le comprendre, mais on aimerait le retrouver plus combatif, plus audacieux...

— Défions-nous de l'injustice. Il ne faut pas forcément le figurer comme un homme qui se plaint. Je ne l'ai pas fréquenté alors, c'est Haydée qui donne de lui cette image saturnienne, chagrine. L'homme que j'ai retrouvé en 1855 était assez différent de cela. Assurément, les années où nous en sommes sont grisâtres, lassantes. Il arrive qu'un homme s'immobilise, qu'une vie comme un fleuve se perde dans les sables. Nul ne peut dire quand, comment, grâce à quels événements et à quelles ressources, mais celle-ci en ressortit. Il y avait eu l'époque du mystérieux voyage au bord du lac de Garde. Et dans les temps qui suivirent, la princesse eut à s'apercevoir que quelque chose avait changé.

XIX

Les morts sont tous des inconnus. – « Mon cher Dantès. » – Rome en 1849. – Servitude et grandeur militaires. – « Je surgirai à mon heure. » – Tourner la page. – L'expédition d'Annam. – Les choses cachées. – Le legs.

— « Elle *eut à s'apercevoir* », dites-vous ; et pourquoi pas « elle s'aperçut » ?

— Parce que, de son propre aveu, elle n'accepta pas d'emblée d'en convenir. Je n'ai pas côtoyé les proches du comte à cette époque, mais j'ai l'impression que tous s'étaient fait de lui une certaine idée. À leurs yeux, une fois pour toutes, il était celui dont nous venons de parler : l'homme solitaire, désabusé, vieux de mille ans, convaincu de s'être toute sa vie trompé, cherchant en vain la justification de ses jours ; l'homme à plaindre, en un mot. Quand je dis « ses proches », il convient d'ailleurs de tempérer l'expression : Haydée et son époux, ainsi que le jeune couple Morrel, vivaient en Algérie. Le comte s'y rendait une fois par an ; Albert et la princesse passaient quelques semaines à Céphalonie au printemps. La proximité, vous le voyez, était donc bien distendue. Mais enfin ils avaient leur opinion, ils lui avaient bâti un personnage.

— Oui. C'est là un phénomène fréquent dans les

familles, et c'est pourquoi les morts sont tous des inconnus. Il reste d'un homme quelques traits sommaires, deux ou trois anecdotes frelatées ; ce qu'il fut vraiment, tout le monde s'en fiche. À mille lieues de soupçonner l'étendue de ce qu'ils ignorent, les gens vous mettent à la taille de ce lit de Procuste : leurs convenances.

— Vous forcez le trait, mais on doit convenir qu'il y avait de cela. Haydée, après la mort du comte, en fit l'expérience en découvrant dans un secrétaire deux lettres oubliées, qui établissaient certains faits troublants, dont elle n'avait jamais rien su.

— Laissez-moi deviner. La passion du jeu ? Un commerce d'esclaves ? Quelque vice d'un genre peu courant ?

— Vous n'y êtes pas du tout. C'était à la fois quelque chose d'anodin, et la preuve que ceux que nous croyons connaître nous échappent peut-être à tout instant... Les témoignages ne valent rien. Le témoin n'a peut-être pas vu ; et s'il a vu, pas compris.

— Oui : la vie passe sous nos yeux et nous ne la voyons pas. Or donc, ces lettres...

— Elles étaient datées de 1847. Quelques années plus tôt, le comte avait fait la connaissance d'un jeune ingénieur de Trieste, qui avait l'intention de fonder un chantier naval, à Durazzo.

— Vous avez déjà fait allusion à cela.

— Le comte s'était intéressé à ce jeune homme, au point de placer quelques centaines de mille francs dans son projet. Il se rendait quelquefois sur place et, régulièrement, son associé lui écrivait pour le tenir au courant de la marche de leur affaire. Trois mots — trois mots très simples, innocemment répétés dans ces lettres, révèlent pour nous quelque chose de très surprenant.

— Et quels sont ces trois mots ?

— « Mon cher Dantès ».

— Tiens !

— Oui. « Mon cher Dantès ». Le comte de Monte-Cristo s'était fait connaître à cet homme sous ce nom. Et ma foi, la princesse Haydée était sûre d'une chose au moins : personne au monde, depuis l'abbé Faria, n'avait appelé le comte par son nom de naissance. Elle-même n'a su ce nom qu'assez tard — un jour qu'il lui vint à l'idée de le lui demander...

— Et vous en concluez ?

— Qu'en un domaine, si secondaire et inaperçu fût-il, de la vie du comte, trente-cinq ans après Marseille et vingt ans après le château d'If, Dantès, Dantès le mort, revivait.

— C'est fort émouvant.

— C'est plus que cela. Souvenez-vous des pages où il évoque son premier retour à Marseille. Là, il apprend que son père est mort, que Mercedes est partie, que tous l'ont oublié. Il connaît alors des instants de profond découragement. Et l'auteur des Mémoires, revivant ce moment, envisage ce qu'aurait été son existence sans le trésor de Monte-Cristo... Vous vous en souvenez ?

— Parfaitement.

— Bien. Et de quoi est-elle faite, cette existence supposée, imaginaire, possible ?

— Parbleu ! De chantiers navals sur la mer Noire.

— Vous y êtes. « Je serais devenu Dantès mûri, épaissi, content de bien boire, de bien manger... Je serais mort peut-être comme Jason, écrasé sous un bateau au radoub. » Eh bien, cet homme-là rencontre un jeune ingénieur de Trieste, lui donne de l'argent pour monter un chantier naval, et s'en fait appeler Dantès. Ne croyez-vous pas qu'il se rapproche ainsi, fût-ce par procuration, de cette autre vie dont il a eu, quelquefois, le regret ?

— Mais vous parliez d'un grand changement dans son humeur, dans la tonalité de son existence...

— Oui. Et je cite ce détail, parce qu'il nous révèle que le comte de Monte-Cristo ne se réduit pas à l'homme mélancolique et blessé que nous avons dépeint. Et même, il lui arrive de n'être plus du tout le comte de Monte-Cristo, avec ce que cela suppose de ténébreux et de hautain. À côté de l'homme d'ombre, reclus en son île dans la compagnie de ses oiseaux de proie ; à côté de cet homme qu'on ne voit pour ainsi dire que de dos, silencieux parmi les battements d'ailes, dans l'odeur faisandée du pât, il nous faut placer Dantès au port de Durazzo, dans le soleil, les vapeurs de bitume, la senteur sèche et douce des copeaux que lève la varlope sur le chêne des lisses. En un point de sa vie, il lui plaît de reprendre le nom de sa jeunesse. Dantès resurgit, et ce retour a quelque chose de naturel, de simple, de lumineux... Si personne n'a vu ou deviné cela, qui certes n'est qu'un détail, combien de ses faits et gestes ont-ils pu demeurer ignorés ?

— Mais ce changement que vous annonciez ?

— Nous allons le voir apparaître, mais il est déjà là, je crois, tout entier présent dans cette adresse amicale : « mon cher Dantès ». Question de climat, si vous voulez, ou d'éclairage... On entrevoit là une simplicité, une camaraderie, quelque chose de robuste et de léger dont on avait perdu l'habitude. Mais c'est à Rome, en 1849, que s'épand vraiment sur sa vie cette lumière nouvelle.

— Rome en 1849... C'est-à-dire, sauf erreur de ma part, la Révolution ?

— Exactement. L'année d'avant, l'Europe avait souri quand le peuple de Milan avait fait la grève des cigares. Elle avait eu tort de sourire : dix jours plus tard Naples et Palerme se soulevaient ; en février c'était Paris, en mars c'étaient Vienne, Budapest, Prague, Venise, Berlin. Tout s'effondra. L'Angleterre recueillit Louis-Philippe et Metternich...

— ...Égaux devant la Carmagnole ! Le second au moins ne l'avait pas chantée. Le roi des barricades en convint-il, et 1830 vint-il à résipiscence devant 1815 ?

— Beau sujet de dispute, mais ne nous égarons pas. Ce qui importe est qu'au début de l'année suivante, le comte écrivit à la princesse Haydée depuis Gênes, l'informant sans commentaires qu'il se mettait en route pour Rome, accompagné de l'irremplaçable Jacopo.

— Pour Rome !...

— Oui. Comme vous le savez, le pape Mastaï...

— Oh, je sais. Sa Sainteté avait cru bon, elle aussi, d'orner la tiare d'une cocarde. Son ministre Rossi l'ayant payé de son sang, elle put, réfugié à Gaëte, méditer sur ce qu'il en coûte d'ouvrir la boîte de Pandore.

— Alors fut proclamée la République Romaine...

— ...Grotesque saturnale, véritable pétaudière dont Mazzini se croyait le maître...

— ...Et dont Joseph Garibaldi se fit le bouclier, face au corps expéditionnaire envoyé par Louis-Napoléon afin de rétablir la papauté dans ses droits. Eh bien, c'est là qu'était allé se jeter le comte de Monte-Cristo.

— Quelle faute de goût ! Occulte protecteur des bandits et des fugitifs, on l'admire malgré qu'on en ait ; on ne le voit pas sans soupirer mis à contribution par des doctrinaires et des idéologues.

— J'avais cru déjà remarquer, en parlant de l'abbé Faria, votre scepticisme quant aux penchants libéraux du comte...

— Réjouissez-vous-en : cela me rend plus lucide à son égard, donc plus compréhensif. Le voilà donc à Rome.

— Il s'était mis au service de Garibaldi dès l'annonce

de sa venue. À Gênes, il s'était occupé d'acheter des fusils. Ce n'était pas là une denrée que les insurgés trouvassent aisément à se procurer ; les contrebandiers de Monte-Cristo firent merveille et fournirent quelque trois mille fusils, provenant de Tunisie et d'Espagne par les Baléares. Vous connaissez sans doute les péripéties qui suivirent. En avril, le corps expéditionnaire fut repoussé vers Civitavecchia ; le mois suivant, de nouveaux combats, à Velletri et Palestrina, apprirent au monde quel chef militaire était Garibaldi. Néanmoins l'inégalité des forces était trop grande : le 3 juin, la République repoussée en ses murs, les Français entamaient le siège de Rome. Le comte s'était battu, avec rang d'officier. À Rome il avait pris en charge l'inspection des ouvrages de défense : une promenade quotidienne, de trois ou quatre lieues, sous le feu ennemi. Vampa et sa troupe s'étaient enrôlés avec lui. Ils connaissaient les voies détournées, disposaient des complicités extérieures susceptibles de faciliter l'approvisionnement de la ville et la connaissance des projets adverses. Quoi que vous en pensiez, vous reconnaîtrez que cette République romaine trouva de la grandeur dans l'énergie désespérée avec laquelle, un mois durant, elle soutint un combat perdu d'avance. La Ville fut défendue de haute lutte, palais après palais, jardin après jardin, ruine après ruine. On dit que le 29 juin, fête de saint Pierre, elle s'illumina somptueusement dans la nuit. Un orage se déchaîna ; la foudre vint en aide aux *mocoletti* et aux flambeaux pour donner aux assiégeants un prodigieux cinquième acte, évoquant la chute de Troie ou l'incendie de Gomorrhe. Cinq jours plus tard, le corps expéditionnaire était maître de la ville.

« Commença la longue retraite de Garibaldi et de ses troupes, chef-d'œuvre de tactique, de marches, de contremarches et de leurres, qui le mena à Subiaco, Orvieto,

San Marin, puis en direction de Venise où Daniel Manin animait une résistance aussi farouche qu'inutile à la reprise en mains autrichienne. Le comte était du voyage. L'intraitable Niçois devait laisser Anita, sa femme, dans l'aventure : enceinte, parvenue aux dernières extrémités de l'épuisement, elle mourut du côté de Magna Vacca.

— Le grand cœur généreux !

— Quelques maisons amies s'ouvrirent aux fugitifs ; on a de bonnes raisons de croire que le comte n'y fut pas pour rien. À la fin du mois d'août, il écrivit à la princesse, annonçant sa venue. Il venait d'arriver à Tanger où il avait accompagné Garibaldi, qui devait ensuite s'exiler à New York. Deux semaines plus tard il débarquait à Alger, où la princesse, qui lisait tous les journaux qu'elle pouvait se procurer, avait vécu ces mois dans l'anxiété la plus vive.

— Et l'on put enfin savoir quelle mouche l'avait piqué...

— Tout au contraire : plusieurs semaines devaient s'écouler avant qu'elle ne parvînt à lui faire dire un mot sur son aventure. En revanche, il paraissait se trouver dans des dispositions d'esprit où elle ne l'avait pas vu depuis longtemps... Il était accompagné de Jacopo et du nègre Ali. Bertuccio était venu le rejoindre, amenant Hénou l'Abyssinienne.

— Tiens ! Elle faisait donc toujours partie de sa maison ?

— Oui. Le comte s'y était attaché et il est temps de l'évoquer plus précisément. Je l'ai vue plus tard à Argostolion. Elle avait une étrange beauté, les yeux comme un oblique éclat d'obsidienne, les cheveux crépus ornés de peignes et de pendeloques qui lui donnaient un air égyptien ; la poitrine haute et pointue, la taille cambrée, le déhanchement voluptueux des femmes de sa race. Elle jouait de la guzla, subissait de mauvaise grâce les leçons d'un précepteur et mangeait des pâtisseries. Le comte ne faisait jamais allusion à elle, et ne lui parlait jamais en présence d'un tiers. La princesse déplorait vivement qu'elle eût pris autant de place dans sa vie ; elle ne parvenait pas à admettre que son père se satisfît de cette présence d'esclave, à la fois enfantine et animale... Seulement voilà : elle dut convenir qu'il semblait apaisé, calme, serein comme il ne l'avait jamais été.

— À cause de sa négresse ?

— Vous êtes incorrigible ! Ce n'est pas ce que je veux dire. Ce n'est là qu'un détail, mais qui, aux yeux d'Haydée, en vint à symboliser, précisément, ce que nous disions : le bonheur, pour son père, ne passait pas forcément par les voies qu'elle avait imaginées. Et l'équipée romaine en est une autre illustration.

— Je commence à comprendre.

— Haydée l'interrogea enfin à ce sujet, le sermonnant affectueusement sur les périls qu'il avait encourus et les inquiétudes où il l'avait jetée. La réponse du comte fut laconique, mais éloquente ; il tira de sa poche un livre qu'il portait avec lui, et en lut un passage, que je n'ai pas manqué, plus tard, de chercher et de recopier : « J'allai vite à la guerre, me plonger dans les rangs inconnus, l'infanterie de ligne, l'infanterie des batailles... Je me cachai là comme un chartreux dans son cloître. Ah ! si vous saviez comme je me sentis à l'aise dans ces fatigues inouïes ! Comme j'aimais cette obscurité et quelles joies sauvages me donnèrent les grandes batailles ! La beauté de la guerre est au milieu des soldats, dans la vie du camp, dans la boue des marches et du bivouac... » Connaissez-vous ces lignes ? Elles proviennent de *Servitude et grandeur militaires*. Le comte aimait ce capitaine Renaud, emporté très jeune dans l'ouragan napoléonien, déçu par son idole, et qui, depuis la nuit où, dans l'ombre d'un corps à corps, il a assassiné un adolescent, se refuse à porter une arme, et s'expose chaque jour à la mort... « Voilà, je t'ai tout dit, Haydée », conclut-il après cette lecture. Comprenez-vous, à présent ?

— Il me semble. Ce que trouve le capitaine Renaud dans la plus obscure vie militaire, c'est l'engourdissement bienfaisant d'un devoir réduit à une consigne... En somme, le moi est une prison ; singularité égale solitude. L'état militaire impose à qui le choisit de laisser en entrant son passé, son destin, le débat particulier qu'il entretient avec le monde, pour n'être plus qu'un rouage. On sent d'ailleurs en maint endroit de son livre cette attirance pour l'existence militaire, pour les périls partagés. Le bivouac en Morée, les contrebandiers de Sperlonga, le général Morandi...

— Oui. Toutefois cette aventure de 1849 me semble révélatrice par bien d'autres traits. Il cherchait assurément ce que vous nommez fort bien « l'engourdissement », et puis le sentiment d'une fraternité d'armes, de la soumission à une cause. Mais aussi, je crois qu'il rajeunit, qu'il retrouva les grandes années de sa vie. Il se plaçait une fois encore de l'autre côté des apparences dont se contentent les sociétés bourgeoises, rassises, somnolentes, tranquilles ; du côté de cette opposition que l'on emprisonnait, du côté des conjurés, fils adoptifs de l'ombre ; du côté de la misère qui, dans l'indifférence des classes fortunées, au pied des palais en fêtes, dardait dans les ténèbres ses yeux affamés. Le prisonnier Dantès n'avait pas pardonné à la société de l'avoir oublié en prison pendant quatorze ans. Elle le retrouvait face à elle en cette année terrible. « C'est moi qui viendrai à mon heure... Je surgirai depuis les retraites lointaines, introuvables, que me fourniront les golfes les plus reculés des rivages de Cattaro, de Bizerte ou de Benghazi... » C'est le même homme qui donne la main aux contrebandiers sur la plage de Sperlonga, au brigand Vampa dans le palais Mondragone, aux insurgés romains devant le Capitole : le même homme en colère contre la société, et plus encore peut-être à présent qu'il voyait à quel point elle l'avait mis à l'écart, sans espoir de retour. Mais dans cette colère il y a toute l'ivresse de l'action et du danger.

— J'y vois même quelque chose de facétieux, et presque d'enfantin. Vous évoquiez les affectueux reproches de la princesse, et j'avais la vision d'un petit garçon devant sa mère, à la fois désolée et indulgente... Ne pourrait-on pas dire que le comte de Monte-Cristo est un homme qui *joue des tours* à la société ?

— La formule est insolite.

— « Je surgirai à mon heure, depuis des retraites lointaines. » « Ils ne me verront pas arriver... » Le Zaccone des années 1830 trouve la plus vive jouissance à être à la fois une figure des salons de Florence, et le chef des contrebandiers de Monte-Cristo. Il donne, selon votre expression qui est bien trouvée, la comédie à Rome et le drame à Paris ; les spectateurs n'y voient que du feu, comme dans les tours d'un illusionniste. Il disparaît ; on le voit reparaître à Rome en 1849, en plein chahut. « Je surgirai à mon heure... » Les Mémoires eux-mêmes ne seraient-ils pas son ultime facétie ?

— Comment cela ?

— Voilà un homme qui depuis des années a fait du secret une règle de vie. À tout instant il se plaît à rappeler que nul ne peut deviner son jeu, ni d'où il vient, ni où il va, ni qui il est. À Paris, il exécute ses desseins sans que quiconque (à part vous, observateur sagace !) n'ait le moindre soupçon du rôle qu'il joue. Il donne le change, fait le grand seigneur distrait et frivole. Sa vengeance est un fait invisible, déguisé par les événements mêmes qui en sont l'effet, et de même son histoire singulière traverse en secret, comme un fil dans une tapisserie, toute l'histoire contemporaine, de Napoléon à Louis-Philippe. Et puis soudain il change d'idée, il écrit un livre, il relate tout. N'est-ce pas une manière de dire : « À vous qui n'avez rien su voir, je révèle ce qui s'est passé sous vos yeux. Moi, Edmond Dantès, je vous ai magistralement, superbement possédés. Je me suis déguisé en cadavre, en aventurier maltais, en aristocrate d'opérette, en nabab de l'Orient ; je suis venu dans Paris, j'ai ruiné un banquier, j'ai poussé un pair de France au suicide, j'ai déshonoré le premier magistrat de la capitale, à votre nez, à votre barbe. Et maintenant, depuis la tombe, je vends la mèche. »

— C'est assez ingénieux...

— C'est plus qu'ingénieux. « Les victoires ignorées ne sont pas les moins grisantes », dit-il ; mais n'y a-t-il pas aussi plaisir à les divulguer ?

— C'est une interprétation.

— Que corrobore, si vous me permettez, un autre trait du personnage : quoi qu'il fasse, il le fait en direction des autres. Il fait signe. Il parle de lui comme d'un homme qui ne sait pas aborder au rivage, mais on pourrait parler tout aussi bien d'un homme qui ne sait pas s'en éloigner. Sorti de prison, que fait-il ? Il revient à Marseille. Puis il repart. Neuf ans plus tard, il vient à Paris. Il frappe et s'enfuit de nouveau. Dix ans plus tard encore, il est à Rome — et nous le devinons animé du même contentieux avec la société. En 1855, enfin, il écrit ses Mémoires : c'est-à-dire qu'il en revient, une fois de plus, à son affaire, au drame de 1815 à Marseille... Au fond, il a très judicieusement placé au cœur de son livre cette notion inattendue : *le commerce des hommes*. Il n'a pas baptisé cela « La Vengeance », comme on aurait pu s'y attendre. Non. Il dit : *le commerce des hommes*.

— Cette fois-ci je vous suis sans hésiter. Et d'autant plus que d'autres faits vont dans le même sens...

— Dites.

— Oh, ce ne sont pas des faits extraordinaires... Mais il est étonnant de voir comment des détails auxquels, d'abord, on prête à peine attention, deviennent significatifs dès lors qu'on les regarde sous un certain angle... Tenez : il paraît qu'il parlait souvent d'aller s'installer en Orient pour y finir ses jours. Il avait une maison en Turquie, une autre au Caire. Eh bien, il n'a pas dû y séjourner dix fois, encore était-ce pour de brèves périodes... En revanche il revient en Italie, en Espagne. Il s'intéresse à l'Algérie, c'est-à-dire à une banlieue de la France, où l'émir Abd-el-Kader est comme lui l'insaisissable, l'Ubique, l'homme des coups de main et des disparitions... J'avais oublié ces détails, et pourtant, comme ils entrent bien dans la mosaïque ! Et j'oubliais aussi l'autre retour à Marseille, en 1840.

— Quel retour à Marseille ?

— C'était deux ans après le séjour à Paris. Période incertaine et passablement triste, où le comte et sa fille adoptive, accompagnés de l'ancienne préceptrice d'Haydée, qui avait lié amitié avec elle, voyagèrent beaucoup, en Angleterre, en Autriche et jusqu'à Pétersbourg. L'été 1840 les trouva en Italie, où le comte, les ayant installées à Lucques, s'absenta quelques jours. Il a par la suite avoué à Haydée s'être rendu à Marseille.

— Qu'allait-il faire là-bas ?

— On ne le sait pas. Tout ce qu'elle vit est qu'il revint plus triste encore qu'il n'était parti. Sans doute voulait-il renouer avec le passé, mais c'était trop tard... Ou trop tôt ! Il faut l'imaginer errant comme un fantôme dans cette ville qui avait vu sa jeunesse, mais qui l'avait oublié, où il n'était plus rien. Dans cette ville aussi où vivait

Mercedes, recluse. Vous voyez : il ne parvient pas à tourner la page.

— Oui. Et cependant, il sollicite l'oubli, il essaie de tourner le dos, ou, comme il dit, de se déprendre. En 1836, alors que sa vengeance est prête, il en suspend l'exécution et s'en va en Orient pendant plus d'une année. Et vous m'avez dit que plus tard, il s'enfonça loin de tout dans un pays inconnu, l'Annam. Pourquoi ce voyage-là ?

— Je n'en sais trop rien. Il en parlait peu. Pour les mêmes raisons, sans doute... Il s'était intéressé depuis longtemps aux explorations. Il avait lu les écrits de René Caillié, le premier Européen à être entré dans la mystérieuse Tombouctou. À Paris, je me souviens qu'il se renseigna sur Jacquemont, l'ami de Mérimée, premier visiteur du Cachemire où il mourut. En Afrique, il chercha plus tard à rencontrer le capitaine Burton, qui avait touché de ses mains la pierre noire de La Mecque, et connu la cité interdite de Harar. À Cherson, Odessa, Astrakhan, il avait suivi les traces d'Anthoine, qui fut par la suite maire de Marseille ; il détenait dans sa bibliothèque l'*Essai historique sur le commerce et la navigation de la mer Noire* publié par celui-ci en 1805. Je sais aussi qu'il reçut à Argostolion le père Régis-Évariste Huc, un prêtre lazariste qui revenait de Lhassa. Or il se trouva que Maximilien Morrel, en Algérie, lui présenta deux géographes, qui espéraient, malgré mille difficultés, accomplir un périple dans les royaumes de Laos et d'Annam. Ces deux hommes étaient français, et les Français, depuis l'avènement de l'empereur Tu Duc, étaient fort mal traités là-bas. Le comte supposa qu'un Maltais (il s'appelait toujours Zaccone), et en outre un seigneur opulent et généreux comme il savait l'être, n'éveillerait peut-être pas la même méfiance que le missionnaire, le soldat ou le marchand. C'était risqué sans doute, mais l'idée lui plut et il proposa son aide aux deux explorateurs. Cinq cent mille francs furent dépensés pour préparer le voyage. Il voulait que tout fût splendide. Il comptait sur la curiosité et l'étonnement pour désarmer l'hostilité. Des cadeaux magnifiques furent réunis. Trois navires, chargés d'une nombreuse suite, partirent en avril de Suez, sur la mer Rouge, firent escale à Aden, Bombay, Ceylan, empruntèrent le détroit de Malacca et remontèrent dans le golfe de Siam vers Bangkok. Là, commença l'expédition terrestre. Des chevaux, des charrettes traînées par des bœufs, se mirent en marche vers le plateau de Korat et atteignirent les vallées du Sémoun et du Mékong jusqu'à Pakse, en pays laotien. Partout le comte offrait des présents et témoignait aux personnages officiels le plus profond respect. Ses prévisions étaient justes : ils avaient si peu l'air de commerçants ou d'espions qu'ils parvinrent sans encombre jusqu'à Da Nang, capitale de l'empereur annamite.

« Il était fasciné par ce monde presque inconnu, tissé de pluie, de vertes vallées, de rizières, qui leur livrait ses profondeurs ignorées. Il savait tout de l'épopée de l'évêque d'Adran, ce vieux prêtre qui s'était fait chef de guerre, au temps de Louis XVI, pour rétablir dans ses droits le petit roi Gia Long. Il s'était initié au Quoc Ngu, la transcription alphabétique de la langue annamite imaginée au XVIIe siècle par le père Alexandre de Rhodes. Des religions, des mœurs, des traditions existaient là, dont nous ne savons rien ou presque, et qui se manifestaient à lui. Une histoire, des règnes, tout un monde englouti se laissaient pressentir.

« Ils séjournèrent à la cour impériale, tirèrent de leurs cages de bambous quelques malheureux Hollandais convaincus de la supériorité du protestantisme, et qui croupissaient là depuis deux ans ; ils devaient au retour les déposer sains et saufs en Malaisie.

— Et il n'a pas laissé le récit de cet extraordinaire voyage ?

— Non. Il ne le voulait pas. Quoiqu'il ait apprécié la valeur et l'intrépidité des milliers de Maximilien Morrel qui se battaient là-bas, ses séjours en Algérie lui avaient ouvert les yeux sur la colonisation. Alger, dès le début, le consterna. L'Europe s'avançait là en désordre, avec ses fonctionnaires perplexes, ses femmes exaspérées par l'inconfort, ses affairistes de tout poil, ses soldats, ses prostituées. En peu d'années l'installation française avait détruit en ses murs l'ancienne cité arabe. Des maisons hâtivement construites s'écroulaient. Des plaideurs ruinés brandissaient des titres de propriété sur des terres ignorées d'un cadastre inexistant. La République après la Monarchie, donnant la pleine mesure de ses capacités d'improvisation, de gabegie et de mépris, déversait là ses chômeurs et ses bagnards. Paris avait entendu sans les écouter quelques protestations contre les tortures employées par l'armée. Plus tard Abd-el-Kader trahi fut iniquement enfermé à Amboise.

— Ce sont là les mœurs du sacro-saint Progrès, mon cher ami !...

— Sur ce point-là au moins, je pense qu'il se fût entendu avec vous. Tout lui confirmait la justesse de ses sentiments d'autrefois, lorsque d'instinct il voulait incarner la Méditerranée face à la mainmise européenne. Et pour en revenir au voyage d'Annam, il pensait que les plus belles aventures des voyageurs, des explorateurs, n'avaient fait et ne feraient qu'ouvrir la voie aux soldats, aux colons, aux affairistes. Il n'entendait pas jouer ce rôle. Son but, personnel et en quelque sorte esthétique, était d'aller à l'envers du monde, de voir ce que personne ne voit. De l'autre côté du miroir. En ce sens, il n'y a rien d'étonnant à ce qu'il ait désiré plus tard rencontrer l'imam Shamil. Mais pour revenir à la source de notre propos, nul doute qu'il y ait eu là le désir de tourner la page, de chercher du nouveau. C'est cela, je crois, qui avait changé dans sa vie. Le destin lui avait offert une liberté et des moyens presque illimités. Il jugea qu'il lui fallait user de ces dons. Désormais il allait vers le monde. L'étendue de ses curiosités, si j'en juge par nos conversations, était remarquable. Il parlait de l'homme de la Préhistoire, dont on avait découvert les ossements dans la vallée de la Düssel ; il suivit avec un intérêt passionné les bouleversements apportés aux États-Unis d'Amérique par la découverte de l'or californien. Il avait rencontré en Grèce l'archéologue Schliemann, qui rêvait (et rêve encore) de découvrir les ruines de Troie. Il aimait à citer ce vers d'Hésiode : *Les dieux ont caché ce qui fait vivre les hommes.*

— « Je suis un homme qui déterre. »

— Vous dites ?

— « Je suis un homme qui creuse et qui déterre. » Il est frappant de constater que les exemples que vous me citez sont relatifs à des choses enfouies.

— C'est ce qu'il opposait à la hantise de n'être partout qu'un passant, un dilettante ; de n'avoir avec le monde d'autre contact que celui de la tangente avec le cercle, d'autres rencontres que celles qui s'achètent. L'arc et les flèches, la fauconnerie, l'hospitalité donnée aux voyageurs, la lecture approfondie, dans le texte, de Dante ou des romanceros d'Espagne, étaient autant de chemins. Il s'était placé face au monde, les yeux ouverts, sans autre but désormais que de goûter à ses nourritures, de s'exposer à ses courants, de s'aventurer dans ses lointains, et d'en affronter les périls avec la même tranquille présence qu'il en savourerait les dons. Il formait de nouveaux projets de voyages, parlait de l'Amérique et des guerres indiennes, de la Russie et de la Perse, de l'Afrique australe. Il avait gravé à la pointe d'un couteau, sur une colonne de sa bibliothèque, une formule que vous avez pu lire dans son livre : *Ubi deest orbis*. Où s'absente le monde.

« Dans le même temps le désir de dénuement était de plus en plus visible chez lui. Il s'habillait simplement, ne prenait guère que de l'eau, des fruits, peu de viande. Je le revois, lors des derniers séjours que je fis à Céphalonie, lisant Horace ou *L'Histoire des Indes*, ou bien tirant à l'arc, vêtu d'une espèce de robe de moine serrée à la taille par un cordon. Ses cheveux étaient gris. Cette vie simple lui était bénéfique. Il était maigre et beau. Parfois, trois ou quatre jours durant, il fumait l'opium. Puis, lassé de l'hébétude, il se remettait à lire, à effectuer sur l'île de longues courses à cheval, à se documenter pour ses périples futurs.

« Je vous ai dit qu'il avait renoncé à son île de Monte-Cristo. Il avait offert à Haydée ses terres de Toscane, au moment de son mariage. Plus tard il donna le chantier naval de Durazzo à son jeune associé. Il distribuait énormément d'argent, aux religieux du mont Athos ou du Carmel de Palestine, aux anciens combattants grecs, à toutes sortes d'œuvres. On eût dit qu'il voulait s'en défaire.

— Peut-être le voulait-il en effet ?

— Je ne sais si ce fut délibéré ou instinctif, mais le fait est qu'ayant pris toutes dispositions pour que ses serviteurs et « ses enfants », comme il appelait Haydée et Albert, ne puissent manquer de rien s'il venait à disparaître, il se déposséda avec une belle constance. Il offrit des œuvres d'art à des musées, à des sociétés savantes. Il perdit de l'argent dans des affaires lointaines, auxquelles il s'était intéressé un moment et qu'il n'avait pas envie de contrôler. Il n'avait pas conservé ses bateaux à vapeurs. *Le Sindbad*, vieillissant, choyé par trois hommes d'équipage, dansait dans la rade naturelle que dominait la maison.

— Savez-vous ce qui eût été beau ?

— Non.

— Qu'il réenfouît sa fortune. J'aime à imaginer un homme qui, ayant trouvé comme lui un trésor enterré pendant des siècles, en userait le temps de sa vie, puis, avant de mourir, le rendrait aux secrètes cavernes de la terre et du temps, afin qu'il attende un autre homme, ou plusieurs, comme il l'avait attendu.

— Belle idée romanesque. Mais ce fut le temps où il légua à nos perplexités le livre inachevé de ses Mémoires, et je me demande s'il n'y eut pas là une pensée du même ordre.

— Qu'entendez-vous par là ?

— Oh, sans doute rien que de fantaisiste, comme vous venez de faire. Mais nous l'avons évoqué jusqu'ici, je crois, avec une attention et un respect qui nous honorent : il nous est bien permis d'extravaguer un peu ?

— Sans doute.

— Alors voici mon idée : un homme a vécu une existence hasardeuse, étrange, mêlée d'infortunes et de démesures, de désespoir et de combat, de certitudes et de doute, mais surtout clandestine, inaperçue du début à la fin. Il décide d'en laisser la trace. Il pense ou il espère qu'un jour, dans le brumeux et lointain avenir, un homme d'un autre temps, pétri d'autres mœurs, d'autres expériences, d'autres pensées, rencontrera cette destinée obscure et la contemplera. À cet homme qui ne sera peut-être ni marseillais, ni marin, ni prisonnier, à cet inconnu dont la vie sera sans rapport, sans analogie, sans commune mesure avec elle, cette existence suggérera quelque chose. Elle sera pour lui une énigme, une nostalgie ou une inquiétude : ou bien, inexplicablement, un miroir. Alors il essaiera de la revivre, de la comprendre. Elle l'accompagnera au long des jours et des années, elle sera source pour lui de songe, d'émotion, de questions dont peut-être il ne trouvera pas la réponse. Mais qu'importe ce qu'il en retirera ou ce qu'il en fera : cette rencontre, en elle-même, sera quelque chose de beau, beau comme la fraternité du cœur et de l'âme, beau comme la pensée, beau comme la mémoire. Deux hommes s'étaient parlé, en 1822, dans l'ombre, malgré les murs épais du château d'If : deux hommes se parleraient malgré les murs du Temps.

« Alors, dans cet espoir, il dicte au scribe ce qu'il peut dire. Et puis, parce qu'il faut persister à vivre, il remonte dans son bateau et prend la mer, la haute mer ouverte, ayant entendu l'appel des monts, des cieux lointains, de la Colchide de Jason : du Caucase.

« Loin, là-bas : *ubi deest orbis.*

XX

Tiflis. – La guerre du Daghestan. – Shamil Effendi. – L'embuscade. – Un touriste égaré. – Le baron Danglars après 1848. – Les mains de la princesse Haydée. – Retour à Marseille. – Ubi deest orbis.

— Il nous reste, mon cher Franz, à évoquer cet ultime voyage, c'est-à-dire à poser, sans grand espoir de leur répondre, les questions qui s'y rapportent. Ce qui s'est passé entre la grouillante Tiflis et les nids d'aigle du Daghestan ne sera sans doute jamais positivement établi. La mémoire du monde est complète : sans doute le souvenir de ces choses subsiste-t-il là-bas, dans quelque misérable village, sous le bachlik d'un montagnard qui ne sait pas son âge et dont le nom même est une conjecture. Qui retrouvera ce témoin parmi les êtres indifférents, inconnaissables que sont pour nous ces montagnards comme nous le sommes pour eux ? Et quelle raison aurait celui-là de parler ?

« Le comte partit au printemps de 1857 dans l'intention de pénétrer au Thibet. À cet effet, il se proposait de traverser la mer Noire jusqu'à Poti, au pied du Caucase. De là il gagnerait Tiflis, puis la Perse, le Khorassan, et, au prix d'un détour vers le nord, le Turkestan : il souhaitait partager quelque temps, au passage, la vie des *berkoutchis,* ces aigliers qui chassent, au cours de longues expéditions à cheval, les renards et les loups pour le commerce des peaux. Il avait lu sur ces pays tous les récits qu'il avait pu réunir ; il rêvait d'apercevoir le légendaire *toghrul,* l'oiseau de chasse de Gengis Khan. Cette partie du voyage terminée, il prévoyait de redescendre au sud vers le Pendjab, puis de s'enfoncer dans le massif de l'Himalaya par la brèche qu'ouvre le fleuve Sutlej ; il tenterait enfin d'approcher Lhassa en longeant la vallée du Tsang Po, ou Brahmapoutre.

« J'ai pu lire deux lettres de lui qui relatent, brièvement, les premières étapes du voyage. Débarqué à Poti, sur la mer Noire, il remonta jusqu'à Koutaïs le fleuve Rioni, le Phase des Anciens. De là, des tarantass les emmenèrent, lui, Jacopo et leurs deux domestiques, jusqu'à Tiflis. La ville lui plut et il s'y attarda. Il évoque avec enthousiasme les bains de Tiflis, la boue de Tiflis, les danseuses de Tiflis, les bazars de Tiflis...

« Mais ici commencent les énigmes : c'est en effet à ce moment-là que, modifiant ses plans de voyage, il décida de remonter vers le nord-est, à travers le massif du Daghestan, la partie orientale du Caucase, en direction de Kislar. D'après Jacopo, beaucoup de gens là-bas l'avaient mis en garde contre le péril qu'il y avait à s'enfoncer dans ces régions...

— Pardon de vous interrompre. « D'après Jacopo », dites-vous ; mais j'avais cru comprendre que le comte ne mourut qu'après son retour en Europe. N'a-t-il donc rien dit sur ce qui s'était passé ?

— Non. Et vous faites bien de poser la question tout de suite ; vous saurez ainsi d'avance, en écoutant mon récit, qu'il n'y a pas de révélation à attendre. Soit que l'épuisement l'eût privé de l'énergie nécessaire à fournir des éclaircissements, soit que le découragement l'eût convaincu que c'était inutile, le comte, à son retour, n'expliqua rien. Son état rendait difficile d'insister beaucoup, et ceux qui l'entouraient pensèrent avant tout à le sauver si c'était possible... Bref, il faut nous résoudre à parcourir sans son aide les derniers mois de sa vie. Ce qui ne fait aucun doute, c'est le danger que représentait alors un voyage dans ces régions. Depuis 1828, la Russie avait pris Érivan et Tiflis à la Perse. Elle disposait aussi des ports de la Caspienne et de la mer Noire ; de sorte que le massif du Caucase était, pour ainsi dire, une forteresse assiégée. À cette inexorable expansion de l'Empire, les montagnards résistaient par la rapine, le brigandage, les enlèvements et les tueries. L'imam Shamil, leur chef, était parvenu à regrouper autour de lui une partie des populations — Lesghiens, Tchetchènes, Ossètes... — sous l'étendard de la religion musulmane. La Russie, en face, alignait ses Cosaques, s'appuyant d'une part sur les peuplades chrétiennes, d'autre part sur la noblesse locale ayant fait allégeance. Des villages, des familles, des tribus s'étaient divisés ; situation grosse de haines *à tempérament*, que la diversité des idiomes, les particularités de mœurs, le caractère sauvage et inhospitalier de la nature, se conjuguaient pour rendre indémêlable. La guerre était atroce. On enlevait, on rançonnait, on décapitait. En une seule descente sur Kislar, quelques années plus tôt, les Lesghiens de Kasi-Mullah, prédécesseur de Shamil, n'avaient pas tranché moins de six mille têtes, au point que les guerriers finirent par se contenter de trophées moins encombrants : Jacopo se souvenait d'avoir vu, dans un village de la montagne, une mosquée décorée par des centaines de mains coupées. De quoi vous convaincre que ce n'était pas exactement un endroit pour touristes...

« Mais toutes les représentations qu'on fit au comte furent vaines. À l'automne, une petite caravane, guidée par un berger lesghien, dont on ne savait trop s'il espionnait les montagnards au profit des Russes, ou les Russes au profit des montagnards, s'enfonça vers le nord. Le comte était assez bien reçu partout. Il donnait beaucoup d'argent. En décembre, enfin, il rencontra Shamil dans l'aoul de Veden, son repaire fortifié.

— Shamil en personne ?

— Oui.

— Mais il me semble que bien des négociateurs, qui auraient donné cher pour cela, n'y parvinrent jamais...

— En effet. Le comte y parvint, lui, ne me demandez pas comment ! Jacopo ne fut pas admis au repas qu'il partagea avec l'imam, mais il a décrit cet homme d'une cinquantaine d'années, mince, le visage sévère encadré d'une barbe et d'un turban, la parole lente et grave, respecté à l'égal d'un dieu. Le comte lui avait offert un fusil turc, à crosse d'ébène incrustée de nacre, très ancienne pièce restaurée par le plus fameux armurier de Londres, ainsi qu'un épervier d'Écosse né et affaîté dans son élevage, qu'il lui fit présenter dans une cage d'argent. L'imam le remercia par le don d'une plaque d'or, niellée de noir, avec l'inscription de « Shamil Effendi » : la décoration qu'il n'accordait qu'aux plus valeureux de ses murides. La conversation des deux hommes dura toute une soirée. Le comte passa encore la journée du lendemain à l'aoul, puis la nuit suivante. Et c'est en quittant Veden, le troisième jour, qu'à une trentaine de verstes de là, l'escorte que Shamil lui avait fournie fut attaquée par une troupe de Touschines — une autre tribu montagnarde, chrétienne celle-là et l'alliée des Russes. Une fusillade éclata, au cours de laquelle le comte reçut une balle au côté.

« Les Touschines mis en déroute, on réfléchit à ce qu'il fallait faire du blessé. Jacopo parvint à convaincre les murides de l'escorte, qui voulaient le ramener à Veden, de les accompagner plutôt à proximité du poste russe le plus proche, conformément aux ordres de l'imam.

« Ainsi fut fait, et le comte, soigné tant bien que mal par le chirurgien-major qui se trouvait là, fut installé sur une télègue qui, sous bonne escorte, reprit la route de Tiflis.

« Ces événements posent deux questions.

« Première question : pourquoi, se détournant de son but premier, choisit-il de s'aventurer au plus profond de ces contrées en guerre, contre toutes les admonitions de son entourage ? Seconde question : fut-il touché par hasard, ou sa mort avait-elle été décidée et ordonnée ?

« Jacopo n'avait pas de réponse à donner à la première question. Depuis trente ans qu'il servait son maître avec dévouement, il s'était fait un principe de ne pas chercher à comprendre. Le comte, le voyant faire la grimace à l'évocation des dangers qu'ils couraient, l'avait autorisé à l'attendre à Tiflis ; mais Jacopo se serait fait tuer plutôt que de le laisser partir seul.

— Au risque de vous décevoir, mon cher Beauchamp, je vous dirai que je ne vois pas dans tout cela un bien épais mystère. Cette guerre du Caucase ne lui offrait-elle pas ce qu'il avait toujours aimé, ce qui l'avait attiré vers les klephtes, vers les contrebandiers, vers les carbonari, vers les fugitifs, les réfractaires, les réprouvés ?

— Il est de fait que l'hypothèse ne coûte pas cher.

— Il franchit une fois de plus le *voile invisible* ; il s'enfonce dans un monde qu'ignorent les touristes et les futiles capitales. C'est le même désir de connaître, le même goût pour la gageure et l'exploit qui l'a conduit en Asie quelques années plus tôt...

— Sans doute ; mais il subsiste une contradiction. Sa destination première est le Thibet. Il s'est procuré les cartes, il a calculé les étapes, il a écrit en Inde aux hôtes de son précédent voyage. Il doit traverser la Géorgie, pas davantage. Or, manifestement, dès son arrivée, il cherche toutes les occasions d'entrer en contact avec les montagnards, comme s'il n'était venu là que dans ce but. Le port de Poti, comme ceux de Bakou et Derbent sur la Caspienne, était alors le centre d'un trafic d'armes destinées à soutenir les résistants. Ceux-ci payaient en or et en argent volé au cours de leurs expéditions ; parfois aussi en prisonniers, et plus souvent en prisonnières, revendus ensuite comme esclaves sur le marché de Trébizonde. On racontait qu'en 1856, des marchands italiens étaient venus chercher des vers à soie, une épidémie ayant détruit ceux du Piémont et du Milanais. Les Géorgiens de la plaine, peu soucieux d'alimenter cette concurrence, les leur avaient refusés ; un nommé Feratti, décorateur au théâtre de Tiflis, les escorta vers la montagne, où les Lesghiens, en échange d'or et d'argent, leur en fournirent autant qu'ils désiraient.

— Un décorateur de théâtre ?!

— Oui. Drôle d'emploi pour un décorateur de théâtre, n'est-ce pas ? Ce détail prouve qu'il y avait là-bas toutes sortes de gens.

— Et c'est là que nous allons retrouver la trace du baron Danglars ?

— J'y viendrai. Ce trafic n'était pas le seul fait d'aventuriers ; les puissances, Angleterre, Perse ou Autriche, l'actionnaient aussi, suivant l'évolution de leurs rapports avec le tsar. Or — Jacopo est formel — le comte, dès l'arrivée à Poti, entreprit de pénétrer ces réseaux. Le moyen, là encore, était fort simple : il offrait de l'argent. Quel était son but ? Il est bien difficile de le discerner. À

Tiflis, il entra en relations avec le gouverneur de la Transcaucasie, le prince Bariatinski. Les deux hommes eurent ensemble de longs entretiens. Là-dessus le prince écrivit à Pétersbourg, attendit le retour du courrier, et Jacopo eut l'impression que son maître attendait aussi ce moment pour se mettre en route. Eut-il pour mission de transmettre à Shamil des offres russes en vue d'un traité ? Au contraire, accepta-t-il officieusement la mission d'informer les autorités russes sur la situation des montagnards ? On savait ceux-ci aux abois. Des années auparavant, Shamil avait dû abandonner la forteresse d'Akoulgo, après un siège au cours duquel son fils, Djemal Eddin, fut fait prisonnier par les Russes. C'était alors un enfant ; lorsque il fut restitué, à vingt-trois ans, il ne put s'habituer à la rude vie des montagnes et mourut de consomption. Ce deuil, encore récent lorsque le comte le rencontra, avait fissuré l'âme du vieux lutteur. Il commençait à ne plus tenir son monde. Des défections avaient eu lieu, des rivalités se manifestaient ; on disait que des complots avaient été tramés contre lui, suivis de purges sanglantes.

— Selon cette hypothèse, il faut imaginer le comte se faisant l'agent des Russes ?

— C'est une possibilité. J'ajoute que je n'y crois guère. Son esthétique ne l'y portait pas. Mais il n'est pas impossible qu'il ait formé le projet de s'introduire par ce biais dans les bonnes grâces de l'aristocratie militaire russe et du Tsar. Vous dirais-je mon sentiment ? J'aimerais qu'il y ait du vrai dans tout cela.

— Pourquoi donc ?

— Parce que nous pourrions être ainsi convaincus qu'il aimait à nouveau la vie. Un homme qui intrigue, qui se pousse, qui calcule, est un homme qui désire quelque chose. Lorsque je songe qu'il a rencontré Shamil, qu'il a parlé avec lui, qu'il s'est confronté, mesuré à cet homme-là ; qu'il a poussé cette porte, qu'il a rêvé et réalisé cette rencontre... Eh bien, j'ai l'espoir qu'il fut heureux d'être allé où personne n'était allé.

— Vous avez de l'affection pour lui, n'est-ce pas ?

— Ma foi, oui... C'est curieux à dire ainsi... Ne trouvez-vous pas que c'est un homme attachant, que c'est une belle et digne existence ? N'eût-elle produit que cela : de la beauté, cela ne suffit-il pas à la justifier, quand nous sommes jour après jour au contact des petits calculs, des imbécillités... Il y avait en lui cette qualité qui, au fond, rend seule l'homme supportable : la noblesse de l'esprit et du cœur. Au fond, c'est un homme qui toute sa vie aura cherché à entrer dans le monde de ses semblables, sans que jamais une porte s'ouvre. Il y a un paradoxe dans cette existence : de par ses aventures, ses voyages, ses enquêtes, la diversité des milieux qu'il a côtoyés, la lucidité dont il fit une exigence, Edmond Dantès a connu le monde où il vivait mieux que ne fait l'immense majorité des hommes ; et pourtant cette existence, véritable odyssée de notre temps, est en même temps une épopée de la solitude...

— Le paradoxe n'est qu'apparent. La conscience est le fruit de la souffrance, des questions torturantes et longtemps sans réponse ; elle est l'expérience de l'envers des choses, des chemins écartés. Elle procède de la solitude ; et ensuite, elle la renforce. Mais si nous en venions maintenant à cette balle de fusil ?

— Là encore, nous ne pourrons qu'énumérer diverses suppositions. La plus simple est celle-ci : au cours d'un engagement entre tribus adverses, il reçoit une balle qui ne lui était pas spécialement destinée.

— Et rien n'interdit de penser que cette hypothèse soit la bonne ?

— Non. Mais on peut aussi soupçonner une attaque décidée dans le but exprès de le dépouiller. Son installation à Tiflis avait été remarquée. Depuis longtemps il s'était accoutumé à un grand train de vie, et sa façon même de n'y mettre aucune ostentation le faisait supposer plus riche encore qu'il n'en avait l'air. Jacopo, arrivé le premier, avait loué et fait remeubler tout un étage du principal hôtel de la ville. Peu après, on avait vu surgir les deux voitures qu'il avait achetées à Koutaïs, menées par des chevaux persans de mille roubles... Or Tiflis grouillait d'espions à la solde des montagnards. On peut dès lors imaginer que l'idée soit venue à quelques-uns de le voler, ou encore de l'enlever pour demander rançon ; et les guerriers touschines, quoiqu'en principe au service des Russes, ne se gênaient pas pour mener leurs propres affaires. Mais autre chose rend l'épisode encore plus mystérieux : c'est qu'on ne sait pas très bien d'où la balle a été tirée.

— Vous voulez dire : depuis quel camp ?

— Oui, et s'il apparaît probable qu'elle soit venue des assaillants, on ne peut pas exclure tout à fait qu'elle soit partie de l'escorte fournie par Shamil. Jacopo était d'avis que le tireur se dissimulait derrière un rocher. Quant à savoir qui il était...

— Cette fois-ci je n'y comprends plus rien.

— C'est fort simple. Le comte agit-il dans l'intérêt des Russes ? Souhaite-t-il au contraire venir en aide aux montagnards ? Nous l'ignorons. Par conséquent nous ignorons aussi qui peut avoir intérêt à sa mort. On chercha peut-être à éliminer un homme qui passait pour un allié de Shamil.

— D'après ce que vous m'avez dit tout à l'heure, j'imagine mal le gouverneur du Caucase donnant à son sujet un ordre de cette sorte. À supposer que le comte ait fait le jeu des montagnards, il se fût arrangé pour que son hôte n'en soupçonnât rien...

— On put le lui faire croire.

— Que voulez-vous dire ? Ah, j'y suis : Danglars.

— Nous viendrons à Danglars, vous dis-je. Auparavant nous devons envisager l'hypothèse opposée et symétrique : Shamil et ses affidés se sont convaincus que cet homme est un traître, et décident qu'il ne doit pas arriver vivant à Kislar. Là encore il est difficile d'admettre que l'imam ait fait abattre un voyageur à qui il venait de donner l'hospitalité. Ses lieutenants crurent-ils bon de prendre cette décision à sa place ? Shamil se disposait-il à traiter avec les Russes — et son entourage chercha-t-il à faire échouer la manœuvre ?

— En résumé, nous agitons là en pure perte des conjectures dont nous ne pouvons rien tirer.

— Exactement. C'est que nous sommes historiens et non pas romanciers. Le romancier qui s'inspire de la réalité (et de quoi d'autre s'inspirerait-il ?) choisit une hypothèse et la réalise. Nous savons, nous, que la vie est obscure sous les brillants oripeaux du visible, et ne laisse place qu'à des suppositions, c'est-à-dire des questions légèrement consolidées...

— Mais si nous en venions tout de même au baron Danglars.

— Nous y arrivons, nous y arrivons... Mais soulignons d'abord, dans ce qu'était devenu le comte depuis une vingtaine d'années, un aspect que nous avons négligé jusque-là. L'incognito parfait d'autrefois avait tout de même fini par s'user. Un homme au passé obscur, à la fortune mal expliquée, attire les regards, surtout quand il choisit pour lieu de résidence la modeste, la provinciale Argostolion. Céphalonie était alors sous protectorat anglais. Le comte s'y abstenait de toute démarche publique, mais il n'y a rien d'invraisemblable à penser que les *lords hauts commissaires* l'avaient à l'œil ; n'était-il pas censé être un de ces Zaccone qui leur avaient jadis, à Malte, donné de la tablature ? Ajoutez ceci. Il avait ses entrées en Égypte, où Français et Anglais menaient une perpétuelle lutte d'influence à travers leurs consuls, leurs conseillers, leurs hommes d'affaires. Il avait parlé et fait parler, dans différents cercles, de ses projets d'alliance italo-égyptienne. Il protégeait la fille de l'ancien pacha de Tébélen. Au moment des meurtres de chrétiens à Damas, en 1844, il avait intercédé auprès du pacha d'Égypte en faveur des Juifs syriens, accusés de ces crimes sans l'ombre d'une preuve, et pourchassés, emprisonnés, torturés au mépris de tout droit. Plus tard, le bruit avait couru qu'il était entré en Indochine, dans l'inhospitalière capitale de l'empereur annamite. En 1852, aux dires de la princesse, était passé à Céphalonie — il faisait partie de ces voyageurs que le comte aimait à inviter — un curieux Anglais qui s'était consacré, après la guerre de l'opium, à la mise en œuvre du traité de Nankin, et qui avait travaillé plus tard, à Constantinople, auprès de l'ambassadeur britannique M. Stratford, que l'on appelait le « sultan anglais » tant il était influent là-bas. S'amorçait alors, à travers les exigences de l'ambassadeur russe Menchikov, la crise qui devait conduire à l'intervention franco-anglaise en Crimée. Bref : le comte s'intéressait décidément à bien des choses. N'était-il pas inévitable qu'un certain monde, gravitant autour des consulats de diverses nations, s'intéressât réciproquement à lui ? Fut-il pris dans quelque trafic d'influence, dans quelque intrigue ? Lui fit-on jouer un rôle ? Le « puissant et mystérieux comte de Monte-Cristo » ne pouvait-il trouver plus puissant et plus mystérieux que lui ? Ses curiosités, si désintéressées qu'elles fussent, ne le mirent-elles pas dans des situations délicates ?

— Oui : en somme, nous aurions affaire à un touriste égaré !

— Je retrouve bien là votre causticité impénitente...

— Qu'y puis-je ? J'ai l'impression de voir les voyageurs de Mérimée, amateurs de frissons et de couleur locale, jetés au milieu d'une épouvantable affaire de vendetta qui les comble au-delà de leurs espérances. À présent que la manie des voyages se généralise, je prévois que nos consuls n'ont pas fini d'avoir sur les bras des affaires de ce genre. Bien, ne prenez pas cet air effaré ! Je ne confonds tout de même pas le comte de Monte-Cristo avec un personnage de M. Labiche. Mais je ne le vois pas sans quelque chagrin monnayer son entrée parmi ces montagnards fanatiques, qui sans doute ne voient en lui que les pièces d'or qu'ils pourront lui soutirer, au mieux les services momentanés qu'il est susceptible de rendre. Pour lui qui aurait tant aimé s'identifier à une cause, c'est aussi triste que d'acheter l'amour quand on est un vieillard. Et sans doute ai-je forcé la note, mais je vois là aussi le drame de sa vie. Qu'est-ce qu'un touriste ? C'est quelqu'un qui n'a rien de particulier à faire à l'endroit où il se trouve. Cela n'empêche nullement l'exercice de vertus honorables, la curiosité, l'appétit de connaissances. Mais l'ironie du destin ne le rejetait-elle pas, malgré qu'il en eût, vers cette condition raillée par tous les écrivains du siècle, sur laquelle il avait tant ironisé durant son voyage en Grèce ? Et n'est-ce pas le désir éperdu d'échapper à ce sort qui le poussa à toutes les imprudences ? Mais je vous ai interrompu, alors que vous alliez peut-être me parler...

— De Danglars ? Eh bien oui, réjouissez-vous ! J'y venais. Ce fut Jacopo qui jura ses grands dieux avoir aperçu ce dernier, d'abord à Poti, ensuite à Tiflis. Il en avertit le comte, qui haussa les épaules... Et voilà, j'ai tout dit.

— Comment, tout dit ?

— Oui. Jacopo prétendit avoir aperçu Danglars, par deux fois. Et c'est tout.

— Bon ; mais enfin qu'est-ce que le gros baron pouvait bien faire là-bas ? Lorsque je revois sa bedaine sanglée dans son gilet de soie, j'avoue que j'ai du mal à me le figurer courant l'aventure à l'autre bout de l'Europe.

— J'ai évoqué tout à l'heure le petit monde de trafiquants et d'espions qui s'était formé alors en Transcaucasie. Tiflis voyait passer toutes sortes d'agents plus ou moins discrets, observateurs et émissaires des puissances qui, dans cette région instable — la Perse vermoulue n'avait, depuis les défaites de Feth Ali, plus d'autre recours contre les Russes que de faire la politique des Anglais —, cherchaient à renforcer leur influence, ou du moins à contrecarrer celle des autres. Ce que l'on peut supposer est que Danglars jouait un rôle de cette sorte, au profit de l'Autriche.

— Ah ! Vous savez au moins cela.

— Oui, et même un peu plus. La princesse, lorsque Jacopo évoqua Danglars, fut d'abord incrédule, et il fallut au bon garçon bien de la conviction et de la patience pour qu'elle en vînt à le prendre au sérieux... Or l'année suivante, à Athènes, elle fit la connaissance du comte de Gobineau, qui revenait alors de Perse où il avait été en mission pour le gouvernement français. Diverses personnes, là-bas, lui avaient parlé du comte de Monte-Cristo, et il s'en était souvenu, peut-être parce qu'un tel personnage intéressait en lui l'écrivain...

— Et puis entre faux comtes, n'est-ce pas... On peut se faire les compliments que les vrais vous refusent.

— On ne vous corrigera pas ! Or donc, comme la princesse évoquait, en racontant les circonstances de sa mort, le personnage du banquier Danglars devenu le mouchard Agassi, M. de Gobineau...

— M. Gobineau...

— ...Lui suggéra de chercher des renseignements en Autriche. Elle n'y connaissait personne ; il procura l'homme qu'il fallait : le baron de Prokesh-Osten, avec qui il s'était lié d'amitié au temps où celui-ci dirigeait la diète de Francfort. Le baron de Prokesh, militaire et diplomate, bien au fait des affaires d'Orient où il avait été, connaissait tout le personnel politique viennois ; il y entretenait encore assez de relations pour s'enquérir d'un certain Danglars-Agassi.

Sans dissiper le mystère, ce qu'il apprit à la princesse suffisait à établir que Jacopo n'avait pas forcément eu la berlue. En 1849, Danglars, affolé par les révolutions italiennes, décida de se mettre à l'abri des vendettas qui n'allaient pas manquer de se déchaîner contre lui. C'est qu'il en avait dénoncé, du monde, en dix ans de bons et loyaux services policiers ! Il franchit les Alpes par le Tessin et se réfugia à Vienne, où il attendit, caché, une remise en ordre qui ne devait pas tarder. Dès que M. Schwarzenberg eut constitué le nouveau gouvernement sous l'autorité du jeune François-Joseph, Danglars offrit ses services à Alexander Bach, le ministre de l'Intérieur, un libéral repenti et d'autant plus féroce. L'Autriche n'avait jamais eu autant besoin d'espions de police, mais Danglars, s'il maîtrisait l'italien, l'espagnol et l'anglais, ignorait à peu près l'allemand. Aussi Bach l'adressa-t-il à son confrère des Affaires étrangères, le comte de Buol. Et ce fut ainsi qu'à cinquante-cinq ans révolus, l'incroyable Danglars-Agassi embrassa une nouvelle carrière : celle d'espion international.

— Quel homme !

— Oui : je vous l'ai dit, il faut lui reconnaître, entre autres qualités, une énergie peu commune.

— Et alors, la Géorgie ?...

— Ma foi, c'est à peu près tout ce que j'ai à vous dire. L'Autriche, sous l'impulsion du comte de Buol, mena durant toute l'affaire de Crimée une politique aussi tortueuse qu'inefficace. Sollicitée aussi bien par le tsar que par l'alliance franco-anglaise, elle voulut tout ménager et mécontenta tout le monde. Mais il n'y a rien de chimérique à penser que Danglars ait reçu une mission d'information dans cette région...

— ...Et que, retrouvant l'homme qui l'avait jeté à terre, il ait eu l'idée d'en tirer vengeance à son tour ?

— Pourquoi pas ! Tout cela demeure très brumeux : il faudrait encore expliquer par quels biais on en arrive à la fameuse balle de fusil. Mais de la part du tortueux Danglars, avoir désigné le comte, aux uns ou aux autres, comme le traître à éliminer, n'est pas plus inconcevable que d'avoir écrit, en 1815, à La Réserve, une lettre de dénonciation qu'il fit poster par un autre.

— Cela donne le vertige. Le même homme, à quarante-trois ans d'intervalle, réédite son coup et le réussit... Quelle obstination chez le reptile !

— Le comte, je vous l'ai dit, ne prit pas au sérieux les affirmations de Jacopo. Et puis il n'était plus le Zaccone des années 1830, aux aguets comme un fauve et rapide comme lui. Il vieillissait. Je vous ai dit qu'il se défaisait de sa fortune, je ne vous ai pas dit qu'il se levait avant le jour pour assister à la renaissance du monde ; qu'il plongeait parfois sa main dans l'eau d'une source et la regardait filer entre ses doigts, comme on soupèse l'or ; que la simple beauté d'un petit sanctuaire orthodoxe l'obsédait, le hantait comme un signe à traduire ; qu'un magnolia en fleurs le laissait silencieux, ému, impatient d'on ne sait quoi ; qu'il redisait parfois un vers : *Lake Leman lies by Chillon's walls... Las grandes almas que la muerte ausente*... pour le seul plaisir d'en goûter les ineffables et mystérieuses résonances. Alors peut-être le monde qu'il avait défié, le sentant plus fragile, remit-il Danglars sur sa route pour le frapper enfin, après avoir longtemps attendu son heure...

— Mais ne l'attendait-il pas lui-même, cette heure-là ?

— Que voulez-vous dire ?

— Il savait bien ce qu'il risquait... Ce qu'il trouva dans les montagnes de Veden, n'est-ce pas précisément ce qu'il était allé y chercher ?

— La balle de fusil ?

— Oui. Je repense beaucoup à 1849, à la République romaine. Vous m'avez dit qu'il avait pris en charge l'inspection des défenses. Tâche dangereuse, qui fait de vous une cible à tout instant. Ne l'espérait-il pas, cette balle de fusil ? Auquel cas nous n'aurions plus à nous demander pourquoi, parti vers le Thibet des temples et des prières, il abandonne sa route et se jette au milieu des combats. Ce capitaine Renaud de *Servitude et grandeur militaires*, qu'il aimait tant, souvenez-vous comment il meurt.

— Tué par le fusil d'un gamin, dans les émeutes de juillet 1830.

— Oui. C'est un homme qui cherche la mort ; il ne la précipite pas, mais il ne fait rien pour la fuir. Il se place à tout instant sur sa route.

— Pourtant, en 1857, le comte n'est plus le désespéré qu'il a pu être dix-neuf ans plus tôt.

— Méfions-nous des grands mots. Le désespoir n'est pas indispensable pour chercher la mort. Autre chose y suffit.

— Quoi ?

— La lassitude... Mais nous l'avons laissé en route, blessé, dans la télègue qui le ramène en bringuebalant vers Tiflis. Que se passa-t-il alors ?

— Sa blessure n'était pas mortelle. La rigueur du climat, la difficulté de le soigner correctement sur place, décidèrent néanmoins Jacopo à organiser au plus vite son retour vers Poti et l'Europe. C'est durant le voyage terrestre que l'affaiblissement et le mauvais temps — on était au début de décembre — déterminèrent une affection des poumons. Il toussait, ce qui, en agissant sur les muscles lésés par la blessure, le faisait souffrir horriblement. Enfin ils parvinrent à Poti, où le transport maritime allait au moins lui épargner les cahots de la route. Jacopo avait dépêché devant eux un de ses hommes, qui prit le vapeur avec quelques jours d'avance et regagna la Grèce. Bertuccio, qui veillait sur la maison, envoya aussitôt un messager en Italie, où la princesse et Albert se trouvaient dans leurs propriétés de Toscane. De mon côté j'étais à Athènes, où je préparais mon *Histoire de la Grèce moderne depuis la chute de Constantinople.* Quelques semaines plus tôt j'étais passé par Argostolion, où le comte avait donné ordre de mettre à ma disposition les écrits sur ce sujet rassemblés dans sa bibliothèque. Bertuccio m'avisa de ce qui venait d'arriver, et c'est ainsi que nous suivîmes de peu le blessé, arrivé le 8 janvier.

« Avez-vous déjà regardé la dépouille mortelle d'un homme ? Avez-vous noté comment le travail de la mort le rend pour ainsi dire dissemblable de lui-même ? C'est encore l'homme qu'on a connu, et c'est déjà l'ambassadeur des ombres, une effigie de l'au-delà. On dirait que la Mort ironique nous le laisse approcher après l'avoir déguisé à sa manière, pour mieux nous convaincre qu'il nous est désormais étranger. Eh bien, il semblait, à voir le comte, que l'œuvre fût déjà commencée. Il était devenu mince et frêle, sa taille semblait avoir diminué. Sa barbe avait envahi son visage maigre. Ses yeux brillaient, enfoncés dans leurs orbites. La peau verdissait, aux pommettes et au front. Je l'avais toujours regardé comme un homme jeune, vigoureux. Pour la première fois je vis des rides, je vis une fragilité de vieillard chez cet homme de soixante-trois ans. Il respirait à peine et nous regardait sans parler...

— Et donc il n'a rien dit, rien révélé ?

— Non. Il l'aurait pu encore, mais je crois qu'il ne le désirait plus. Il est extraordinaire de songer qu'il savait, lui, peut-être, à cet instant. Il savait en tout cas ce que lui avaient dit le prince Bariatinski et l'imam Shamil. Il savait pourquoi et comment il s'était mêlé à cette interminable guerre. Et il devait bien avoir son idée sur ce qui le tuait.

— C'est curieux : il vient un moment (l'avez-vous observé ?) où certains hommes — je parle évidemment de ceux qui pourraient avoir quelque chose à dire — choisissent le silence ; et ce silence jette un doute sur les faiseurs de Mémoires.

— Vous me rappelez un mot de Lichtenberg que le comte cita plusieurs fois cependant que nous composions son livre : « Matière suffisante pour se taire. »

— Et qu'avait dans l'esprit Lichtenberg en disant cela ?

— On ne sait pas... Les deux médecins qui étaient là, au vu de la blessure et de l'infection pulmonaire, ne laissaient pas d'espoir. Quatre jours et quatre nuits durant, Haydée veilla près de lui. Hénou l'Abyssinienne était régulièrement admise à le voir, bien que ses sanglots bruyants eussent le don de mettre hors d'elle la princesse. Cette fille, en somme, l'avait aimé.

« Il mourut le 19 janvier au matin. Haydée se trouvait près de lui. Il la regardait. Il paraît qu'il avança doucement les mains vers les siennes, et les saisit. Avec peine, il les amena vers son visage, puis il les déposa sur ses yeux. C'était à la fois le geste d'un homme qui ne veut plus rien voir, et celui d'un enfant qui ne veut pas qu'on le laisse. Haydée avait été sa fille ; il semblait lui demander en ce moment-là d'être sa mère.

« Ils demeurèrent ainsi quelques instants. Elle sentait, sur ses poignets et dans ses paumes, la chaleur de la fièvre. Soudain l'étreinte se crispa, comme sous l'empire de la peur, ou d'une pensée intense, urgente en même temps qu'indicible. La princesse lui demanda s'il souffrait ; il ne répondit pas ; les doigts se desserrèrent, les mains se détendirent et retombèrent : c'était fini.

« Et moi je vous ai dit, Franz, tout ce que je savais de ce destin.

*

J'ai relaté à l'orée de ce livre mes premiers souvenirs du comte de Monte-Cristo ; qu'il me soit permis de le clore par les instants de l'adieu ultime.

Le 8 février 1858, quarante-trois ans presque jour pour jour après *Le Pharaon* qui venait de Smyrne, la goélette *Le Sindbad* entra dans le port de Marseille, les flancs ornés de crêpes noirs, et vint accoster face à la Canebière.

On me comptait au nombre des intimes ; j'avais vu mourir le comte ; j'étais de ce dernier voyage.

Je considérai avec mélancolie cette ville où le passage du temps se marquait partout, dans les lourds vapeurs aperçus à la Joliette, dans les industries et les nouveaux entrepôts, dans les chantiers qu'ouvrait la frénésie d'entreprises et d'affaires de notre époque. Comme il y avait loin, déjà, de ce Marseille-là à celui de Napoléon, des Mamelouks, des voiliers, du bon Morrel, de ces couleurs et de ces gens que le comte avait ressuscités devant moi, trois ans plus tôt, en commençant ce livre ! Le Temps n'attend personne. Le Temps est une chose aveugle et grise, inconsciente, qui pousse tout devant elle sans savoir sur quels chemins. Quel sens cela avait-il de ramener ici, à présent, le comte de Monte-Cristo, c'est-à-dire le marin Dantès, figure d'une autre époque, dont on finissait par se demander si elle avait bien existé ?

Il l'avait souhaité pourtant, à cause d'une pauvre tombe solitaire qui était celle de Louis Dantès. La mère d'Edmond reposait, je crois, près de sa propre famille, dans un autre cimetière. Personne, à la mort du vieil homme, ne s'en était préoccupé et on l'avait inhumé là. Quelques années plus tôt, l'excellent Bertuccio avait obtenu au nom de son maître la concession de cette sépulture, et la faisait entretenir, « afin de la restituer à Edmond Dantès, au cas où celui-ci, évadé du château d'If en 1829, viendrait à reparaître ». Pour la municipalité de Marseille, c'était là une histoire ancienne, obscure et indifférente. Les médecins avaient bien voulu signer un acte de décès à ce nom, et cela suffisait.

Le comte avait donc souhaité revenir près de son père. Lui qui ne croyait en aucune vie future, éprouvait comme bien d'autres, comme n'importe quel homme peut-être, ne fût-ce qu'une fois dans sa vie, ce désir assurément pathétique, et si profondément humain, de rejoindre dans la mort celui qui l'avait, plus que quiconque, aimé : qu'opposer d'autre que l'amour au temps impitoyable ?

Haydée, Albert, Jacopo et moi-même assistâmes à l'inhumation. Mme de Morcerf, avertie par son fils, y vint en fiacre et repartit aussitôt. Les marins du *Sindbad* avaient porté la bière. Un prêtre récita la prière des morts.

Je songeai alors à ces cohérences mystérieuses dont il parle en quelques endroits de son livre, et qui semblent former l'architecture d'une vie. Ce retour dans l'antique Massalia fermait cette destinée avec la perfection des symboles. La ville qui l'avait rejeté quarante-trois ans plus tôt l'accueillait à présent ; l'étroite tombe qu'elle lui donnait répondait à distance au cachot du château d'If. Le rivage était atteint après la longue errance marine ; la mère absente de sa vie le reprenait en son sein. Il perdurerait, avec cette présence silencieuse et froide des morts dans les cimetières, derrière le tumulte des jours, dans la bruyante Marseille qui l'avait ignoré en 1815, qui l'avait ignoré en 1829. Il y était né inaperçu ; il y demeurerait sans lui faire un signe, n'ayant rien voulu d'autre que deux noms sur la dalle :

LOUIS DANTÈS, 1745-1815
EDMOND DANTÈS, 1795-1858

TABLE

PAO Éditions
Achevé d'imprimer sur presse CAMERON
dans les ateliers de la S.E.P.C.
à Saint-Amand-Montrond (Cher)
en mars 1994

N° d'édition : 197. N° d'impression : 602
Dépôt légal : mars 1994

Imprimé en France